DEBUT D'UNE SERIE DE DOCUMENTS
EN COULEUR

FACULTÉ DE DROIT DE PARIS

DROIT ROMAIN

ACQUISITION DU DROIT DE CITÉ ROMAINE

DROIT FRANÇAIS

DE LA

COMPÉTENCE DES TRIBUNAUX FRANÇAIS
DANS LES CONTESTATIONS ENTRE ÉTRANGERS

THÈSE POUR LE DOCTORAT

PAR

Ed. BINOCHE
Avocat à la Cour d'appel.

PARIS
A. DURAND ET PEDONE-LAURIEL, ÉDITEURS
LIBRAIRES DE LA COUR D'APPEL ET DE L'ORDRE DES AVOCATS
G. PEDONE-LAURIEL, Successeur.
13, RUE SOUFFLOT, 13

1893

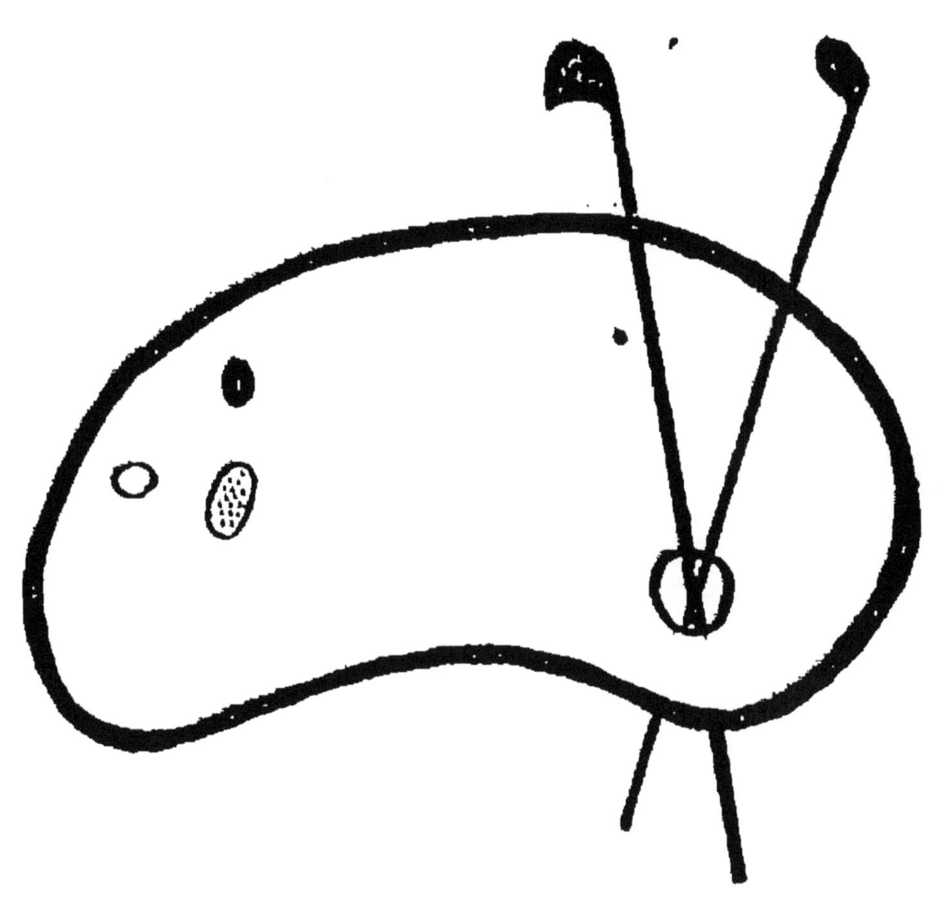

FIN D'UNE SERIE DE DOCUMENTS
EN COULEUR

THÈSE

POUR

LE DOCTORAT

8° F
7527

La Faculté n'entend donner aucune approbation ni improbation aux opinions émises dans les thèses ; ces opinions doivent être considérées comme propres à leurs auteurs.

FACULTÉ DE DROIT DE PARIS

DROIT ROMAIN

ACQUISITION DU DROIT DE CITÉ ROMAINE

DROIT FRANÇAIS

DE LA
COMPÉTENCE DES TRIBUNAUX FRANÇAIS
DANS LES CONTESTATIONS ENTRE ÉTRANGERS

THÈSE POUR LE DOCTORAT

L'ACTE PUBLIC SUR LES MATIÈRES CI-DESSUS

Sera soutenu le lundi 17 avril 1893, à 9 h. du matin

PAR

Ed. BINOCHE

Avocat à la Cour d'appel.

<table>
<tr><td>Président :</td><td>M. LAINÉ, professeur.</td></tr>
<tr><td rowspan="3">Suffragants :</td><td>MM. GLASSON, professeur.</td></tr>
<tr><td>DUCROCQ, professeur</td></tr>
<tr><td>SAUZET, agrégé.</td></tr>
</table>

PARIS

A. DURAND ET PEDONE-LAURIEL, ÉDITEURS

LIBRAIRES DE LA COUR D'APPEL ET DE L'ORDRE DES AVOCATS

G. PEDONE-LAURIEL, Successeur.

13, RUE SOUFFLOT, 13

1893

A MON PÈRE

A LA MÉMOIRE DE MA MÈRE

ACQUISITION DU DROIT DE CITÉ ROMAINE

INTRODUCTION.

Dans notre loi moderne la qualité de Français entraine en principe celle de citoyen ; s'il est quelques sujets de la France qui ne jouissent pas de tous les droits civils et politiques, ce n'est qu'à titre exceptionnel. Dans le Code pénal (art. 34 et 42) et dans les lois sur l'organisation coloniale se trouvent les principales dérogations au principe posé.

Il n'en fut pas de même à Rome. Le droit de cité, surtout à l'origine, était le privilège d'un petit nombre ; il fut même un moment celui de l'aristocratie de race, du patriciat. L'Histoire de l'extension du droit de cité romaine est aussi celle des luttes populaires et sociales qui aboutirent, par une évolution continue et progressive, à la généralisation de droits autrefois privilégiés. Pour parvenir à la situation parfois très ambitionnée, parfois dédaignée, de citoyen romain, un seul bond, si l'on ose ainsi parler, ne suffisait pas toujours ; entre le premier échelon social où figurait le citoyen romain et le dernier où figurait l'esclave, se rangeaient diverses catégories de personnes, participant plus ou moins à ces droits dont la réunion sur une tête constituait le *plenum jus civitatis*. Ces demi citoyens étaient les Latins ; au-dessous d'eux la grande foule des provinciaux, simples pérégrins, n'avaient avec Rome que des rapports de droit naturel et non de droit civil.

Ces différences entre l'état social de Rome et le nôtre s'expliquent par plusieurs raisons. En premier lieu, la marche rapide des conquêtes engloba dans le monde romain des peuples nombreux, plus éloignés encore de la ville éternelle par les mœurs, la langue et la civilisation, que par la distance. Conférer immédiatement la plénitude des droits civils et politiques à tous ces nouveaux sujets était impraticable ; l'assimilation de nations si diverses ne pouvait se justifier qu'à la suite d'une fusion plus ou moins complète, que le temps seul devait opérer, et comme le temps l'opéra progressivement, l'extension du droit de cité fut aussi progressive. La latinité servit d'étape intermédiaire et fut l'état de transition par lequel passèrent généralement les pérégrins pour s'élever au rang de citoyens.

Ce fait de ne pas prodiguer les droits civils et politiques aux sujets nouveaux répond, dans l'histoire, à un besoin tel que, dans notre organisation moderne une ressemblance a souvent été signalée entre la situation des habitants de nos colonies et celle des anciens pérégrins.

Une deuxième raison qui explique le petit nombre des citoyens romains et la décomposition du droit de cité est le système politique et électoral des Romains. Ils n'ont jamais connu le principe de la représentation qui permet aux citoyens, si éloignés qu'ils soient du centre gouvernemental, de prendre part aux affaires du pays par la voix de représentants. Comment un provincial aurait-il pu voter lui-même dans les comices et briguer des magistratures ? Cette impossibilité de fait lui rendait le *plenum jus quiritium* moins précieux et le portait à se contenter du *jus Latii*, ou de la *civitas sine suffragio*.

Enfin l'institution de l'esclavage créait entre les hommes une inégalité de plus. Pour parvenir de l'état d'esclave à celui de citoyen on comprend que la loi mît certaines entraves ; on s'explique aussi qu'entre ces deux conditions extrêmes elle ait réservé à certains affranchissements incomplets l'effet d'en produire une intermédiaire, celle des Latins Juniens. Etant donné un affranchissement parfait, il paraît logique à qui connaît la fierté aristocratique des Romains, que les ingénus aient toujours tenu à rappeler aux affranchis, par certaines inégalités sociales, leur origine servile.

Nous n'entreprenons pas une étude complète du droit de cité ; notre examen se bornera aux modes d'acquisition.

Les modes d'acquisition de la cité romaine sont originaires ou dérivés. « Ut sit civis quis, aut natus sit oportet aut factus » (Quintilien, *Instit. orat.* V, 10, § 65). On naît citoyen, ou on le devient.

La naissance est le mode le plus normal, nous dirons même le plus romain. L'idéal des vieilles familles patriciennes était que le corps des citoyens pût éternellement se recruter ainsi, et que le gouvernement appartînt toujours aux descendants des anciens conquérants. Mais ils comptaient sans les vides que firent dans leurs rangs les guerres et le célibat, sans les prétentions de peuples alliés et sujets, avides de compenser par quelques avantages les charges qui pesaient sur eux ; ils comptaient aussi sans l'extention extraordinaire de leur empire, dont résultait, avec un Etat plus vaste, la nécessité d'un corps de citoyens plus nombreux.

Ce n'est pas de son plein gré, mais pour céder à un besoin nouveau, que l'aristocratie romaine consentit à introduire dans la cité, par la naturalisation et l'affranchissement, l'appoint d'éléments étrangers et serviles. Pour elle, la naissance resta le mode d'accroissement agréable aux dieux de la cité, la source la plus pure de l'extention romaine. Nous lui devons la priorité.

De la naissance nous rapprocherons l'affranchissement. Par son effet, l'esclave qui est une chose, naît à la vie civile et acquiert, en même temps que cette existence juridique, le droit de cité (1). Il devient en quelque sorte citoyen en naissant, comme l'enfant que met au monde l'épouse en justes noces d'un citoyen romain.

Nous examinerons ensuite la naturalisation ; ici le développement historique sera intimement lié au développement juridique. C'est par une suite ininterrompue de concessions, collectives ou individuelles que fut préparée la reforme d'Antonin Caracalla, capitale à nos yeux, passée presque inaperçue pour ses contemporains.

L'étude de l'acquisition de la cité par naturalisation, ou concession législative manquerait de clarté si nous n'en retracions à grands traits l'histoire, en même temps que les règles. Enfin nous grouperons dans un dernier chapitre un

1. Puchta. *Cours des Institutes* II, § 218.

certain nombre de procédés d'acquisition qui supposent préalablement réalisées des situations vues par la loi avec faveur, et offrent aux personnes qui sont en mesure de les invoquer, des facilités spéciales. Rentrent dans cette catégorie les moyens de naturalisation offerts aux Latins.

Notre étude se divisera donc en quatre chapitres : 1° De la naissance. 2° De l'affranchissement. 3° De la naturalisation. 4° De quelques modes d'acquisition spéciaux réservés aux pérégrins et aux Latins.

CHAPITRE PREMIER

NAISSANCE

Pour attribuer à l'enfant qui naît une cité, il est deux éléments auxquels on peut s'attacher : la patrie des parents, et le lieu de l'accouchement ; les jurisconsultes disent : le *jus sanguinis* et le *jus soli*.

Chaque législation, suivant ses tendances, s'attache de préférence à l'un ou à l'autre. Le droit romain n'a égard qu'à la condition des parents. Ainsi l'enfant de deux citoyens romains naît citoyen, en quelque lieu qu'il vienne au monde.

Supposons les parents sujets d'une cité différente. Deux règles générales interviennent pour fixer l'état de l'enfant : 1° Si les parents étaient mariés en justes noces, l'enfant suit la condition du père ; s'il n'y avait pas entre eux justes noces il suit la condition de la mère (1).

2° L'enfant qui suit la condition de son père lui emprunte celle qu'il avait au moment de la conception ; s'il suit la condition de sa mère, c'est à l'époque de l'accouchement qu'on se place.

La première règle se justifie par des considérations toutes romaines. C'est par le mariage de droit civil que la famille agnatique devait s'accroître et le droit de cité passer de père en fils. Toute autre union même légitime telle que le mariage de droit des gens ne pouvait produire ces effets.

1. Ulpien. Reg. V, §8. — L. 19. Dig. 1, 5.

La seconde règle s'explique logiquement. C'est à la conception que s'arrête l'œuvre du père. Jusqu'à la naissance l'enfant est une dépendance de la personne de sa mère ; l'accouchement seul fait de lui une personne nouvelle.

Ces règles s'appliquent en principe aussi bien à l'acquisition de la liberté qu'à celle de la cité. L'enfant d'un esclave et d'une citoyenne naît citoyen et libre. Cependant, par faveur pour la liberté, Hadrien décida que la femme qui ayant conçu libre deviendrait entre la conception et l'accouchement esclave par suite d'une condamnation capitale, donnerait le jour à un enfant libre (1). Cette disposition fut généralisée par les jurisconsultes et il fut entendu que l'enfant naîtrait libre si la mère l'avait été à un moment quelconque de sa grossesse : « media enim tempora libertati prodesse ; non nocere etiam possunt » (2).

Cette dérogation favorable à la liberté ne fut pas étendue à la situation correspondante d'une citoyenne devenue pérégrine pendant sa grossesse. Son enfant naît alors pérégrin, conformément aux règles générales, s'il n'y avait pas justes noces (3). La faveur pour la liberté ne saurait être invoquée ici, et nulle disposition ne permet d'assimiler cette hypothèse à celle qu'envisage le rescrit d'Hadrien. Gaius est même formel dans le sens de l'application des principes.

Examinons successivement le fonctionnement de ces deux règles dans le cas de justes noces, et dans les autres cas 1° L'enfant est né *ex justis nuptiis*. Nulle difficulté si les deux parents sont citoyens romains. Mais comment supposer autrement un mariage civil entre eux ? C'était cependant

1. L. 18, Dig. 1, 5.
2. Paul. Sent. II, 24, § 2 et 3.
3. Gaius. Comm. I, § 90.

possible, et fréquent. Le droit de cité, nous l'avons déjà fait observer, ne constituait pas un bloc ; il se décomposait, et souvent une personne latine ou pérégrine possédait sans être citoyenne, une parcelle du droit de cité, le *connubium* par exemple. Dès lors de justes noces pouvaient se conclure entre cette personne et une autre ayant le plein droit de cité ; le mariage ne conférant pas à la femme la patrie du mari, chacun gardait la sienne ; c'est ainsi qu'un enfant pouvait naître de parents de cité différente, unis en justes noces. Le père lui donnait en ce cas la sienne. Peu importait d'ailleurs qu'il changeât de condition postérieurement à la conception ; peut importait *a fortiori* le changement de condition de la mère (1). Le jour de la conception fixait le sort de l'enfant.

Ces principes furent observés jusqu'à l'époque d'Hadrien. Cet empereur, tranchant une vieille controverse, décida dans un sénatus-consulte que l'enfant d'un Latin et d'une citoyenne romaine, même unis par de justes noces, naîtrait citoyen : « ut omni modo ex Latino et cive Romana natus civis romanus nascatur » (2).

2° Supposons en second lieu l'enfant né d'une union autre que les justes noces. C'est la mère qui transmet sa condition à son enfant (3). En dehors des justes noces en effet il n'y a pas de véritable famille romaine.

Diverses sortes d'unions peuvent se présenter.

Le *matrimonium juris gentium* était un mariage, très légitime, contracté entre pérégrins, entre Latins, entre Latins et pérégrins, ou bien entre Latins ou pérégrins et citoyens

1. Gaius. I, § 90.
2. Gaius. I, § 80.
3. Gaius, I, § 80, 81. — Ulpien V, § 8.

romains, à condition que l'un au moins des deux époux fût privé du *jus connubii*. Dans un cas le principe ne s'applique pas : si le mariage a lieu entre un pérégrin et une citoyenne, l'enfant en vertu d'une loi Minicia, naît pérégrin et suit la condition de son père, non de sa mère « deterioris parentis conditionem sequitur ». Cette loi, défavorable à la cité romaine, s'explique par cette considération que l'absence de *connubium* entre les conjoints ne doit pas tourner à l'avantage de l'enfant. La date, et même le nom de cette loi ont suscité de nombreuses controverses. On l'a parfois désignée sous le nom de Mensia ; mais c'est en vain qu'on a cherché le *gentilitium* de Mensius parmi les familles ayant laissé une trace dans l'histoire. Il ne faudrait voir dans ce nom, suivant certains auteurs, qu'une corruption de Ælia Sentia. La vraie leçon semble avoir été donnée par une correction récente de Studemund (1) ; nous l'appellerons donc loi *Minicia*.

La date est demeurée incertaine ; mais elle doit être (2) postérieure à l'an de Rome 709 puisque les Topiques de Cicéron attribuent la condition de la mère à l'enfant né du mariage d'un pérégrin avec une citoyenne romaine.

La loi Minicia s'appliquait-elle aussi aux Latins ? le mariage d'un Latin et d'une Romaine donnait-il naissance à des citoyens, empruntant à leur mère sa condition, ou bien à des Latins, suivant la condition du parent le moins favorisé ? Jusqu'à Hadrien, à défaut de disposition spéciale connue et étant données les lacunes que présentent les paragraphes 78 et 79 du Comm. I de Gaius, appliquons les principes. Le latin est-il de ceux qui possèdent le *connubium*, — ce qui eut lieu pour les Latins anciens antérieurs à 416 U. C. et pour

1. Roblou et Delaunay. *Institutions de l'ancienne Rome* T. II, 4e Partie.
2. Accarias. *Droit Romain* I, p. 117.

tout Latin qui recevait une concession spéciale du *connubium*, — le mariage qui l'unit à une citoyenne ne peut être qu'un *matrimonium justum*, et l'enfant naît Latin comme son père (sauf controverse). S'agit-il au contraire d'un Latin privé du *connubium*, l'union est un mariage de droit des gens et l'enfant suit la condition de la mère.

Un mariage de droit des gens intervient-il entre un pérégrin et une Latine, à coup sûr la loi Minicia s'applique aux dépens de la latinité comme nous l'avons vu plus haut s'appliquer aux dépens de la cité romaine. L'enfant naît pérégrin.

Un sénatusconsulte proposé par Hadrien décida que l'enfant d'une Romaine et d'un Latin serait Romain (1). C'est, en cas de mariage de droit des gens, l'application des principes confirmée ; mais dans l'hypothèse de justes noces, nous avons déjà signalé cette règle nouvelle comme une dérogation. Hadrien, décida aussi que d'un mariage entre un Latin et une pérégrine ou entre un pérégrin et une Latine naîtraient des enfants soumis à la condition de leur mère. Cette mesure rétablit sur ce point l'application des règles du mariage de droit des gens (2).

Hadrien, en notre matière, introduisit une autre modification qui fait échec à la loi Minicia. Supposons deux pérégrins, légitimement mariés suivant le droit de leur pays. La femme devient enceinte, et avant l'accouchement acquiert la cité romaine. La loi Minicia s'applique et l'enfant naît pérégrin comme son père. Mais si le père obtient aussi le droit de cité avant la naissance de l'enfant, ce dernier, d'après le Sénatusconsulte, naît citoyen, bien qu'il dût en vertu de la législation antérieure, suivre la condition qu'avait son père

1. Gaius I § 30 et 80.
2. Gaius I, § 81.

au moment de la conception, c'est-à-dire naître pérégrin (1). Donnons à cette décision une formule plus générale en disant que l'enfant naîtra Romain lorsque ses deux auteurs, pérégrins l'un ou l'autre ou tous les deux au jour de la conception, seront tous les deux Romains au jour de l'accouchement.

Nous avons jusqu'à présent envisagé des unions légitimes. L'enfant peut être « *vulgo quæsitus* ». Il n'a pas alors de père légalement certain. La mère est le seul parent que la loi lui reconnaisse ; c'est sa condition qu'il suit ; si cette condition change entre la conception et la naissance, les principes s'appliquent, et c'est au moment de la naissance que se fixe le sort de l'enfant.

On appelle *contubernium* l'union de deux personnes esclaves, ou dont l'une est libre, l'autre esclave. De deux esclaves naissent des enfants esclaves, de même que d'un homme libre et d'une femme esclave. D'un esclave et d'une citoyenne naissent des enfants libres et citoyens. Nous connaissons la règle *Media tempora non nocent* en vertu de laquelle l'enfant d'une femme esclave ayant joui de la liberté à un moment quelconque de sa grossesse naissait libre et prenait la condition de sa mère à sa dernière minute de liberté (2). On pouvait ainsi naître libre et citoyen d'une femme esclave.

A ces principes furent introduites quelques exceptions. Le sénatusconsulte Claudien eut pour but de réfréner la dégradation des mœurs et les unions fréquentes des femmes libres avec les esclaves (3) La femme qui avait des relations avec l'esclave d'autrui devenait elle-même esclave et donnait par

1. Gaius I, § 92.
2. l. 4 De l'œn. C. IX, 47.
3. Gaius I, § 84. — Paul II, 21, § 1 et 17.

conséquent naissance à des esclaves si elle persistait dans ses errements malgré la défense trois fois réitérée du maître de l'esclave. Mais elle pouvait aussi obtenir du maître l'autorisation de continuer ce commerce illicite en conservant le *status libertatis*, mais à condition que ses enfants naîtraient esclaves. C'est une exception, unique en son genre, à la règle *Partus ventrem sequitur*; elle était peu logique; Hadrien la supprima et voulut que l'enfant naquît libre et citoyen si la femme conservait la liberté et la cité. Justinien abrogea le Sénatusconsulte Claudien (1), le considérant comme indigne de son époque.

Gaius mentionne dans ses commentaires une loi dont le nom est resté illisible et qui déroge également, dans deux dispositions distinctes, à la règle *Partus ventrum sequitur*. D'après cette loi, naissait esclave l'enfant d'un esclave et d'une femme libre connaissant la condition servile de son amant (2). N'y a-t-il pas contradiction entre cette disposition et la décision d'Hadrien qui abroge une partie du Sénatus-consulte Claudien ? L'explication la plus plausible est donnée par MM. Demangeat (3) et Accarias (4). La loi citée par Gaius serait locale et applicable seulement à certains provinciaux. Cela ressort des expressions mêmes du juris-consulte : *apud quos talis lex non est, qui nascitur jure gentium matris conditionem sequitur*. La disposition, abrogée par Hadrien, du Sénatusconsulte Claudien, se serait alors référée aux femmes citoyennes romaines et latines, et la

1. Loi 1. Code. De Senc. Claud. toll. VII, 24 — Instit. § 1. De Succ. subl. III, 12.
2. Gaius I, § 86.
3. Cours élém. de Droit romain p. 184.
4. Précis de Droit rom. 1, 37.

loi en question, loi locale, survivant à cette abrogation, concernerait les enfants nés d'un esclave et d'une pérégrine.

Cette interprétation est confirmée par les expressions employées par Gaius (§ 84) et Paul (II, 21).

Cette même loi dérogeait encore aux principes dans le cas d'un enfant né des relations d'un homme libre avec une *ancilla aliena* qu'il croyait libre. A n'écouter que les principes, les fruits de cette union auraient dû être voués à l'esclavage. La loi, peu logique, donnait aux fils la condition du père, aux filles celle de la mère. Les uns étaient donc libres, les autres esclaves. Vespasien abroga cette loi et le droit commun reprit son empire (1).

Ce qui explique la préférence accordée par la loi romaine au *jus sanguinis*, c'est que la cité, dans les idées antiques, n'était que l'association d'un certain nombre de familles. Pour être citoyen il ne suffit pas d'être né sur le territoire de la cité; il faut appartenir par la descendance à l'un des groupes familiaux qui composent l'Etat (2) A l'origine ce groupe familial était tellement restreint qu'il ne comprenait que les patriciens. La distinction des patriciens et des plébéiens doit, aux débuts de Rome, être considérée comme équivalente à celle de citoyens et non-citoyens. Mais à mesure que les plébéiens progressent, on les considère comme des citoyens, et s'il n'ont pas le droit de cité complet, ils ne rentrent pas pour cela dans la catégorie des pérégrins ou des Latins (3).

Nous venons de voir que l'enfant peut, par la naissance, tenir de ses parents ou de l'un d'eux la qualité de citoyen,

1. Gaius I, § 85.
2. May. Dr. Rom. p. 62.
3. Mommsen. Dr. Publ. rom. traduct. de M. Girard t. VI, 2 p. 207.

de Latin, ou de pérégrin. Il ne résulte pas de cette transmission héréditaire qu'il possède une condition identiquement semblable à celle de son auteur. Il est un principe d'après lequel la qualité d'affranchi ne se transmet pas. Les enfants de l'affranchi ordinaire naissent ingénus, c'est-à-dire avec un droit de cité parfait, épuré des tares de l'affranchissement ; enfin les affranchis déditices ont pour descendants des pérégrins ordinaires, libres des déchéances humiliantes de la loi Ælia Sentia et capables selon le droit commun de parvenir à la cité romaine.

CHAPITRE II.

DE L'AFFRANCHISSEMENT.

L'affranchissement est le mode de concession individuelle de la liberté et du droit de cité aux esclaves. Le maître qui affranchit son esclave lui confère ainsi la qualité d'homme libre, et de plus une condition semblable à la sienne, sauf les quelques inégalités qui distinguèrent l'ingénu de l'affranchi. Le propriétaire de l'esclave pouvait seul l'affranchir, car cette générosité était juridiquement l'équivalent de la destruction d'une chose mobilière et rentrait dans le *jus abutendi*. En cas d'indivision ou démembrement de propriété le *manumissor* se dépouillait de son droit sans porter atteinte à celui des autres. En cas de condition affectant la propriété de l'esclave (1), la validité de l'affranchissement était subordonnée à l'accomplissement de la condition.

Ces décisions sont la conséquence de l'axiome qu'un

1. L. 11, Dig. XL. 1.

maître ne peut abandonner plus qu'il n'a. Les jurisconsultes (1) citent l'hypothèse d'un esclave indivis ; un des copropriétaires l'affranchit ; l'effet de cet affranchissement se borne à faire sortir le *manumissor* de l'indivision par la perte de sa part de propriété. Mais il en découle encore, résultat qui paraît bizarre *à priori*, l'accroissement aux autres copropriétaires de la part délaissée. Il est certes logique qu'un maître ne puisse nuire aux droits des autres ; il semble singulier qu'il les augmente, et cela par un procédé qui n'implique intention libérale qu'en faveur de l'esclave. Cherchons l'explication de cette règle dans le principe de l'indivisibilité de l'état des personnes. Un individu ne peut être moitié libre, moitié esclave. Tout au plus put-on admettre jusqu'à la loi Junia Norbana que des personnes fussent esclaves en droit, libres en fait. Dans l'espèce en question, l'esclave ne peut devenir libre au mépris des droits de ses autres maîtres ; il reste esclave et comme cet état est indivisible, les copropriétaires profitent de la part abandonnée par le *manumissor*. En se plaçant sur le terrain pratique, il résulte de cette législation qu'un esclave commun ne pouvait acquérir la liberté et le droit de cité que par une entente libérale entre tous ses maîtres. Justinien permit à un copropriétaire d'affranchir seul l'esclave indivis, à condition que les autres maîtres fussent indemnisés de leur perte (2).

Supposons un démembrement de propriété. Une personne est nue-propriétaire, une autre, usufruitière de l'esclave (3). Le nu-propriétaire accomplit les formalités de l'affranchissement ; son droit est éteint mais l'esclave ne peut devenir li-

1. Ulpien. Rég. 1, § 18. — Paul, Sent. IV, 12, § 1.
2. Instit. II, 7, § 4. — L. 1, Code VII, 7.
3. Ulp. 1, § 19.

bre, car les droits de l'usufruitier seraient violés. L'esclave deviendra *servus sine domino* et sera tenu de servir l'usufruitier. Justinien décida qu'un pareil cas l'esclave deviendrait libre en droit, mais en restant tenu de servir l'usufruitier jusqu'à la mort de celui-ci.

Passons rapidement en revue les différents modes d'affranchissement.

SECTION I. — Droit ancien.

Dans l'Ancien Droit, on affranchissait au moyen de trois procédés ; *vindicta, censu, testamento* (2).

1° La vindicte, qui s'engageait dans la procédure des actions de la loi, était l'image de la *causa liberalis* (3). C'était un acte de juridiction gracieuse, car à ce procès simulé manquait ce qui est l'essence même d'un débat : la contestation. Ce mode d'affranchissement exigeait la présence de quatre personnes, le maître, l'esclave, l'*assertor libertatis*, et le magistrat, et la prononciation de paroles solennelles. Il était remis à l'esclave un écrit (*instrumentum manumissionis*) constatant l'observation de ces formalités, mais ce n'était qu'un moyen de preuve, sans lequel l'affranchissement était pleinement valable.

2° Le cens, dans les premiers temps de Rome, fut une des opérations périodiques les plus importantes, car il touchait à la religion même de la cité. Il avait deux buts, l'un religieux, l'autre pratique. Cette cérémonie avait d'abord pour vertu d'effacer les fautes commises contre le culte et de ren-

1. Loi 1, Code VII, 15.
2. Ulpien, Reg. I, § 6. — Gaius, I, § 17.
3. Dig. XL, 2, *De manum vind.*

dre les dieux propices: à ce caractère de sacrifice expiatoire
se joignait celui de mesure administrative. C'était un moyen
de dénombrement. Les auteurs anciens (1) nous ont trans-
mis le détail des rites, scrupuleusement observés, comme
dans toute cérémonie religieuse, les citoyens se réunissant
hors des murs, le magistrat faisant trois fois le tour de l'assemblée en poussant devant lui trois victimes, un mouton
un porc et un taureau, puis la prononciation de la formule
de prière et l'immolation des victimes. Pour que le cens ou
lustration produisît son plein effet et fût agréable aux dieux
de la cité, deux conditions s'imposaient : la présence de tous
les citoyens, et l'absence de tout étranger. D'après les idées
antiques, la vue de l'étranger irritait les dieux et rendait
vains les hommages qu'on leur rendait (2). Étant donné le
caractère de cette solennité, on comprend que le fait d'y
paraître dans certaines conditions, fût le moyen d'acquérir
le droit de cité et que d'autre part la négligence à s'y rendre en entraînât la déchéance.

L'esclave, pour obtenir l'affranchissement *censu*, devait
se présenter lui-même à la cérémonie, sur l'ordre de son
maître, et se faire inscrire sur les registres du cens. Ce mode
de manumission était, sous deux rapports, inférieur à la *vindicte :* la lustration n'ayant lieu que tous les cinq ans, n'é-
tait pas un procédé que le maître pût employer à sa guise ;
de plus elle n'existait pas dans les provinces ; des déclara-
tions (*professiones*) faites devant les *censitores* l'y rempla-
çaient au point de vue administratif, sans aucun caractère
religieux.

1. Denys d'Halicarnasse, IV, 22. — Valère Maxime, IV, 1, 10. — Tite-
Live, I, 44.
2. Fustel de Coulanges. *La Cité antique.* L. III, ch. VII.

Cicéron (1) cite, parmi d'autres controverses, la suivante : quand l'esclave devenait-il précisément libre et citoyen, au moment de l'inscription sur les registres ou bien après l'accomplissement de la cérémonie de purification? Mais il ne la résout pas.

3° Le testament était un mode d'affranchissement posthume. (2) La loi des Douze Tables le consacre. Le testateur à le choix, du jour où les fidéicommis deviennent obligatoires, entre le legs et le fidéicommis. Les deux procédés se prêtent à l'intention libérale du maître ; mais les effets en diffèrent; l'un confère la liberté directe ; l'autre, la liberté fidéicommissaire. Dans le premier cas, l'affranchi a pour patron le défunt et prend le nom de « *libertus ora-nus;* » l'esclave affranchi par fidéicommis a pour patron l'héritier, qui a dû lui-même l'affranchir par la vindicte ou le cens. La manumission par testament a sur les autres l'avantage de pouvoir contenir un terme ou une condition. La vindicte et le cens excluent toute modalité.

Rem. Pour que l'esclave acquière par l'affranchissement la liberté et la cité, il importe que son *manumissor* soit lui-même citoyen. S'il est Latin il ne peut lui conférer que la latinité (3). Notons à ce propos qu'un des trois modes indiqués n'est accessible qu'aux citoyens : le cens. Nous verrons même qu'il est une catégorie de Latins, celle des Juniens, à laquelle est refusé le droit de tester et par suite celui d'affranchir par testament.

1. *De Oratore*, I, 40.
2. Ulpien I, § 0.
3. Pline le Jeune. Ep. X. 4.

Section II. — Droit classique et impérial.

Les trois procédés d'affranchissement que nous venons d'indiquer subirent depuis la République jusqu'à Justinien quelques modifications, et d'autres furent ajoutés.

Vers la fin de l'époque classique les formes de la vindicte furent simplifiées. On supprima la nécessité des paroles solennelles et de la présence du magistrat ; celle des licteurs suffit. De même le magistrat peut prononcer sans que ses licteurs soient présents.

Le cens tomba en désuétude. Depuis Vespasien (an. 73), il n'y eut plus qu'une cérémonie de ce genre, sous Décius, en l'an 250. Ulpien (1) en parle au passé, comme d'une institution disparue ; mais en réalité elle sommeillait plutôt qu'elle n'était abrogée ; les empereurs pouvaient ressusciter le cens si bon leur semblait, et nous venons de voir que Décius usa de ce droit (2).

Constantin remplaça l'affranchissement par le cens par la *manumissio in sacrosanctis ecclesiis*. Pratiqué depuis long-temps, cet affranchissement ne conférait qu'une liberté de fait. Constantin en fit un mode légal et solennel.

L'affranchissement testamentaire subsista, avec des simplifications de formes qui le rendirent plus facile. Sous Marc-Aurèle apparut un nouveau procédé d'affranchissement testamentaire indépendant de la volonté du *de cujus*: ce fut la *bonorum addictio libertatum conservandarum causa* qui permettait à un esclave du défunt, dans certaines conditions,

1. Reg. 1, §8.
2. Esmein. Mélanges p. 356.

de faire adition d'hérédité et de recevoir ainsi que les autres esclaves affranchis par testament, le bénéfice de la liberté et de la cité en échange du service qu'il rendait à la mémoire du défunt en sauvant son patrimoine de la *bonorum venditio* (1).

Les empereurs créèrent, dans certaines hypothèses, le droit de l'esclave à la liberté, sans l'intervention de la volonté du maître. Cette acquistion était soit une peine infligée au maître, soit une récompense donnée à l'esclave. Elle avait lieu tantôt de plein droit, tantôt à la suite d'un ordre du magistrat. Parfois l'esclave n'était gratifié que de la liberté : parfois il obtenait aussi le droit de cité. Cette dernière hypothèse nous intéresse surtout, citons-en les principales applications :

D'après le sénatus-consulte Silanien, rendu sous Auguste, le préteur devait affranchir l'esclave qui dénonçait le meurtre de son maître ou un complot formé contre lui ; l'esclave devenait libre et citoyen (2). Constantin confère le même bénéfice aux dénonciateurs des faux-monnayeurs (3).

Dans l'ancien droit, pour qu'un affranchissement fût valable et produisît ses pleins effets, ils suffisait : 1° Que le maître eût sur l'esclave le *dominium ex jure quiritium* et qu'il fût capable d'aliéner ; 2° Qu'un des modes légaux d'affranchissement fût employé.

Aucune autre condition n'était imposée et aucune loi ne venait limiter le nombre des affranchissements qu'un maître pouvait effectuer. D'autre part, usait-on d'un mode non so-

1. Instit. III, 2, § 1.
2. l. 5 § 13 Dig. XXIX, 5 — l. 5 Dig. XL. 8.
3. l. 1. Code VII, 13.

lennel d'affranchissement, l'esclave restait légalement esclave ; mais en fait le préteur veillait à ce que le maître
n'usât pas de ses droits à son encontre. Le nombre des
personnes occupant cette situation indécise de *servi in libertate* augmenta à Rome au point de nécessiter une réforme.

Les modifications introduites sous la République et au
commencement de l'empire peuvent se grouper sous trois
points de vue différents :

I. Conditions d'âge imposées soit dans la personne du *manumissor*, soit dans celle du *manumissus* ; et conditions de
bonne foi.

II. Restrictions apportées au nombre des affranchissements.

III. Création de deux classes nouvelles d'affranchis.

I. Aux termes de la loi Ælia Sentia (757 U. C.), un maître
mineur de vingt ans ne peut affranchir. L'affranchissement
consenti par lui est nul et ne confère à l'esclave ni la liberté
ni la cité. Cependant s'il y a une *justa causa* reconnue devant
un conseil de magistrats, le maître peut conférer à l'esclave
la cité, à condition d'employer la vindicte. Il peut, en l'affran-
chissant *inter amicos*, ne lui donner que la qualité de
Latin (1).

Aux termes de cette même loi, l'esclave mineur de trente
ans ne peut être affranchi que par la vindicte, en cas de *justa
causa* et avec approbation du conseil (2). Ce conseil, également nécessaire dans l'hypothèse précédente, se composait
à Rome de cinq sénateurs et cinq chevaliers ; dans les provinces, de vingt *recuperatores* citoyens romains. A défaut

1. Gaius I, § 41 — *Instit.* I, 6, § 4 et 5 — Ulpien I § 13.
2. Gaius I, § 18, 19, 20.

de l'approbation de ce conseil, l'esclave mineur de trente
ans ne pouvait devenir qu'affranchi latin.

La loi Ælia Sentia s'occupe aussi d'empêcher les affranchissements faits par un débiteur en fraude de ses créanciers (1), et les annule. Le mot *fraus* laissait place à des di-
versités d'interprétation qui ne manquèrent pas de se produire. La solution qui a prévalu (2) est que deux éléments
sont nécessaires pour constituer la *fraus*, l'un matériel con-
sistant dans l'insolvabilité créée ou augmentée par le débiteur, l'autre intentionnel qui suppose la connaissance qu'il
a du tort qu'il cause. Peu importe d'ailleurs la place qu'a pu
tenir le désir de nuire dans la résolution du maître ; il suffit
qu'il eût la connaissance de son insolvabilité, si louables
qu'aient été les mobiles de l'affranchissement.

La nullité édictée par la loi est relative et n'est prononcée
que sur la demande des créanciers ; tant qu'ils ne réclament pas, l'affranchi reste *statu liber* et jouit de la liberté
sous condition résolutoire.

II. La loi Fufia Caninia (761 U.C.) restreint les affranchissements testamentaires, en décidant que les esclaves ne seraient affranchis que nominativement, individuellement, et
d'après certaines conditions de nombre et de propor-
tion. (3)

III. Nous avons déjà mentionné la situation indécise où se
trouvaient certains affranchis, soit que leur affranchissement n'eût pas été opéré selon les formes légales, soit que
leur *manumissor* n'eût eu auparavant sur eux que la pro-

1. Inst. I. 6. pr. et § 3. — Gaius I, § 37.
2. L. 15 Dig. XLII, 8. — Inst. § 3.
3. Inst. I, 7. — Roblou et Delaunay. Les Institutions de l'ancienne
Rome ; 4e partie. — Loi 1. Code VII, 3.

priété bonitaire. La loi Junia Norbana (728 de Rome?) régularisa leur condition et le nom leur resta d'affranchis Latins Juniens (1). Ils acquirent une situation juridique modelée sur celle des Latins coloninires, et cependant moins favorable, car le *commercium* dont ils jouissent subit des restrictions. Pour eux pas de *jus capiendi directo* ; pas de droit de tester ni d'être nommé tuteur testamentaire. La loi Junia Norbana fit disparaître la classe des *servi in libertate* dont la condition indécise, servile en droit, libre en fait, se transmettait à leurs descendants et joignait au tort d'être équivoque celui de favoriser par cela même les usurpations du droit de cité. En même temps qu'ils deviennent Latins, ces individus acquièrent la possibilité, moyennant une certaine sélection, de parvenir au droit de cité. Sont également Latins Juniens les esclaves mineurs de trente ans, affranchis en dehors des conditions déterminées par la loi Ælia Sentia.

La classe des affranchis déditices est l'œuvre de cette même loi Ælia Sentia (2). Tout esclave ayant subi certaines flétrissures ou condamnations ne peut désormais être élevé, par l'affranchissement le plus régulier, qu'à la condition de pérégrin déditice. On appelait ainsi les peuples qui s'étaient livrés à discrétion eux et leurs biens, à Rome victorieuse. Ces affranchis sont au plus bas degré de l'échelle des hommes libres. Tout espoir de parvenir à la cité leur est interdit. S'ils paraissent dans un rayon de cent milles autour de Rome, leur liberté est reprise, leurs biens confisqués par le peuple romain qui les vend comme esclaves avec la clause qu'ils ne pourront plus être affranchis. Le

1. Instit. 1. 5. § 3, Ulpien 1, § 16. — Robiou et Delaunay, loc. cit.
2. Gaïus 1, § 13, 26 et 27, Ulpien 1 § 11.

maître qui les achète vient-il à enfreindre cette défense, ils retombent sous l'esclavage du peuple romain. Leurs enfants n'héritent pas de cette condition lamentable, et naissent pérégrins ingénus (1) La loi Ælia Sentia marque par cette réforme une étape importante dans l'histoire de l'extension du droit de cité. Rome est peuplée d'affranchis et l'orgueil aristocratique proteste contre cet envahissement de nouveaux citoyens qui se vengent de leur servitude passée par une insolence toujours croissante. Les lois de l'époque classique, que nous venons d'indiquer brièvement, sont une revanche du vieil esprit patricien contre les tendances nouvelles. Elles m'empêchèrent pas les affranchis de croître en nombre et en puissance et, sous certains empereurs, d'exercer leur influence sur le gouvernement même du monde romain. Les lois restrictives de l'affranchissement finissent par tomber en desuétude et les réformes de Justinien furent moins des innovations qu'une consécration légale de l'état de fait antérieur.

SECTION III. — Législation de Justinien.

A partir de la grande réforme de ce prince sur la propriété, il ne faut plus distinguer entre l'esclave appartenant à un maître *ex jure quiritium* et l'esclave se trouvant seulement *in bonis*, car il n'existe plus qu'une sorte de propriété. Chaque maître, propriétaire de son esclave, peut l'affranchir. De plus Justinien supprime la nécessité des formes solennelles d'affranchissement. Les procédés qui auparavant ne donnaient que la condition de Latin Junien, suffisent à ren-

_____
1. Gaius I § 68.

dre libre et citoyen (1). La clause de la loi Ælia Sentia qui réglementait l'affranchissement des esclaves mineurs de trente ans est abrogée. D'où disparition de la classe des af-affranchis Latins Juniens. Celle des affranchis pérégrins est également rayée de la législation (2), de sorte qu'un affranchissement, s'il n'est pas nul, peut produire son plein effet et conférer du même coup la liberté et la cité. Les formes antiques de la *manumissio* subsistent, simplifiées. La vindicte n'est plus qu'une déclaration devant le magistrat ; la *manumissio in sacrosanctis ecclesiis*, une déclaration dans l'église en présence de prêtres. Le testament n'exige plus les formes gênantes d'autrefois. Il faut encore distinguer l'affranchissement par dernière volonté fait *directo* ou *per fideicommissum* ; mais Justinien permet d'affranchir directement par codicilles non confirmés ou ne se rattachant à aucun testament.

Parmi les modes nouveaux que Justinien assimile aux anciens, citons les suivants : le maître adresse à l'esclave la renonciation à son droit dans une lettre portant la signature de cinq témoins (3), ou l'affranchit oralement en présence de cinq témoins (4) on l'appelle *filius* dans un acte public (5), on détruit les titres constatant son esclavage (6).

Ce n'est pas à dire que l'empereur abolisse toutes les restrictions apportées à l'acquisition de la liberté et de la cité par les lois antérieures. Il laisse subsister les clauses de la loi

1. Inst. 1, 5, § 1. — Code. Loi 1. VII, 6.
2. Code. Loi 1. VII, 5. — Inst. 1, 5, § 3.
3. Code. Loi 1. § 1, VII,5.
4. *Eod. loco*, § 2.
5. *Eod. loco* § 10 — Inst. 1, 11, § 12.
6. Cod. *eod. loco*, § 11.

Ælia Sentia, prohibant les affranchissements faits en fraude des créanciers, et ceux faits par un maître mineur de vingt ans. Dans le droit antérieur une anomalie apparente signalée par Gaius (1), existait en ce que le maître dès sa puberté pouvait par testament léguer son esclave, sans pouvoir cependant l'affranchir par cet acte avant vingt ans. Justinien, lisant une critique là où Gaius n'indiquait qu'un contraste, modifia sur ce point la loi, timidement d'abord, radicalement ensuite. Les *Instituts* (2) autorisent les affranchissements testamentaires du jour où le maître a atteint dix-sept ans ; puis en 544 une novelle les permit dès l'âge de puberté (3). Mais la prohibition qui atteignait le maître mineur de vingt ans quant aux affranchissements entre-vifs, subsista.

Justinien, on le voit, facilita largement l'obtention de la liberté, surtout par voie testamentaire. La loi Fufia Caninia est expressément abrogée par les Instituts (4), et de longs cortèges d'affranchis coiffés du bonnet phrygien purent désormais, comme jadis, défiler derrière le cercueil d'un maître généreux.

L'œuvre de Justinien fut humaine ; elle préparait, sous l'influence des idées religieuses, la disparition de l'esclavage ; libre aussi au jurisconsulte moderne d'admirer l'unité législative vers laquelle elle tendait et la simplification du droit qui s'opérait par la suppression de distinctions surannées. Dans l'évolution générale des idées, cette époque marqua un progrès Mais en se plaçant au point de vue qui nous occupe, qu'était-ce alors que la cité, surtout la cité romaine ?

1. Gaius. I, § 40.
2. I, 6, § 7.
3. Nov. 119, ch. 2.
4. I, 7.

Dans cet empire déjà morcelé et destiné bientôt à un émiettement complet, quel prestige avait ce titre de citoyen Romain, porté autrefois si haut, prodigué alors à des barbares de la veille! Qu'était devenue Rome, et quelles cendres ne fallait-il pas remuer pour retrouver un reste de la cité antique!

CHAPITRE TROISIÈME

NATURALISATION OU CONCESSION LÉGISLATIVE

SECTION I. — **Formes générales de la concession du droit de cité**

En dehors des modes d'acquisition établis par la loi et déjà
étudiés, la concession du droit de cité à des classes de personnes, à des peuples, des villes ou des individus, est l'œuvre d'une loi (1). Selon que cette faveur s'applique à des groupes ou à des individus, la naturalisation est dite collective
ou individuelle. Dans les premiers temps on ne connut guère
les concessions individuelles du droit de cité; Rome n'en fit que
de collectives, à des peuples tels que les Albains, les Fa-
lisques, les Capénates.

Les lois qui concédaient tout ou partie du droit de cité furent votées dans les comices curiates jusqu'à Servius Tullius:
à partir de ce roi, et sous la république, par les comices centuriates et par les comices par tribus. Puis ce pouvoir passa
au Sénat et aux généraux en vertu de la délégation du peuple.

Souvent des lois conférèrent au Sénat, ou à certains généraux où à des triumvirs chargés d'organiser des colonies,
le soin de créer un nombre déterminé de citoyens. C'est
ainsi que la loi Apuleia donna à Marius le pouvoir de concé-
der le droit de cité à trois personnes dans les colonies qu'il

1. Mommsen. *Droit public Romain.* Trad. de M. Girard, VI, 1, p. 373.

devait fonder (1). Par la loi Gellia Cornelia, Pompée distribua le droit de cité à un grand nombre d'Espagnols. C'était pour les généraux un moyen de stimuler le zèle des alliés et d'honorer leur bravoure : *«quis enim esset,* — dit Cicéron (2), — *qui imperatoribus nostris, in bello, in acie, in exercitu, delectum virtutis ; qui sociis, qui fœderatis, in defendenda republica nostra spem prœmiorum eripi vellet ?»* Sulla et César firent aussi de nombreuses concessions ; furent-elles légales et ces généraux avaient-ils reçu du peuple les pouvoirs nécessaires ? Si aucune délégation préalable ne fut votée, n'intervint-il pas au moins pour la forme une ratification postérieure des comices ? D'après Dion Cassius (3) cette demi-satisfaction fut accordée aux principes après la collation du droit de cité aux habitants de Cadix.

Les comices, ou ceux qu'ils délèguent, peuvent n'octroyer le droit de cité qu'en partie. De plusieurs textes il résulte implicitement que les pérégrins n'obtiennent parfois que le *commercium,* le *connubium,* ou tous les droits privés (4). En entrant dans le détail des faits, nous mentionnerons des concessions du droit de latinité. Les Romains observèrent même, en élevant les provinciaux jusqu'à eux, de sages gradations, et évitèrent de transformer trop rapidement en égaux des sujets de la veille. A supposer même une naturalisation parfaite, le droit d'entrer au Sénat exigeait l'approbation de ce corps.

Vers la fin de la République, de nombreuses lois furent rendues touchant la concession totale ou partielle du droit

1. Cicéron, *Pro Balbo,* 21.
2. *Loc. cit.*
3. XLI, 24.
4. Ulpien, V, § 4, — XIX, § 4.

de cité (1). Un grand nombre ont trait au *jus civitatis sine suffragio*. La loi Julia envisage un droit de cité complet. Cicé-ron (2) cite une loi rendue sur la proposition du préteur ur-bain et conférant la naturalisation à une femme originaire de la ville grecque de Vélia dans l'Italie méridionale afin de lui permettre d'être prêtresse de Cérès. Même faveur fut oc-troyée au transfuge Muttines par une loi rendue sur la pro-position d'un tribun, conformément au vœu du Sénat (3). Les concessions individuelles, inconnues à l'origine, devenaient fréquentes (4).

Avec l'empire la collation de la cité devint une préroga-tive impériale. Auguste et ses successeurs en furent assez avares; les Antonins la prodiguèrent. Toutefois jusqu'à An-tonin Caracalla les citoyens ne formèrent dans l'empire qu'un corps relativement restreint, une élite que d'une part la nécessité portait à accroître par l'adjonction d'éléments nouveaux, mais que la morgue aristocratique défendait con-tre une trop grande extension. La quantité considérable de pérégrins dans le monde romain est attestée par la création (243 av. J.-Ch.) du préteur pérégrin. Rome n'en resta pas moins la capitale de l'empire, le grand centre où tout con-vergeait; c'est dans son intérêt exclusif que le monde était gouverné; c'est pour ses besoins qu'on favorisait l'agricul-ture dans les provinces. Les empereurs aux vues courtes se regardèrent comme empereurs de Rome; les meilleurs, comme empereurs d'Italie. Leurs contemporains les jugent suivant les idées de leur époque. Auguste et ses successeurs

1. Tite-Live VIII, 14, 17 et 21.
2. Pro Balbo, 24.
3. Tite-Live XXVII, 5.
4. Madvig. *L'État Romain* I, Ch. I, § 7.

pour n'avoir pas prodigué le droit de cité ni le droit latin qui en est le préliminaire, s'attirèrent des historiens romains la meilleure réputation et les plus grands éloges. Les philosophes et écrivains tels que Cicéron, Tacite, Pline, plaidant la cause de l'ancien patriotisme aristocratique, jugent sévèrement tous ceux qui répandent à profusion la faveur de la naturalisaion. Cela explique leur admiration pour Trajan, car il fut le dernier empereur romain qui combattit le mouvement d'assimilation destiné après lui à ne plus s'arrêter.

Il est une catégorie de personnes que les empereurs favorisent surtout par de fréquentes concessions du droit de cité : ce sont les soldats. Les titres qui leur sont délivrés, ou *diplômes*, donnent matière quand à leur rédaction et leurs effets, à d'intéressantes études. C'est sous cette forme qu'intervient le plus souvent, sous les empereurs, la naturalisation individuelle.

Le prestige du droit de cité alla s'affaiblissant à mesure qu'il se vulgarisait et que le despotisme s'appesantissait plus également sur toutes les catégories d'habitants. Un jour vint où, sans que la réforme frappât beaucoup les esprits, Antonin Caracalla étendit le droit de cité à tous les habitants de l'Empire.

SECTION. II. — Concession collective du droit de cité.

Nous distinguerons la naturalisation accordée à certaines classes de demi-citoyens, tels que les clients, les plébéiens, les affranchis, et celle dont bénéficièrent les peuples et les villes que Rome éleva peu à peu à la cité, ou qu'elle dota d'une organisation impliquant l'exercice de tout ou partie des éléments du droit de cité.

§ 1. — *Concession de la cité aux différentes classes de Rome.*

Il est certaines catégories d'individus qui sans être étrangers, ne participaient cependant pas à la plénitude des bénéfices de la cité. Ces inégalités, dues à l'esprit aristocratique de la Rome antique, devaient s'atténuer et disparaître avec le temps. Observant l'ordre chronologique, nous examinerons d'abord celles qui s'effacèrent le plus vite.

Des Tribus.

Les débuts de Rome furent humbles. Trois tribus, établies sur trois collines voisines, puis bientôt unies par un lien fédératif, en marquent l'origine. Une tribu d'Albains, les Ramnenses ayant pour chef Romulus, fondent une colonie sur le mont Palatin ; une tribu Sabine, sous le commandement de Tatius, occupe le Quirinal ; ce sont les Tatienses ; Enfin les Luceres, d'origine étrusque, avec leur chef Lucumon, choisissent le mont Cœlius. La fédération des trois tribus remonterait à Romulus lui-même ; mais toutes trois ne furent pas, dès le début, sur un pied d'égalité (1). Les Romains ne concédèrent que progressivement l'égalité politique aux Sabins et aux Etrusques. Le Sénat, d'abord de cent membres, en comprit plus tard deux cents, puis trois cents.

Des chefs de gentes et des patriciens.

La répartition des citoyens en trois tribus demeura long-temps la base de l'organisation politique de Rome et de la composition de l'assemblée du peuple. Les premiers co-

1. Cuq. *Inst. pol. des Romains*, L. I.

mices dits *curiales*, comprennent trente caries, dix par tribu. Chaque curie renferme dans son sein un certain nombre de *gentes*. Dans la *gens* il faut chercher la véritable unité politique et familiale de l'ancienne Rome. Remontons très haut, et nous verrons les chefs de *gentes* avoir seuls, en réalité, . . plénitude du droit de cité. Ils sont tout-puissants dans leur *gens*, et l'ensemble des voix que leur autorité inspire est la volonté qui gouverne la cité et dicte la loi. D'après la tradition, Rome comptait à l'origine cent familles, dont les chefs, *patres*, formèrent le Sénat de Romulus. Tout sénateur était *pater*, tout fils de sénateur *patricius*. Ce dernier terme fut généralisé et appliqué à tous les sénateurs ou descendants de sénateurs, en un mot à tout membre d'une *gens*. Les patriciens furent appelés aussi *ingénus* (de *in gente*) ; ce mot prit par la suite un autre sens et désigna les citoyens de race libre par opposition aux affranchis. Les patriciens s'affranchirent de bonne heure de l'omnipotence du chef de *gens*. La *gens* se désagrège ; la propriété collective et le droit d'aînesse disparaissent. Le *jus civitatis* devient le partage des patriciens, mais d'eux seuls.

De la clientèle.

De la *gens* dépend la clientèle. Les clients se rattachent de père en fils, par des liens rappelant ceux qui unissaient au moyen-âge vassal et suzerain, aux membres patriciens de la *gens*. Le client, à la différence du patricien, n'a pas de *pater* parmi ses ancêtres; si haut qu'il remonte dans sa généalogie, il ne rencontre qu'un client ou un esclave. De nombreuses opinions se sont manifestées sur l'origine de la clientèle. Selon nous, la source principale de cette catégorie de personnes doit être cherchée dans l'affranchissement. Les descendants de l'affranchi naissaient ingénus, mais clients de la famille du *manumissor*. MM. Fustel de Coulange, Mommsen et Willems font dériver la clientèle de l'affranchissement ; cette opinion, exacte, selon nous, n'est pas incompatible cependant avec celle de Niebuhr et Madvig qui voient dans les clients les descendants des peuples vaincus et transplantés à Rome. Ces peuples soumis entraient dans le sein de la cité en conservant le rang et la situation sociales occupés auparavant. Les clients demeuraient clients ; on comprend que la conquête ait contribué à grossir la foule des clients à Rome. A l'origine une grande inégalité existe entre cette classe vassale et celle des patrons. Le client reçoit la concession d'une terre, mais à titre de précaire ; il ne peut en être propriétaire ; pas de *connubium* entre lui et le patricien. Quant au droit de suffrage, il y participe en théorie. Chaque *gens* a dans les comices par curies un suffrage ; le chef prend sans doute l'avis de ses parents, peut-être même de ses clients, mais c'est lui qui vote (1). La loi défend d'ailleurs au client d'émettre un autre avis que son patron. Nous n'aurons pas à rappeler ici les devoirs nombreux qui liaient la clientèle aux familles patriciennes, mais seulement comment elle s'affranchit. Le client devint bientôt possesseur viager du lot de terre que le patron lui avait assigné ; il obtient ensuite le droit, en mourant, de transmettre à son fils ce qu'il possède ; nouveau progrès, s'il ne laisse pas de fils, il acquiert le droit de faire un testament. Le client, bien qu'il n'ait pas définitivement la propriété, a du moins une jouissance aussi étendue que possible (2).

1. Fustel de Coulanges, L. IV. ch. I — Aulu-Gelle. XV, 2 7.
2. Fustel de Coulanges. *Loc. cit.*

La réforme de Servius Tullius améliora la condition des clients au point de vue politique sans toucher aux rapports purement civils du client avec son patron. La répartition nouvelle du peuple en classes et en centuries pour la guerre et pour le vote détacha le client de son patron ; il ne se trouva plus à ses côtés pour voter et combattre ; la fortune devient la base du système électoral et militaire de Servius. La clientèle puisa dans cette organisation des habitudes d'indépendance. Il est difficile de fixer des dates dans l'histoire de l'émancipation progressive de cette classe : aucune loi n'en consacre les diverses étapes, si ce n'est la constitution de Servius Tullius, qui prend date entre les années 578 et 534 avant J.-Ch., termes généralement adoptés du règne de ce prince (1). Les droits politiques, contrairement aux règles habituelles d'évolution, furent plus vite gagnés que les droits civils ; cela s'explique par le soin que professait l'aristocratie du respect de ses droits, car c'est surtout par les rapports de droit privé que s'attestait la dépendance des clients.

A partir de Servius Tullius l'autorité des patriciens fut ébranlée. Le client aspira à sortir de la *gens* et à entrer dans la plèbe qui opposait à l'ancienne noblesse de naissance une noblesse nouvelle de mérite et de fortune. Il fut aidé dans ses aspirations d'indépendance par les rois, qui cherchaient à s'appuyer sur les classes inférieures pour affaiblir l'aristocratie patricienne, et sous la république, par la plèbe et les tribuns. Les clients désertèrent ainsi en grand nombre les *gentes*. En 472 avant J.-Ch. la clientèle formait une catégorie encore nombreuse et n'avait pas réussi à s'émanciper, car la plèbe se plaignait que dans les comices centuriates, les clients fissent pencher la balance du côté des patriciens (2).

1. Duruy, *Hist. des Rom.* I, p. 34.
2. Tite-Live II, 56. — Fustel de Coulanges, *loc. cit.*

Toutefois ils ne suffisaient plus à cultiver les terres. En 372 il n'y avait plus de clients, et Manlius, qui devait payer cher ces paroles, rappelait à la multitude qu'il lui suffisait de vouloir pour écraser l'aristocratie : « Autant de clients vous étiez autrefois autour d'un seul patron, autant vous serez maintenant contre un seul ennemi » (1) Quelques-uns déjà parvenaient à la fortune, et bientôt aux honneurs ; tels les Marcellus, anciens clients de la *gens* Claudia, qui plus tard, à l'époque de Cicéron devaient donner matière à un curieux procès dans lequel la famille patricienne revendiqua ses droits de patronage en réclamant la succession d'un affranchi des Marcellus. Mais des siècles avaient passé ; la clientèle n'existait plus et les Claudius perdirent un procès qu'ils auraient gagné quatre siècles plus tôt. Désormais il n'y a plus trois classes, les patriciens, clients, et plébéiens, mais deux seulement. Les clients sont fondus dans la plèbe. Le nom reste bien encore aux protégés qui se pressaient autour des familles puissantes ; mais l'institution elle-même a disparu ; les liens juridiques si forts qui attachaient le client au patron ont fait place à des liens volontaires et presque fictifs.

Des *proletarii ou capite censi.*

Servius Tullius, en organisant les classes et les centuries d'après la fortune, arriva à un résultat qui paraît aujourd'hui choquant, mais dont il faut reconnaître la logique. Toute une catégorie de citoyens, déshérités sous le rapport des droits politiques, en retira par contre une diminution de charges. Les plus pauvres, ceux qu'on ne comptait sur le registre du cens que pour leur tête, comme les esclaves

1. Tite-Live, VI, 18.

et le bétail, formèrent la sixième classe, composée d'une seule centurie. Les deux termes de *proletarii* et *capite censi* sont souvent employés comme synonymes ; cependant les individus désignés sous le dernier sont par le cens inférieurs aux *proletarii* proprement dits.

Pour ces personnes, pas de *jus tributi*, ni de *jus militiæ*. Ils jouissent en principe du *jus suffragii* dans les comices par centuries ; mais ils n'ont jamais à l'exercer, la majorité étant atteinte avant que leur classe soit appelée à voter. Dans les comices par tribus, ils sont répartis dans les quatre tribus urbaines, et leurs voix sont également perdues. Pour eux, pas de *jus honorum*, car pour briguer les suffrages il fallait avoir servi dans l'armée. Marius fut le premier qui enrôla les prolétaires et *capite censi* dans les légions. Ils purent alors se dire *cives optimo jure*.

Des Plébéiens.

L'acquisition du droit de cité par la plèbe n'eut lieu que progressivement, à la suite de luttes intestines qui remplirent les premiers siècles de l'histoire de Rome.

Il ne semble pas que les patriciens aient jamais refusé aux plébéiens le titre de citoyens. Mais ce droit de cité à l'origine, n'était qu'un mot, car les droits les plus précieux leur étaient refusés. « A côté de ce peuple des maisons patriciennes, dit Duruy (1), qui seul forme l'État, fait les lois, fournit les membres au Sénat, des rois et des prêtres à la République ; qui a tout : la religion, les auspices par lesquels il est en communication avec les dieux, les droits politiques et privés, les terres, et dans la foule de ses clients une ar-

1. Duruy, *Hist. des Rom.* I, p. 70.

mée dévouée ; au-dessous, enfin, de cette bourgeoisie souveraine se trouvent des hommes qui ne sont ni clients, ni serviteurs, ni membres des *gentes* ; qui ne peuvent entrer par mariage légal dans les maisons patriciennes ; qui n'ont ni la puissance paternelle ni le droit de tester ni celui d'adopter ; qui n'interviennent dans aucune affaire d'intérêt public et restent en dehors de la cité matérielle, au delà du *pomerium*, sur les collines qui entourent le Palatin ». En un mot, bien que la *plebs* figure dans le *populus*, la conception du citoyen est, à l'origine de Rome, purement patricienne ; des transformations successives devaient en faire une conception *patricio-plébéienne* (1).

Ne confondons pas la plèbe avec la clientèle. Si, dans la suite des temps, il s'opéra une fusion entre ces deux classes, il n'en fut pas de même sous les premiers rois ; loin d'être unies, elles étaient plutôt hostiles ; le respect du client pour son patron n'était pas encore ébranlé, et tous deux faisaient cause commune contre la plèbe, sans cesse croissante à Rome. Les historiens ne nous laissent aucun doute à ce sujet et Fustel de Coulanges (2) cite des passages de Tite-Live et Denys d'Halicarnasse (3) nous montrant la plèbe mécontente de l'influence qu'ont les patriciens dans les comices grâce aux suffrages de leurs clients ; ou la plèbe refusant de s'enrôler et laissant seuls les patriciens prendre les armes avec leurs clients ; ou la plèbe se retirant sur le mont Sacré alors que les patriciens restaient seuls dans la ville avec leurs clients.

Des discussions se sont élevées sur l'origine de la plèbe

1. Mommsen. *Dr. Publ.* t. VI, 1, L. III.
2. L. IV, ch. 2.
3. Tite. Live, II, § 56, 64. — Denys, VI, 46 ; — VII, 19 ; — X, 27.

comme sur celle de la clientèle. Écartons d'abord l'opinion contredite par les textes de Tite-Live et de Denys et contre laquelle nous nous sommes déjà prémunis, qui assimile la clientèle à la plèbe et leur assigne comme origine commune, une répartition faite par Romulus lui-même. Dans les autres opinions nous trouvons à glaner, car une classe aussi importante n'a pu provenir d'une source unique. Selon la légende, Romulus après avoir, suivant les rites sacrés, fondé la ville des patriciens et de leurs clients sur le Palatin, laissa des aventuriers s'établir sur les pentes du Capitolin, en dehors de la ville sainte et de l'organisation politique déjà élaborée. Peut-être faut-il voir là une des sources de la plèbe. Puis à la longue, certaines familles patriciennes négligèrent leur culte privé, et tombèrent ainsi au rang des familles plébéiennes ; des clients, mal traités ou mécontents de leur assujétissement, ou reniés par leurs patrons, ou privés de patrons par l'extinction d'une *gens* allèrent grossir la foule plus indépendante mais moins protégée des plébéiens. D'extraction patricienne naquirent des personnes, qu'une tache originelle excluait de l'aristocratie : enfants issus de mariages contractés sans rites, ou nés de l'adultère. Ajoutez encore les classes populaires des vaincus transplantés à Rome ; tant de causes contribuèrent à la formation de la plèbe qu'il serait plus aisé de la définir négativement : tout ce qui est en dehors du patriciat et de la clientèle.

La plèbe ne forma pas de catégories familiales distinctes, comme les *gentes*. C'était une multitude (πλῆθος d'où plebs) sans organisation. Les patriciens en reconnurent toutefois l'existence juridique, car ils contribuèrent législativement à son extension. En effet les curies pouvaient accorder le droit de cité complet qui faisait passer un étranger dans le patriciat, ou seulement un droit de cité incomplet qui le rangeait parmi les plébéiens.

Dans une société où, suivant l'expression de Mommsen le droit de gentilité et le droit de cité ne faisaient qu'un, on devine quelle persévérance il fallut à la plèbe pour conquérir un à un les nombreux apanages de la *civitas optimo jure*.

Elle s'appuya sur la royauté, dont les patriciens étaient les plus redoutables adversaires (1). Sur sept rois, cinq périrent de mort violente pour avoir déplu au patriciat, représenté surtout par le puissant corps du Sénat. Seuls Numa et Ancus Martius, chers aux patriciens par leur scrupuleuse observation des rites religieux, moururent dans leur lit.

Le premier roi qui s'occupa sérieusement des intérêts de la plèbe fut Servius Tullius.

Jusqu'à son règne, les plébéiens n'eurent pas de droits politiques. Les comices par curies avaient pour unité de constitution la *gens*. La plèbe étrangère à la *gens*, restait en dehors de l'assemblée populaire composée uniquement des patriciens et de leurs clients. Elle ne fait même pas partie de l'armée tant que celle-ci est distribuée par curies (2).

Servius Tullius commença, dit-on, par donner à la plèbe des terres prises sur l'ennemi. Les rois précédents auraient bien partagé les terres enlevées aux peuples voisins ; mais il n'est pas sûr qu'ils aient admis la plèbe au partage.

---

1. Fustel de Coulanges, L. IV, ch. 3.

2. Fustel de Coulanges, L. IV, ch. 2. — Mommsen (*Dr. pub. rom.* VI, 1, p. 101) soutient, contrairement à Fustel de Coulanges, que les plébéiens restèrent dans les comices par curies ; mais il reconnaît que ce droit ne leur fut reconnu que tard, à un moment où le véritable pouvoir était passé aux comices par centuries. D'ailleurs comment expliquer sans cela que les décisions de l'assemblée curiate aient toujours été favorables à l'aristocratie ?

Servius distribua sept *jugera* en pleine propriété quiritaire à chaque chef de famille plébéien (1) Le droit de propriété devenait ainsi accessible à ceux qui n'avaient cultivé jusqu'alors que le sol d'autrui.

Sous le même règne, des lois furent publiées pour la plèbe, qui n'en avait pas eu auparavant ; elles règlent des rapports de droit entre patriciens et plébéiens et notamment les obligations qu'ils pouvaient contracter entre eux ; l'accès du *jus commercii* est ainsi ouvert aux plébéiens.

La réforme capitale de Servius est son système de répartition établi sur la double base du cens et de l'âge. Plus de distinction entre les citoyens ; tous sont électeurs et soldats, et le plus riche a le plus d'influence.

C'est enfin lui qui inaugura les tribus, division administrative et religieuse, destinée à devenir aussi politique. Rome fut partagée en quatre tribus; et le territoire environnant en vingt-six régions. Dans chacune de ces circonscriptions, toutes territoriales, tous étaient confondus sans distinction de naissance ni de fortune. Cette égalité municipale devait préparer les classes inférieures à l'égalité politique. Cependant les patriciens conservèrent l'influence dans les tribus, car leurs propriétés foncières leur permettaient de se faire inscrire dans les tribus rurales et d'y exercer la prépondérance ; comme elles étaient en majorité, il en résultait entre les classes une égalité plus apparente que réelle ; mais en politique les mots ont de la force et l'avantage conquis par la plèbe, si nominal qu'il fût, était un progrès.

Le caractère religieux de la réforme ne doit pas nous échapper. Servius institua des fêtes pour chaque district :

---

1. Duruy, *Hist. de Rome*, ch. IV, p. 114.

les *compitalia* pour la plèbe des tribus urbaines, les *paganalia* pour les tribus rurales. Chaque carrefour eut ses dieux lares, chaque tribu un foyer et des sacrifices. Les humbles obtinrent des dieux : la prière cessa d'être un privilège aristocratique.

Tarquin le Superbe s'aida de la haine des patriciens pour renverser Servius ; une fois roi il fit peser sur les grands et les petits une tyrannie odieuse qui amena le renversement de la royauté.

L'établissement de la République (509 av. J.-Ch.) eut un caractère tout aristocratique. Les patriciens payèrent à la plèbe le prix de son concours en rétablissant les comices centuriates; mais ils s'en réservèrent la direction et restèrent les maîtres. En 493, la plèbe, lasse des exigences et de la domination des *patres*, se retira sur le mont Sacré et n'accepta la paix que moyennant certaines concessions dont la plus importante est la création de tribuns de la plèbe, représentants inviolables et munis d'un droit de *veto* protecteur des droits de leur classe. « Le tribun (1) était une sorte d'autel vivant auquel s'attachait un droit d'asile ». Ces tribuns, grâce à leur inviolabilité, accrurent rapidement leur puissance ; ils convoquent la plèbe, commencent par s'asseoir à la porte du Sénat, puis entrent dans l'intérieur ; ils jugent et condamnent des patriciens. Bientôt la plèbe eut ses assemblées délibérantes dans les comices par tribus qui rendirent des plébiscites. Les plébéiens seuls obéissaient à ces décrets, de même que les patriciens à leurs sénatusconsultes. Il y avait encore à Rome comme deux peuples séparés.

1. Fustel de Coulanges, L. IV, ch. 7.

Enfin en 451 les patriciens consentirent, non sans peine, à la rédaction d'un code conçu en dehors de toute idée religieuse, commun à tous les citoyens, et qui serait publié au grand jour. Chacun des deux ordres demanda que les législateurs fussent tirés de son sein. Une conciliation intervint : ils seraient patriciens mais leur code devrait être, avant sa promulgation, soumis à l'approbation des comices par centuries. Ce code, appelé Loi des Douze Tables, ne renferme aucune inégalité entre patriciens et plébéiens en matière de propriété, de contrats et obligations, et de procédure. Le *jus commercii* et le *jus suffragii* des plébéiens y étaient consacrés. Pour achever cette œuvre législative on nomma de nouveaux décemvirs et parmi eux trois plébéiens.

Malgré tous ces avantages obtenus, toute fusion avec l'ordre privilégié était interdite aux plébéiens, tant qu'ils resteraient privés du *connubium*. La loi de Douze Tables, maintenant sur ce point la vieille prohibition, portait : « Ne connubium patribus cum plebe esset ». Cette inégalité juridique, appuyée par les préjugés séculaires de l'aristocratie et consacrée par les mœurs, mettait entre les deux catégories de citoyens une barrière qu'il ne fut pas facile de renverser.

Le mariage par *confarreatio* fut toujours interdit aux plébéiens, et, à la longue, tomba en désuétude.

La plébéiens, pour acquérir le connubium, devaient passer par deux étapes, car sous deux rapports il leur manquait : il fallait d'abord admettre que deux plébéiens pussent conclure entre eux un *justum matrimonium*, puis appliquer le même principe aux mariages mixtes, contractés entre patriciens et plébéiens (1).

1. Salomon. *Mar. du. dr. des Gens*. Thèse. Paris 1889 p. 69.

Pour arriver au premier résultat, l'acquisition de la *manus* par l'*usus* et le *jus trinoctii* leur fut ouverte en 451. Un mode spécial d'opérer le mariage avec *manus* fut établi ; ce fut la *coemptio*. A quel moment doit-on fixer cette innovation ? La précision des dates est difficile à cette époque reculée ; signalons toutefois l'opinion de M. Lange (1), selon laquelle la *coemptio* fut créée lorsque Tarquin l'Ancien éleva au patriciat un certain nombre de familles plébéiennes. Le mariage par *coemptio* fut sans doute pratiqué par les clients avant de devenir la forme des unions plébéiennes. Lorsque la *mancipatio* devint accessible aux plébéiens, il était tout naturel que la *coemptio* leur fût appliquée.

Ainsi pour rendre les justes noces possibles entre plébéiens on leur offrit le moyen d'acquérir la *manus* qui à l'origine, était l'accompagnement nécessaire du mariage de droit civil. Le principe de la validité du mariage sans *manus* ne fut admis que postérieurement.

Restait à autoriser le *connubium* entre les deux ordres. En 445 Canuléius fit passer son plébiscite. Désormais les mariages entre patriciens et plébéiens deviennent de véritables mariages de droit civil. La règle « Patrem sequuntur liberi » s'y applique ainsi que les autres conséquences des justes noces.

Les mariages devinrent fréquents entre les deux ordres. Les Licinius, riches plébéiens, s'allièrent aux Fabius, aux Cornélius, aux Manlius. Pourtant quelques *gentes* imbues encore des préjugés de caste, restèrent réfractaires à des unions qu'elles traitaient de mésalliances. En 206 av. J. Ch. une patricienne épousa un plébéien illustre ; ses compa-

1. *Römische Alterthümer*, I, 92.

gnes indignées, la mettent au ban de leur société et lui interdisent l'accès des fêtes célébrées en l'honneur de la chasteté des femmes. Alors les plébéiens instituèrent le culte de la chasteté plébéienne, opposant cette nouvelle déesse à celle de la chasteté patricienne.

En 449, à la suite de l'abdication des décemvirs, plusieurs lois favorables à la plèbe intervinrent. Nous citerons la loi Valeria Horatia, la première de celles qui donnent aux plébiscites force de loi. De ce jour, pense M. Willems (1) les patriciens et leur clients furent admis, sinon en droit, du moins en fait, dans les *concilia plebis*.

Les plébéiens réclamaient l'accès au consulat. Plutôt que de partager avec eux cette charge éminemment aristocratique, le Sénat la démembra. Deux nouveaux magistrats furent créés en 443, les censeurs, qui héritent d'une partie des fonctions consulaires, dont quelques attributions avaient déjà été déléguées aux questeurs. Les plus importantes prérogatives échurent à trois, quatre ou dix généraux dits tribuns militaires. La questure et la censure restent réservées aux patriciens. La tribunat militaire est accessible aux deux ordres, mais la loi n'exige pas que chaque année le patriciat et la plèbe se le partage, et pendant longtemps les tribuns militaires furent patriciens. Pendant les soixante-dix-huit années que cette charge subsista, le sénat fit nommer vingt-quatre fois des consuls, c'est-à-dire que l'ancienne forme de gouvernement ne fut pas complètement abandonnée ; les tribuns étaient généralement réservés aux périodes de guerres extérieures ; les consuls, aux années de paix (2).

Licinius Stolon et L. Sextius, tribuns du peuple en 376 pro-

1. *Droit Publ. rom.* p. 61.
2. Duruy, *Hist. des Rom.* 1 ch. 9.

posèrent le rétablissement du consulat et le partage de cette fonction entre les deux ordres, un des deux consuls devant nécessairement être plébéien. La lutte dura dix ans, et chaque parti rivalisa de calme et de persévérance. Un des obstacles à l'adoption de cette réforme était que pas un plébéien n'était dans le sacerdoce. Les tribuns de la plèbe obtinrent que désormais les duumvirs chargés des livres sibylins seraient portés à dix et que cinq de ces décemvirs seraient choisis parmi les plébéiens (1).

Enfin en 366 le sénat céda sur les instances de Camille, et l'élection de L. Sextius, jusqu'alors tenue en échec, fut ratifiée par les comices curiates

Toutefois, suivant une politique déjà mise en œuvre, les patriciens, forcés de céder le consulat, le démembrèrent ; deux magistratures patriciennes, la préture pour l'administration de la justice et l'édilité curule pour la police urbaine, en furent distraites.

A partir de cette époque les plébéiens furent admis au Sénat sur le même pied que les patriciens. On ignore dans quelle mesure ils l'étaient auparavant ; on sait seulement qu'ils y avaient accès dès la fondation de la République, quelques auteurs disent même depuis Servius Tullius.

En 300 une loi Ogulnia ouvrit à la plèbe l'augurat et le pontificat avec une égale répartition de places. Cette mesure fut étendue aux autres sacerdoces et finalement l'exclusion des plébéiens ne fut maintenue que pour les fonctions de *flamen dialis*, de *rex sacrorum* et pour le collège des Saliens. Par leur accession au consulat les plébéiens obtiennent la capacité de prendre les auspices, mais la conservation des auspices resta l'apanage des patriciens (2).

1. Tite-Live ; VI, 37
2. Madvig *L'Etat Romain*. I Ch. II § 2.

— 47 —

D'après les lois Liciniennes un des deux consuls devait être plébéien ; il n'était pas interdit de nommer consuls deux plébéiens. Mais en fait une des deux places fut réservée à un patricien et on alla jusqu'à annuler en 215 l'élection de deux plébéiens En 172 deux consuls plébéiens furent nommés et maintenus et ce fait se renouvela fréquemment, le nombre des familles patriciennes diminuant de plus en plus.

La seconde moitié du quatrième siècle avant J. Ch. vit la plèbe atteindre des magistratures jusqu'alors exclusivement patriciennes. Le premier dictateur plébéien fut nommé en 356 ; le premier censeur de cet ordre en 351. En 339 il fut décidé qu'un des censeurs devrait nécessairement être plébéien. Puis c'est la préture qui échoit à un plébéien (337). Pour les fonctions d'édiles curules, on alternait tous les deux ans, à l'époque de la seconde guerre punique, entre deux membres de chaque ordre. Le proconsulat (326) et le pontificat (304) viennent s'ajouter aux charges déjà conquises. Nous pouvons dire qu'alors l'égalité politique est obtenue.

Les patriciens ont conservé assez longtemps un droit de ratification en matière législative, que les auteurs qualifient d'*auctoritas*. Les décisions des comices par centuries étaient soumises, pour acquérir force de loi, à l'*auctoritas patrum*. Etait-ce l'approbation des patriciens assemblés par curies, ou du Sénat, qui était exigée ? C'est un point douteux. Madvig opine pour la première solution, qui trouve dans le mot *patricii* employé par Tite-Live (1) un argument sérieux. Quoi qu'il en soit, une loi Publilia décida en 338 av. J. Ch. que cette ratification serait donnée d'avance. De même les plébiscistes,

1. Tite-Live VI. 42.

du jour où ils acquirent force légale, ne devinrent parfaits que par l'approbation des curies. Publilius Philo fit disparaître pour les plébiscites comme pour les décisions de l'assemblée centuriate, la nécessité de la ratification postérieure (338). La loi Hortensia (286) confirma les dispositions législatives antérieures qui faisaient des comices par tribus une véritable assemblée populaire formée par les deux ordres et rendant des décisions obligatoires pour tous.

Depuis le troisième siècle avant J.-Ch. les patriciens perdent leurs derniers privilèges et ne conservent plus que le prestige de l'ancienneté. Il est même une magistrature imposante dont ils sont privés : le tribunat de la plèbe. Quelques patriciens passèrent dans les rangs de la plèbe pour pouvoir y aspirer. A partir de Constantin le Grand, *patricius* est un titre honorifique conféré à certains hauts personnages et qui leur donne le pas sur les préfets du prétoire.

Des affranchis citoyens.

Les affranchis même citoyens restèrent longtemps, à l'égard des ingénus, dans une situation d'infériorité dont il subsista toujours quelque trace. Jamais on ne leur contesta le *jus commercii*. Les autres éléments du droit de cité ne furent par eux conquis que peu à peu.

Servius Tullius leur laissa le choix, de quitter Rome, ou, s'ils y demeuraient, de se faire inscrire dans les tribus urbaines (1). Nous savons comment, en fait, les tribus, de circonscriptions territoriales, prirent un caractère de division personnelle. Les censeurs, vers l'an 304 av. J.-Ch. reçurent le droit de les composer sans tenir compte du domicile. Les ri-

1. Duruy, *Hist. des Rom.* t. I, ch. 5.

ches propriétaires fonciers furent inscrits dans les tribus rurales, et la population pauvre dans les tribus urbaines. Dans
l'une d'elles la tribu Esquilina, le censeur Tibérius Gracchus
entassa tous les affranchis, et une loi Æmilia de l'an 116 décida qu'ils seraient toujours compris dans les tribus urbaines (1) Cicéron, rappelant la mesure de T. Gracchus, déclare
que sans elle la République eût dès longtemps cessé de vi-
vre. Le droit de suffrage des affranchis était donc illusoire.
Avec l'Empire, leur condition sous ce rapport, se rapprocha
beaucoup de celle des *cives optimo jure*; le pouvoir absolu
a souvent pour effet de niveler les diverses classes par un
abaissement commun.

Le *jus honorum* leur fut également refusé, sauf quelques
exceptions particulières sous l'Empire.

Le *jus militiæ* ne leur appartint qu'à compter d'Auguste.
Une loi Visellia, rendue sous Tibère, admit les affranchis latins eux-mêmes à servir dans les gardes de Rome.

Quant aux droits privés, il leur manquait le *connubium*
avec les ingénus. Un sénatus-consulte accorda, comme faveur exceptionnelle, à l'affranchie Hispala Fecenia d'épouser un ingénu (2). Les lois caducaires, qui s'attachent à favoriser les mariages, supprimèrent cette incapacité, en conservant cependant certaines déchéances particulières : le mariage demeura prohibé entre les affranchis d'une part, et
d'autre part les sénateurs, leurs enfants au premier degré et
leurs autres descendants par les mâles. Justinien fit disparaître entièrement ces incapacités (3).

Une des infériorités de l'affranchi consiste dans le lien qui

1. Accarias, I, 15. — Cicéron, *De Orat.* I, 9.
2. Tite-Live, XXXIX, 19.
3. Nov. 117, cap. 6.

l'attache à son patron; elle s'efface par la *restitutio natalium*. Cette faveur exigeait avant Justinien une double concession, du patron et de l'empereur. Justinien déclara donner en bloc son consentement à tous les affranchis; la volonté du patron suffit désormais.

Quant au *jus honorum*, les empereurs le conféraient parfois aux affranchis sous la forme extérieure du *jus aureorum annulorum*. Justinien l'attacha de plein droit à la manumission (1).

Nous venons de passer en revue l'acquisition successive des éléments du droit de cité par les diverses catégories de demi-citoyens. Nous ne sommes pas encore sortis de Rome ; ceux dont nous constations l'infériorité sociale, étaient cependant des Romains, et on ne leur refusa généralement pas le titre de citoyen sauf à leur en méconnaître les privilèges.

§ 2. — *Concession de la Cité aux Peuples et aux Villes.*

C'est surtout quand elle s'applique aux pérégrins que la concession législative du droit de cité prend son véritable caractère. Enfermé d'abord dans les limites de Rome qui resta toujours le centre national, la ville par excellence, le corps des citoyens s'accrut par annexion et conquête (2). A l'origine on transportait à Rome les habitants des villes soumises par la guerre ; ce fut le cas des habitants d'Albe la Longue, sous Tullus Hostilius. Mais ce système fut bientôt abandonné. On permit aux populations de demeurer sur leur sol et au lieu de les admettre immédiatement dans le corps

1. Nov. 78, cap. 1 et 2.
2. Madvig, *L'Etat Rom.* I p. 23, 54.

des citoyens, Rome leur conféra, au moins pour une période transitoire, les situations intermédiaires de Latins et de *Cives sine suffragio*. C'est ce qui fut fait pour les habitants de Tusculum en 381 avant J. Ch. D'autre part on envoya de Rome des citoyens s'établir dans les villes et sur les terres conquises, le plus souvent à côté des anciens habitants. Telle fut l'origine des communes dépendantes situées en dehors de Rome, auxquelles on donna le nom de colonies ou municipes, mais qui ne constituaient pas des *civitates* ; leurs habitants devenaient ou restaient citoyens de Rome, avec ou sans suffrage. Ils n'étaient pas citoyens de leurs villes, car *civitas* désigne la collectivité des citoyens d'un Etat, et ne saurait s'appliquer à l'ensemble des habitants d'une commune annexée.

On appelait *hostes* les peuples indépendants ; *perduelles*, ceux avec lesquels Rome était en guerre. Cette dernière expression tomba en désuétude et *hostes* devint le terme général. Ces peuples n'ayant aucun lien juridique avec Rome sont également appelés *barbari*. Pour eux pas de personnalité juridique, pas de droits. Pour parvenir à la cité, ils devaient préalablement passer par l'état de pérégrins.

Les *Peregrini* étaient les peuples unis aux Romains par des traités, ou bien les peuples vaincus et soumis à la domination romaine mais non admis au droit de cité.

Rome conclut avec les cités étrangères deux espèces de traités :

1° *Pax et Amicitia*. Ce genre de convention avait pour effet le respect des droits des nationaux de chaque cité dans l'autre. Il n'en résultait pas une communauté de droit civil. Les citoyens des Etats avec lesquels était conclu un traité semblable avaient à Rome la condition de pérégrins. A défant de *pax et amicitia*, un étranger pouvait se mettre sous la sauvegarde d'un citoyen romain par l'*hospitium priva-tum* ou l'*applicatio ad patronum*. L'*hospitium privatum* était un contrat de caractère religieux intervenant entre deux individus de nationalité différente et par lequel ils se promettaient l'un à l'autre, chacun dans sa cité, aide et pro-tection. Par l'*applicatio ad patronum* l'étranger se recom-mandait à un citoyen influent et s'unissait à lui par les liens de la clientèle.

2° Le *fœdus sociale* contenait en outre des clauses d'as-sistance réciproque en cas de guerre. On distinguait plu-sieurs variétés de ce genre de traité :

Le *fœdus æquum* est conclu sur un pied d'égalité ; il se rencontre assez rarement, surtout à compter de l'époque où Rome prend sur les peuples voisins une prépondérance ma-nifeste. Le *fœdus iniquum* emporte un lien de sujétion au profit de Rome. Les habitants de ces cités fédérées conser-vent leur nationalité, leurs lois et institutions, et jouissent à Rome du *jus gentium*.

Enfin la *Deditio* entraîne pour les peuples qui se rendent à discrétion certaines déchéances (1) auxquelles nous avons déjà fait allusion à propos des affranchis pérégrins. Le droit de cité romaine leur était inaccessible.

Les pérégrins auxquels le droit de cité romaine n'est pas fermé peuvent y parvenir par deux moyens, la *civitatis do-natio* et l'*erroris causæ probatio*. Nous n'avons à nous oc-cuper en ce moment que du premier mode, en tant que don-nant naissance à une naturalisation collective.

Les anciennes peuplades du *Latium* formaient à la fonda-

1. Gaius, I, § 14.

tion de Rome une confédération puissante, comprenant
trente villes avec Albe pour capitale. Rome, colonie albaine,
vainquit et détruisit sa métropole, dont la population fut
transportée sur le mont Coelius. Rome s'efforça dès lors
d'entrer dans la confédération et d'y exercer l'ancienne hé-
gémonie d'Albe. Un premier traité d'alliance (*prius fœdus*)
fut conclu sous Tarquin l'Ancien, et rompu après l'expulsion
des rois (496). Tarquin le Superbe avait réussi à soulever
le *Latium* contre Rome. La bataille du Lac Régille consacra
la défaite des alliés et la chute des espérances du roi détrôné
(493). L'alliance fut reconstituée sur ses anciennes bases par
Spurius Cassius ; (*posterius fœdus, fœdus cassianum*) (1).
Quelques années après, la confédération latine s'accrut par
l'accession des Herniques (486) Après la prise de Rome par
les Gaulois (389), les vides que l'épée des barbares avait
faits dans la population, en même temps que la défection
des alliés qui s'unirent aux Volsques, inspirèrent des craintes
sérieuses aux Romains et les poussèrent à la générosité. Le
droit de cité fut accordé aux habitants du territoire de Véies,
de Capène et de Falérie, dont les censeurs formèrent quatre
tribus nouvelles (387) ; des colonies furent mises à Népète
et à Sutrium (2). En 358 fut renouvelée avec les cités latines
l'antique alliance brisée par l'invasion gauloise. Cet évène-
ment rendit à Rome la fortune qui semblait l'abandonner.
Les Gaulois furent repoussés, les Herniques soumis, les
Volsques écrasés. Le sénat accrut le domaine de la cité et
forma des habitants du pays situé entre Antium et Terracine
deux nouvelles tribus.

Mais le danger commun était la cause principale de ce rap-

1. Tite-Live, II, 33, 41.
2. Duruy. *Hist. des Rom.* T. I, ch. XI.

prochement des cités voisines. Après la retraite des Gaulois, les Latins émirent des prétentions nouvelles. Deux préteurs Annius de Setia et Numisius de Circéi vinrent à Rome et réclamèrent l'égalité des droits politiques, c'est-à-dire qu'un des deux consuls et la moitié des sénateurs fussent pris parmi les Latins ; Rome resterait la capitale du Latium (1). Ces propositions furent repoussées avec arrogance e la guerre éclata (340). La bataille de Veseris assura la suprématie de Rome dans le Latium.

Rome, au lieu de reformer l'ancienne confédération, conclut avec chacune des cités latines un *fœdus iniquum* par lequel il leur était interdit de conclure des alliances, de déclarer la guerre, d'augmenter leur territoire. Ces traités offrent de nombreuses variétés (2). Le droit de cité, complet ou restreint, fut concédé à certaines villes ; d'autres conservent leur situation antérieure avec le *jus Latii*, ou *nomen Latinum*. Les villes les plus voisines de Rome, Lanuvium. Aricie, Pedum, Nomentum et sans doute Gabies reçurent le droit de cité et en 332 deux nouvelles tribus furent formées de leurs habitants. Tusculum eut le droit de cité sans suffrage. Des villes plus éloignées gardent leur indépendance en perdant une partie de leur territoire. D'autres, Antium, Vélitres, Priverne, Anxur, Frégelles reçurent des colonies. Capoue, Cumes, Suessula, Atella et Acerræ furent gratifiées du droit de cité sans suffrage (338). Les *Socii nominis Latini* conservèrent leur condition juridique de Latins jusqu'au jour où la Loi Julia les incorpora dans la cité romaine (90).

Les Latins faisant partie de cette confédération latine que nous venons de voir si souvent se rompre et se reformer.

1. Tite-Live, VIII, 4.
2. Tite-Live, VIII, 14.

sont dits *Latini veteres*. Il faut en distinguer deux catégories ; la première est celle des Latins Anciens antérieurs à l'organisation nouvelle qui suivit la bataille de Véseris (338) ; ceux postérieurs à cette date et désignés spécialement sous le nom de *Socii nominis latini* ont une condition moins avantageuse. Rappelons d'un mot ces conditions successives. Les *Latini veteres* antérieurs à 328 ont le *jus suffragii* en ce qui touche aux questions fédérales, et le *jus honorum* en ce qui concerne la nomination du général de l'armée alliée. Quant aux droits privés, certainement le *commercium* leur appartient ; des discussions se sont élevées à propos du *connubium*. Nous opinons, avec M. Beaudouin (1) que les Latins Anciens antérieurs à 338 avant J.-Ch. eurent ce droit. Strabon (2) y fait allusion en parlant des Albains. La traditionnelle histoire des Horaces et des Curiaces vient à l'appu de cette solution. Tarquin le Superbe donna sa fille en mariage au Latin Manilius ; enfin Tite-Live mentionne les mariages nombreux qui intervinrent entre les Romains et les peuples du Latinin.

Après 338 les Latins ne jouissent plus des droits publics, à moins d'établir leur domicile à Rome. Ils doivent le service militaire à titre de *Socii*. Le *commercium* leur reste. Le *connubium* leur est retiré (3). Ce simple fait, mentionné par un historien, qu'ils furent privés du *connubium* prouve qu'auparavant ils jouissaient de ce droit.

Les Latins Anciens acquirent, pour obtenir le droit de cité complet, certaines facilités sur lesquelles nous reviendrons.

1. *Nlle. Revue Hist*. 1879, p. 1 et suiv.
2. V. 231.
3. Tite-Live VIII, 14.

Guerre sociale.

Les alliés eurent le sort des plébéiens, respectés tant qu'on eut besoin d'eux, méprisés dès qu'on les crut inutiles. Ils aidèrent, pendant deux siècles, Rome dans ses conquêtes, et, cent ans avant l'ère chrétienne, il n'y avait réellement en Italie, malgré certaines distinctions juridiques, que deux grandes divisions, les citoyens romains et ceux qui ne l'étaient pas. Les historiens nous rapportent des scènes étranges d'arbitraire et de férocité qui eurent pour théâtre des villes, même indépendantes, d'Italie et quelquefois pour victimes les premiers magistrats et les notables habitants de ces villes (1). Le titre de citoyen romain, n'eût-il présenté que cet avantage, était une garantie contre la tyrannie des envoyés de Rome ; nous n'avons pas à insister sur l'intérêt qu'un Italien pouvait trouver en outre à jouir d'un droit de propriété complet, à tenir à sa disposition les actions du droit civil comme sanction à ses contrats passés avec un Romain, à pouvoir, par l'exil, échapper aux condamnations capitales. Les droits politiques, étant donné le système de la non-représentation, n'avaient guère de prix aux yeux des Italiens ; mais il n'en était pas de même des droits civils compris dans le *jus civitatis*. Il eût été préférable que Rome cédât de bon gré ce qu'elle allait bientôt se résoudre à céder sous le coup des événements. Elle eût évité à l'Italie la guerre sociale qui fit périr, dit-on, trois cent mille hommes. Il y avait nécessité d'augmenter et de rajeunir la population civile et la naturalisation conférée aux alliés était un mode plus recommandable que l'affranchissement qui prenait déjà des proportions inquiétantes. Mais une opposition énergique

1. Tite-Live, XLII, 1, 3. — XXXIV, 44 — Valère-Maxime, I, 1, 20 — Aulu-Gelle. *Nuits att.* X, 3. — Duruy. *Hist. des Rom.* II, chap. 42.

se manifestait de la part des citoyens se rattachant aux vieilles familles et dont le Sénat se faisait l'organe (1). En gratifiant des populations entières du droit de cité, il eût fallu leur faire une part non seulement dans les avantages juridiques et honorifiques que cette qualité comportait, mais encore dans certains privilèges matériels, partages de terres, spectacles, distributions de blé auxquels s'attachait davantage l'égoïsme. Quand C. Grachus proposa de conférer le droit de cité aux Latins et le droit latin aux autres fédérés italiques, il échoua devant la coalition du peuple et du Sénat. Caius Fannius, qui combattit son projet, prononça notamment ces paroles qui rendent bien l'esprit de l'opposition, « Vous croyez... que quand vous aurez donné la cité aux Latins, vous trouverez encore votre place dans les comices, dans les jeux, dans les amusements publics? Ne voyez-vous pas que ces gens rempliront tout ?. »

Beaucoup de promesses furent faites aux Italiens par les chefs populaires. Marius enrôla un grand nombre d'entre eux dans ses légions, et donna sur le champ de bataille de Verceil le droit de cité à mille Ombriens et à des habitants d'Iguvium et de Spolète. Mais Marius fut exilé; une réaction aristocratique survint. En 95 les consuls chassèrent de Rome tous les alliés qui s'y étaient fixés. Leur exaspération fut portée à son comble. Ils s'attachèrent à la fortune de Drusus, dont les réformes avortèrent. Il fallut recourir aux armes. Les alliés décidèrent de former une république organisée à l'image de Rome, et la guerre éclata (90). Ce fut, malgré sa courte durée, une des plus terribles qui ensanglantèrent l'Italie. Sur cette guerre sociale (*bellum sociale, bellum marsicum*) des renseignements nous sont fournis

---

1. Robiou et Delaunay. *Inst. de l'anc. Rome, 4e partie.*

par Velléius Paterculus et Appien, mais dans ce dernier auteur surtout ils sont vagues et contiennent des erreurs grossières. Les chefs des alliés eurent bientôt péri et le Sénat romain, usant d'une sage modération, promit le droit de cité à tous ceux qui déposeraient les armes dans un certain délai (1). Le résultat de la lutte fut définitivement acquis vers l'époque de la mort de Sulla. Alors seulement les promesses faites aux alliés furent exécutées. Les lois Julia (90) proposée par le consul J. Cœsar, et Plautia Papiria (89) accordent le droit de cité à tous les Italiens restés fidèles à Rome pendant la guerre sociale, et à ceux qui ont déposé les armes. Des sénatusconsultes complétèrent l'œuvre de ces deux lois. Il fallut en outre régler la condition nouvelle des villes. Les principes de ce nouveau droit administratif furent posés par la loi Julia Municipalis.

Le droit de cité ne fut pas acquis aux Italiens de plein droit. Ceux qui voulaient en profiter durent s'inscrire à Rome sur les registres du préteur, dans les soixante jours. Quant aux personnes originaires d'autres pays que l'Italie qui avaient obtenu la naturalisation proprement dite ou seulement suivant l'usage grec la naturalisation d'honneur dans une ville italique, elles étaient admises au droit de cité romaine sous la condition de résider en Italie au moment où la loi avait été rendue et de s'inscrire chez le préteur dans un délai de quatre-vingt-dix jours. Sisenna mentionne également une loi Calpurnia, de la même époque, contenant des dispositions relatives au droit de cité (2). On essaya de contrebalancer l'influence des nouveaux citoyens en les répartissant en huit tribus ; ce furent sans doute de nouvelles tri-

1. Duruy, *loc. cit.*, II, ch. 42.
2. Madvig, *L'État Romain*, I, p. 26 et suiv.

bus venant s'ajouter aux trente-cinq anciennes. Appien le
dit (1) et c'est vraisemblable, car, si l'on avait choisi pour
cette répartition huit des anciennes tribus, cette mesure eût
provoqué un grand mécontentement chez les citoyens de ces
tribus, dont l'influence aurait été annulée. Ce furent les Italiens qui désapprouvèrent ce traitement. Le tribun Sulpi-
cius proposa de les verser dans les tribus anciennes. La loi,
adoptée, puis abrogée par Sulla sous son premier consulat,
fut reprise par Cinna en 87 et définitivement adoptée. Mais
Sulla ne céda pas sans restrictions; il exclut du droit de cité
les Samnites, les Lucaniens et quelques villes d'Etrurie
telles que Volaterræ et Arretium.

La conquête de la cité fut peu fructueuse pour toute la
partie de l'Italie éloignée de Rome, et en fait les territoires
un peu écartés restent indifférents à sa vie et à ses luttes.

En 49 Jules César donna la cité à la Gaule Transpadane.
Quarante ans auparavant, en 89, la région Cispadane avait
obtenu cette faveur en vertu des lois Julia, Plautia Papiria,
et Pompeia, et la région Transpadane avait reçu le droit latin. L'Italie était unifiée (2). En 49 César rendit également
les habitants de Cadix citoyens de Rome. D'autres villes es-
pagnoles parvinrent à la même condition en 45 après la bataille de Munda. César appliqua le même bénéfice à certaines
catégories d'étrangers habitant Rome, à ceux notamment
qui exerçaient des professions libérales.

Les Romains en gratifiant de la cité croyaient accorder
une faveur. Le titre de citoyen était en effet plutôt recherché que dédaigné. L'histoire nous présente cependant quelques exemples de refus, même sous la République. Ainsi,

1. Bell. civ., I, 49 et 53.
2. Esmein, *Mélanges*, p. 269 et suiv.

les Napolitains pendant la guerre sociale et les Prénestins en 216 repoussèrent la naturalisation qui leur était offerte (1).

Auguste ne prodigua pas le droit de cité, et le mode dont il usa de préférence pour accroître le corps des citoyens fut la fondation de colonies. Syracuse, beaucoup de villes de Gaule, et quelques villes africaines (Utique, Tingis) reçurent des colonies romaines. Les colons qu'on envoya furent surtout des vétérans. C'est ainsi que Lyon devint colonie romaine (2). Ce système avait d'ailleurs été pratiqué avant l'Empire par Jules César, à l'initiative duquel est due la fondation d'un grand nombre de colonies de vétérans en dehors de l'Italie, notamment à l'est de l'Adriatique à Dyrrachium, Corinthe, et Philippes.

Auguste, en mourant, recommanda à son successeur d'être plutôt avare que prodigue de la concession du droit de cité. Les empereurs, sauf Tibère, s'efforcèrent cependant d'augmenter le corps des citoyens, soit au moyen de nouvelles colonies, soit par la naturalisation collective ou individuelle. Claude vendit ou laissa vendre par Messaline et ses affranchis le droit de cité ; beaucoup de ces faveurs furent individuelles et appliquées aux militaires.

Galba naturalisa une grande partie de la Gaule pour la récompenser de l'appui qu'elle lui avait prêté (3).

Nous avons jusqu'à présent envisagé plus spécialement le droit de cité accordé à un peuple. Il fallait, pour qu'il produisît ses effets, l'acceptation du peuple bénéficiaire, qui devenait *fundus*. Les habitants étaient des *fundani*.

Du principe posé par Cicéron (4) qu'on ne pouvait être à

1. Madvig, *L'Ét. Rom.*, ch. 1, § 5.
2. Sénèque, Ep. 91.
3. Tacite, *Hist.* I, 8.
4. Pro Cæcina, 34 ; Pro Balbo, 18.

la fois citoyen de Rome et d'une autre cité, il résultait que les peuples, en acquérant la cité romaine, perdaient leur indépendance nationale. C'est ainsi qu'une option s'imposait.

Colonies.

Un des modes d'extension de la cité fut la création des colonies romaines. L'établissement d'une colonie était ordonné par une loi ou un sénatus-consulte qui nommait des commissaires, généralement au nombre de trois (*triumviri coloniæ deducendæ*), munis d'un mandat limité le plus souvent à trois ans et chargés de tous les détails de l'organisation. Le trésor leur remettait les fonds nécessaires et faisait même des avances d'argent aux colons. La loi ou le sénatus-consulte spécifiait le lieu où devait être fondée la colonie et décidait si les colons seraient citoyens ou Latins ; en effet Rome tira de son sein de nombreuses colonies latines. Arrivés à l'endroit désigné les commissaires traçaient suivant les rites auxquels les anciens attachaient tant d'importance, l'enceinte de la colonie (1), répartissaient les lots et organisaient politiquement la cité à l'image de la métropole. On y instituait des comices, un Sénat ou curie recruté dans l'aristocratie de naissance ou de fortune ; le pouvoir exécutif était exercé soit par un magistrat unique, soit par deux fonctionnaires (consuls, édiles ou duumvirs). La police et la justice étaient assurées par les autorités locales suivant les règles romaines ; tous ces rouages fonctionnaient sous le contrôle des consuls et des préteurs romains.

Quant à la condition des habitants, il faut distinguer les colons et les anciens habitants (*incolæ*). Ces derniers avaient avec Rome le *jus commercii* et le *jus connubii*. Mais leur

1. Robiou et Delaunay, *Inst. de l'anc. Rome*, t. II.

droit de propriété était soumis à deux impôts : l'un dû à Rome, l'autre à la colonie. La législation romaine les régissait. Leur condition était celle des *cives sine suffragio*. Les colons jouissaient de la plénitude du droit de cité romaine. Cette solution a été discutée, et beaucoup d'auteurs ont soutenu qu'ils étaient privés des droits politiques, notamment du *jus honorum*. Il nous semble préférable d'admettre que ces droits leur appartenaient, sauf à reconnaître qu'en fait il leur était difficile de les exercer, la représentation n'étant pas autorisée pour le vote dans les comices. Il est inadmissible que les colons, citoyens romains, aient été privés des droits politiques. Les historiens nous montrent le peuple réclamant la fondation de colonies au moment même où il luttait avec le plus d'ardeur pour l'obtention des droits politiques. Certes leur éloignement de Rome était un obstacle sérieux, mais non insurmontable à l'exercice de leurs droits. Rome vit certains grands jours, comme celui où Caïus Gracchus brigua le tribunat, qui attirèrent une telle affluence d'électeurs que le champ de mars ne pouvait les contenir ni la ville les loger (1). Quand un intérêt capital était en jeu, le colon Romain, si éloigné qu'il fût, pouvait oublier la distance, et la question que nous agitons n'est pas une querelle de mots.

On cite à l'appui de la solution contraire un passage de Cicéron (2). « *Vos vero, quirites, si me audire vultis, retinete istam possessionem gratiæ, libertatis, suffragiorum, dignitatis, urbis, fori, ludorum, festorum dierum, ceterorum omnium commodorum, nisi forte mavultis, relictis his rebus atque hac luce reipublicæ, in Sipontina siccitate aut in Sala-*

1. Plutarque, Tib. et C. Gracchus, 22.
2. *De lege agraria*, II, 27.

pinorum pestilentiæ finibus, nullo duce, collocari. » A bien
examiner la phrase de Cicéron, nous y voyons bien une allusion aux avantages matériels dont jouissent les citoyens
venant à Rome par le fait même de leur domicile, mais non
pas à une inégalité de droits que rien ne désigne clairement.

Auguste fonda des colonies de vétérans en Italie et dans
les provinces. Les empereurs suivirent cet exemple et les
placèrent de préférence dans le voisinage des frontières.

Municipes.

Certaines villes, quoique sujettes, conservèrent l'indépendance municipale, en obtenant pour leurs rapports avec
Rome, tout ou partie du droit de cité. Leur administration
est exercée par des magistrats indigènes sauf dans les
préfectures où les pouvoirs locaux sont entre les mains d'un
præfectus délégué par le préteur romain. Dans le municipe
proprement dit, nous trouvons des sénateurs ou décurions,
ayant à leur tête des décemvirs, puis pour rendre la justice, des *duoviri* ou *quatuorviri juri dicundo.* Dans les municipes, deux catégories d'habitants, les *municipes,* bourgeois formant une corporation fermée, et d'autre part les
inquilini ou *incolæ,* qui participent aux charges communales
sans jouir en principe des prérogatives des *municipes* (1).

Dans les premiers temps, les *municipes* d'Italie n'ont qu'une
partie du droit de cité romaine : les droits privés. Quant au
jus suffragii et au *jus honorum,* ils les ont dans leur municipe mais pas à Rome. Par la suite leur condition se modifia.
et une seconde catégorie de municipes naquit : les municipes *cum suffragio* et *jure honorum.* Les bourgeois de ces

1. Madvig. *L'État Romain,* t. I, ch. I, § 6. — T. III, ch. VII, § 8.

villes jouissent de l'*optima civitas* et cumulent la qualité de citoyens de Rome avec l'autonomie administrative. A partir de la loi Julia, ce fut le droit commun.

La condition de *municeps* s'acquérait ou se transmettait par naissance, adoption d'un citoyen d'une autre ville ou par affranchissement. Mais le municipe ne pouvait recevoir dans son sein des personnes ne possédant pas les droits de citoyens romains; c'eût été un moyen indirect et illégal de les leur conférer. Ces individus avaient seulement la faculté de se fixer dans le municipe à titre de résidents.

Dans les provinces, des municipes se fondèrent de la façon suivante : Des citoyens romains venaient autrefois s'établir à titre de publicains ou de négociants; sous l'empire on vit diminuer la classe des publicains, mais les citoyens romains n'en sont pas moins très nombreux dans les provinces; quelques-uns restent dispersés dans les villes de condition pérégrine, mais il se forma une quantité de communes de citoyens qui reçurent la condition de municipes ou de colonies. Les municipes ont le même caractère en province qu'en Italie (1). Toutefois des différences sont à noter : le sol provincial faisant partie de l'*ager publicus* payait le *vectigal* ou *stipendium* lorsqu'il était entre les mains de particuliers. De plus en Italie le municipe avait une plus grande autonomie que la colonie. Dans les provinces la colonie passa au premier rang, grace aux privilèges énormes que les empereurs concédaient à leurs vétérans (*libertas, immunitas, jus italicum*).

1. Les grandes villes maritimes telles que Gadès, Sinope, Béryte, Alexandrie constituent des municipes. Ces villes offrent dans les provinces une grande diversité. La condition de chacune dépendait du traité qui réglait sa soumission.

Civitates sine suffragio.

Les cités sans suffrage ont une part plus ou moins grande des droits privés, mais sont exclues des droits politiques. Leurs habitants ne font pas partie des tribus. Les auteurs anciens ne s'entendent pas sur la désignation à leur appliquer. Les uns les appellent *cives*, *socii*, Ὑπήκοοι: d'autres, ὑπήκοοι. En 338 Capoue reçut, sans doute après une soumission forcée, la *civitas sine suffragio*. Mais la classe des chevaliers, imbue d'idées aristocratiques, et dévouée à Rome, obtint comme récompense la cité complète.

La *civitas sine suffragio* n'existe plus à l'époque des écrivains classiques, que lorsque les censeurs suspendaient par mesure afflictive, le droit de vote d'un citoyen, qui était alors relégué dans la classe des *ærarii* ou *cærites* ainsi nommés parce que Cœre, ville étrusque, fut la première réduite à la qualité de municipe sans suffrage et en resta le type. La condition des villes sans suffrage était peu enviable. Elles perdaient une partie de leur territoire où l'on établissait des colons chargés de surveiller l'ancienne population. Privées d'action propre dans les relations internationales, elles étaient en outre dépouillées de leurs institutions locales et de l'autonomie municipale (1). Quelques-unes changent de caractère, se transforment en colonies romaines ou dégénèrent en préfectures. Les préfectures disparurent quand le droit de cité eut été étendu à toute l'Italie. Les *civitates sine suffragio* diffèrent des municipes sous les points de vue suivants : Les municipes sont traités plus favorablement, car ils gardent leur autonomie municipale et ont une participation plus étendue

1. Robiou et Delaunay, *Instit. de l'Anc. Rome*, 5e P., T. II, p. 223.

au droit de cité romaine ; quelques-uns même ont la plénitude de la *civitas romana* ; c'est l'*optimo jure municipium*. Au contraire les *civitates sine suffragio* perdent une partie de leur territoire, sont souvent réduites à l'état de préfectures, et n'obtiennent en compensation que quelques-uns des droits privés.

Droit de Latinité. — Latins coloniaires.

La concession du droit de latinité nous intéresse car la qualité de Latin prépare à celle de citoyen et des facilités spéciales sont offertes pour franchir le dernier échelon qui sépare de l'*optimum jus civitatis*. La latinité est conférée par la fondation de colonies latines, l'émigration dans une colonie déjà existante et par des concessions collectives ou individuelles. Ces nouveaux Latins, dits *coloniaires*, remplacent dans le droit classique les Latins anciens que les lois Julia et Plautia Papiria ont fait disparaître. Leur condition ressemble beaucoup à celle de ces derniers (1).

Des concessions de droit latin furent faites par César en Sicile et dans la Gaule Narbonaise ; par Auguste aux peuplades des Alpes Cottiennes et Maritimes ainsi qu'aux Ausci et aux Convenœ, peuplades d'Aquitaine ; signalons encore quelques concessions du même prince en Bétique.

Sous Tibère Claude et Caligula la latinité prit peu d'extension et sous les premiers empereurs ne dépasse pas vers le Nord la zône des Alpes, vers l'ouest les Pyrénées (2). Après Néron ces limites furent franchies. Tacite reproche à Vitellius *Latium exterius dilargiri*. Cet empereur l'accorde

1. Accarias. *Précis de Dr. Rom.* T. I, 50.
2. Tacite, *Annales*, L. 40, § 34 (Détails sur la fondat. d'Aquilée).

aux villes de la Gaule Septentrionale, et Vespasien à toute l'Espagne (75).

La latinité coloniale disparut de bonne heure. Elle avait pour but de préparer à l'obtention du droit de cité complet et avait accompli sa mission dans les provinces vite romanisées telles que la Sicile, la Gaule, l'Espagne, l'Afrique. Dans les provinces du Danube, du Rhin, de Bretagne, dans les pays orientaux de langue grecque, toute assimilation était impraticable entre les citoyens et les indigènes ; le droit latin y eût été déplacé et fait défaut. Peut-être faut-il accuser la pauvreté des documents parvenus jusqu'à nous. Quoi qu'il en soit, si la latinité pénétra dans les provinces telles que la Dalmatie et la Norique, elle y fit peu de progrès. et y eut peu de vitalité.

La dernière mention des Latins coloniaires se trouve dans Ulpien (1). Marquardt soutient à tort que jusqu'à Justinien il exista un double droit latin, celui des Latins coloniaires et celui des Latins Juniens. Car un passage de Justinien (2) semble plutôt indiquer le contraire.

Trois catégories de personnes contribuent à alimenter les colonies latines (3) : 1° Des volontaires romains ou latins, inscrits parmi les émigrants. 2° Des individus condamnés à une amende et qui en évitaient ainsi le paiement. 3° Des fils de famille désignés par leur père. Ces personnes prennent la qualité de Latins ; et, chose remarquable, la fondation d'une colonie latine apportait aux citoyens romains qui s'y associaient, une *capitis deminutio media*. La colonie une fois établie, le *jus latii* s'obtenait en y émigrant. Mais il

1. Rég. 19, § 4.
2. Code, L. VII, t. VI, l. I, pr.
3. Cicéron, *Pro. Cæc.* 34 ; *Pro Domo*, 30. Gaius, I, § 131.

ne faut pas croire que la latinité ne soit acquise que de
cette manière; une concession du prince, collective ou individuelle, transforme un pérégrin en Latin sans nécessité
de déplacement.

Constitution d'Antonin Caracalla.

Antonin Caracalla étendit le droit de cité à tous les habitants de l'Empire (1). Justinien fait un anachronisme en
attribuant cette constitution à Antonin le Pieux. Il se fonde
sur les mots d'Ulpien au Digeste *ex constitutione impera-
toris Antonini*. Mais ces expressions mêmes démentent sa
solution. L'usage était de joindre au nom d'un empereur
l'épithète *divus* s'il était mort, *imperator* s'il vivait et Ulpien
vivait sous Antonin Caracalla.

Cette mesure eut un but fiscal. Depuis la fin de la République, le fisc percevait un impôt d'un vingtième sur les
affranchissements effectués par un citoyen. Auguste établit
un nouvel impôt d'un vingtième sur les successions et libéralités à cause de mort recueillies par tout Romain. Caracalla,
pour augmenter le rendement de ces impôts, en doubla la
quotité, puis, pour en frapper plus de têtes, fit de tous ses
sujets des citoyens Romains.

Cette constitution n'eut pas des effets aussi absolus que
ses termes semblent au premier abord en comporter. Elle ne
fit pas disparaître l'esclavage, et à ce titre toute une catégorie
d'individus restent en dehors de la cité. Même parmi les
hommes libres il en est dont la situation ne fut pas modifiée :
Latins Juniens, affranchis déditices, condamnés ayant
encouru la *media capitis deminutio*. Caracalla n'a pas touché
aux règles de l'affranchissement et n'a pas entendu remettre

1. L. 17, Dig. 1, 5. — Dion Cassius, 77, 9 — Nov. 78, ch. 5.

aux condamnés leurs peines. Justinien nous apprend qu'il est l'auteur de ces réformes (1).

Une question plus controversée est celle de savoir si la mesure de Caracalla s'étend à l'avenir ou se restreint au présent. Le droit de cité est-il acquis seulement aux sujets actuels de l'Empire et à leurs descendants, ou bien l'annexion d'une province à l'Empire doit-elle désormais avoir pour effet d'en incorporer les habitants à la cité romaine ? Ortolan (2) se prononce pour l'effet absolu et tire argument de la novelle 178. Justinien y compare sa constitution à celles de Caracalla et de Théodose le Jeune et dit que, de même que Caracalla a concédé le *jus civitatis* et Théodose le *jus liberorum* à tous leurs sujets, de même il veut faire bénéficier tous les affranchis du droit de cité. Une objection s'élève : les auteurs continuent à se servir des expressions *cives* et *peregrini* (3). Mais, peut-on répondre, la date de ces textes n'est pas certaine ; peut-être sont-ils antérieurs à la constitution de Caracalla. Fussent-ils postérieurs, ils s'expliqueraient encore par ce fait que la réforme laissa subsister des pérégrins (Latins juniens, affranchis déditices). L'opinion prépondérante, soutenue par Haubold (4), Demangeat (5) et Maynz (6), est que l'édit ne s'applique qu'aux sujets au jour de la promulgation, et que Caracalla laisse pleine liberté à ses successeurs. Le rapprochement que fait Justinien des constitutions de Caracalla et de Théodose n'a rien de

1. Instit. I, 5, §3. — Code VIII, 5 et 6. — Nov. 78.
2. *Hist. de la Lég. Rom.* I, n° 402. — 410.
3. Ulpien, Reg. V, § 4. XIX, § 4. Paul IV, 9. § 8.
4. *Ex constit. imp. Ant. quomodo qui in orbe Romano essent, cives Rom. effecti sunt.*
5. *Cours de Dr.,* Rom. I, p. 105.
6. *Cours de Dr.,* Rom. I. p. 165, 3e Ed.

concluant ; ce qui a frappé Justinien est moins l'étendue que la nature même de ces mesures ; là se borne la similitude. Certains documents postérieurs à Caracalla militent dans le même sens. On cite une constitution de Constantin accordant la cité à une femme libre et ingénue (1). En outre de nombreux diplômes militaires concèdent le droit de cité à des vétérans *equites* et le *connubium* à des femmes de condition pérégrine (2). L'unité du monde romain ne fut complétement réalisée que par Justinien qui, nous l'avons vu, supprima la condition des Latins Juniens et des déditices. Tous les sujets de l'Empire sont alors citoyens, à moins d'avoir encouru la déchéance de certaines condamnations. En dehors de la cité, il n'y a plus que les esclaves et les barbares.

SECTION III. — Concession individuelle du droit de cité.

La naturalisation individuelle fut à l'origine inconnue, car il fallait une loi et les Douze Tables défendaient aux comices de délibérer dans l'intérêt d'une seule personne (3). Vers la fin de la République, les généraux reçurent le pouvoir de créer un nombre déterminé de citoyens (4) ; Marius reçut de la loi Apuléia le droit de créer trois citoyens dans chaque colonie qu'il fonderait (5) Sulla accorda la même faveur à plusieurs citoyens de Gadès et au Marseillais Ariston ; Crassus, à Orius de Messine et, aux membres de la famille

1. Code Théodos. VIII, 13, 1.
2. Corp. *Inscr. Lat.* III. 2e partie, no 51 et suiv.
3. « *Ne privilegia irrogranto* ».
4. Cicéron. *Pro Balbo*, § 10.
5. Cicéron. *Pro Balbo*, § 21.

Fabius de Sagonte ; enfin Pompée, à plusieurs pérégrins qui avaient combattu contre Sertorius, notamment à Cornélius Balbus. C'est pour ce dernier que Cicéron prononça en 65 un éloquent plaidoyer.

Ainsi la naturalisation individuelle fut souvent une récompense du courage militaire. Nous étudierons spécialement les diplômes dont les empereurs comblèrent leurs vétérans. Mais le droit de cité fut aussi parfois une distinction offerte aux talents de l'esprit et à l'éloquence. « Lingua et ingenio patefieri aditus ad civitatem potuit » (1). Il servit aussi à gagner à la cause de Rome les personnages riches et influents des provinces. Les femmes mêmes ne furent pas oubliées. Les Romains, lorsqu'ils empruntèrent aux Grecs le culte de Cérès, eurent besoin de prêtresses initiées à ce culte ; c'est à cette occasion que le Sénat accorda le titre de citoyenne à Calliphane de Vélia.

En fait de formalités, Cicéron (2) mentionne une inscription sur les registres publics. Une autre condition exigée était l'abjuration du culte national du bénéficiaire.

Quant aux effets de la concession individuelle du droit de cité, ils sont en principe purement personnels. Un pérégrin reçoit la cité, sa femme conserve sa condition antérieure ; il peut demander et obtenir cete faveur pour lui et son épouse. Les enfants déjà nés conservent leur état ; ceux qui naîtront par la suite naîtront citoyens. Supposons une situation intermédiaire : au moment où les époux bénéficient de la naturalisation, la femme est enceinte. L'enfant naîtra citoyen, en vertu du sénatus-consulte d'Hadrien déjà mentionné par

1. Cicéron. *Pro Balbo*, § 14.
2. *Ibid*, § 8.

nous ; mais il échappera à la puissance paternelle de son père. Pour l'y soumettre, un moyen existait au moment de la naturalisation : le père, sachant sa femme enceinte, pouvait demander à l'empereur la faveur spéciale d'avoir en sa puissance l'enfant qui viendrait au monde ; mais cet effet ne résulte pas de plein droit de la concession ; elle doit, pour le produire, le mentionner expressément. Le pérégrin peut souhaiter davantage et demander à titre de faveur que ses enfants déjà nés soient compris dans la collation de la cité. L'empereur a beau l'accorder, la qualité de citoyens en résulte pour ces enfants, mais non leur soumission à la puissance de leur père ; c'est là un résultat distinct, séparable du précédent, et qu'il dépend aussi de la volonté impériale de faire produire. Mais en ce cas le prince fait une enquête et consulte l'intérêt des enfants ; l'enquête est plus minutieuse encore pour les enfants impubères ou absents (1).

Des diplômes militaires (2).

Les empereurs, s'inspirant des exemples des généraux de la république, transformèrent en une pratique constante les concessions jadis exceptionnelles, du droit de cité et du *connubium* aux militaires. Tout soldat, à sa sortie du service, recevra la *civitas* s'il ne l'a pas, et, s'il l'a, un *connubium* d'une espèce particulière. Ce sera là un moyen de recrutement ; ces privilèges auront le double but d'attirer les soldats, et de récompenser leurs services.

1. Gaius I. § 92, 93, 94.
2. Rapprocher les concessions du droit de cité faites aux militaires de la disposition de l'art. 3 de la loi du 26 juin 1889 sur la Nationalité. Ce texte facilite l'acquisition de la nationalité française aux individus qui « ont été attachés à un titre quelconque au service militaire dans les colonies et dans les protectorats français ».

Les lois qui les confèrent se classent, suivant les époques, en *leges datœ* et en *constitutions*

On appelle *diplômes* (de διπλόος, double) les titres délivrés à chaque soldat pour constater l'octroi qui lui était fait de la *civitas* ou du *connubium*. Ce qui en fait l'intérêt, c'est que :

1° Ils sont datés avec une grande exactitude, par le jour, le mois et l'année, et non pas seulement à l'aide des noms des consuls *ordinarii* (c'est-à-dire entrant en charge au début de l'année et lui donnant leurs noms), mais, quand le consulat fut semestriel, quadrimensuel, trimestriel et même bimensuel, par les noms des consuls *suffecti* qui étaient alors en charge.

2° Ils donnent l'énumération officielle des corps de troupes, surtout des ailes de cavalerie et des cohortes auxiliaires qui étaient visées par le décret, et indiquent par là l'état des garnisons de la région.

3° Ils indiquent le nom du chef supérieur qui commandait dans cette région (1).

Les diplômes, s'ils contiennent la date de la loi qu'ils reproduisent, ne donnent pas celle de leur délivrance. Les plus anciens de ces monuments sont de Claude et les plus récents, de Vespasien. En 1887, M. Mispoulet en signale soixante-dix-sept ; mais leur nombre va sans cesse croissant par suite de découvertes constantes. Quoi qu'il en soit, pour une période de trois siècles, ceux qui nous sont parvenus sont encore relativement peu nombreux.

Les diplômes sont un moyen de preuve ; de là trois caractères : 1° double écriture ; 2° présence de témoins ; 3° men-

1. Acad. des Inscr. et Belles-Lettres. Comptes rendus, 1883, p. 444.

tion du lieu de l'affichage. Les deux premiers demandent quelques explications.

Matériellement, les diplômes se composent de deux plaques de bronze s'appliquant l'une contre l'autre et rattachées ensemble par des fils de cuivre introduits dans des trous pratiqués à cet effet (1). Les deux faces intérieures sont invisibles, lorsque les plaques sont scellées; aussi, la gravure en est-elle fort négligée; on y trouve inscrit le diplôme, c'est-à-dire l'extrait de la loi qui confère au militaire ses privilèges; des deux faces extérieures, l'une contient la signature des sept témoins, l'autre le texte déjà inscrit à l'intérieur, mais en caractères plus petits et plus soignés. Cette forme d'actes n'était d'ailleurs pas spéciale aux diplômes militaires ; elle était généralement employée pour les actes, entre autres les testaments, sauf quelques différences de détail.

La raison de cette double légende gravée plus sommairement et plus négligemment à l'intérieur qu'à l'extérieur peut être trouvée par le rapprochement d'un passage de Paul relatif à la forme des testaments (2). Au moyen de l'expédition extérieure et visible le possesseur du titre constatait ses droits aux yeux de tous. Mais si quelque soupçon s'élevait sur l'authenticité du texte apparent, on faisait rompre devant le magistrat le lien qui réunissait les tablettes, et la leçon intérieure apparaissait pour confirmer ou infirmer la première. Mais les faces extérieures suffisaient d'ordinaire et les contestations étaient rares ; cela explique que les caractères gravés extérieurement et pour un usage courant fussent plus nets que ceux destinés peut-être à n'être jamais lus (3).

1. Bruns, *Fontes Juris Rom.* 5ᵉ édit., p. 281 et suiv.
2. Paul, Sent. V, 25, § 6.
3. Mommsen, *Cod. Insc. Lat.*, t. III, 2ᵉ part., p. 903.

Tout diplôme porte les noms et les cachets des témoins. Les noms des témoins, inscrits à l'extérieur à côté des sceaux sont au génitif, sauf dans certains actes où le nominatif est employé (1). Entre les années 71 et 74, c'est-à-dire au début du règne de Vespasien se produisent en cette matière des modifications. Nous examinerons donc successivement l'état antérieur et postérieur à ce prince.

Avant 74, en ce qui concerne les noms des témoins, les diplômes donnent lieu aux remarques suivantes :

1° Le nombre des témoins est souvent supérieur au nombre légal de sept. Une tablette trouvée dernièrement en Sardaigne en porte onze (2).

2° Quelquefois des dignités sont indiquées ; des témoins sont dits *veterani*, ou *equites romani* (Dip. n° 5 et 7) (3).

3° Souvent on ajoute la tribu et le domicile (*tribus* et *domus*) ; et le domicile est toujours dans la province où se retire le bénéficiaire du diplôme (4). Les témoins sont donc des amis et des compatriotes, et ceci a de l'intérêt, car ils sont appelés, en cas de contestation, à reconnaître leurs sceaux devant le juge.

Après l'an 74 les modifications suivantes sont survenues :

1° Ce ne sont plus des amis, des compatriotes qui servent de témoins ; dans un diplôme de 74, les témoins d'un Pannonien sont un Carthaginois, un habitant de Tuder en Étrurie et des habitants de Rome.

2° Les domiciles et tribus ne sont plus indiqués.

3° Avant cette époque, jamais les mêmes noms de témoins

1. *Cod. Insc. Lat.*, t. III, 2° part., p. 917.
2. Hermœ, t. 2, p. 105.
3. C. I. L. III, 2° part., p. 848 et 850.
4. Borghesi, IV, 326.

ne reviennent, sauf exception pour un Publicius Crescens qui, Dalmate lui-même, servit de témoin à deux Dalmates. Au contraire la répétition des noms est si fréquente après 74 qu'ils peuvent servir à fixer l'âge des diplômes. A des témoins purement bienveillants avaient succédé des témoins de métier, fournis par le graveur.

L'exigence des sept témoins n'est que l'application du droit commun en matière d'actes. Toutes les fois qu'on prévoyait la nécessité éventuelle de prouver au juge qu'une chose avait été dite ou faite, on prenait sept témoins capables d'attester par l'autorité de leur signature l'accomplissement de cet acte. Si une contestation s'élevait, les témoins venaient reconnaître leurs sceaux devant le juge. Cette pratique a été sans doute empruntée au testament *per æs et libram*. Après l'an 74, la présence des témoins devint une pure formalité, probablement à cause de l'impossibilité de fait où l'on était d'en trouver qui seraient à Rome lors de la délivrance du diplôme et plus tard dans le pays où le vétéran se retirait. On finit par trouver des diplômes qui ne paraissent pas avoir eu de *signatores*.

Tout diplôme mentionne l'affichage de la loi dont il est extrait. Cet affichage se fit jusqu'à Domitien au Capitole ; à partir de ce prince, dans le temple d'Auguste (1).

Le titre délivré à chaque militaire reproduit la lettre de la loi telle qu'elle est affichée, si ce n'est qu'au lieu de renfermer la liste des soldats gratifiés il ne mentionne que le nom de l'intéressé.

Avant d'entrer dans le détail des privilèges conférés aux militaires, nous dirons quelques mots du recrutement des armées romaines (2).

1. *Cod. Insc. Lat.*, III, 2ᵉ part., p. 902.
2. Mispoulet, *Inst. pol. des Romains*, II, p. 354 et suiv.

A l'origine les citoyens seuls peuvent servir dans les légions; encore tous n'y sont-ils pas admis. Marius est le premier qui enrôle les *proletarii* et *capite censi*.

Pendant la guerre sociale les *libertini* font partie de l'armée. Dès lors on ne tient plus compte du cens et certaines légions sont recrutées dans les provinces parmi les non-citoyens.

A partir d'Auguste l'armée devient permanente. En principe tous les habitants de l'Empire, à l'exception des esclaves, doivent le service militaire. En fait, les engagements volontaires suffisent.

Parmi les troupes, les unes sont composées de citoyens, ce sont : 1° les légions; 2° les cohortes prétoriennes; 3° les cohortes urbaines; 4° les cohortes dites de citoyens; les autres se recrutent parmi les pérégrins ; ce sont les corps auxiliaires, appelés tantôt *cohortes* (infanterie), tantôt *alæ* (cavalerie). Quant à la flotte, elle ne comprit à l'origine que des esclaves ; au second siècle, on y trouve des pérégrins et des affranchis.

Les Italiens qui ne sont pas en fait astreints au service militaire ont le privilège, quand ils entrent dans l'armée, de faire partie de la garde prétorienne et urbaine, ou de former des cohortes spéciales.

A partir de Septime-Sévère, la garde prétorienne qui acquiert au Bas-Empire une grande influence politique et s'arroge le droit de faire et défaire les empereurs, est recrutée exclusivement parmi les anciens soldats des légions. Caracalla en accordant le droit de cité à tout l'Empire, abolit l'ancienne division en troupes de citoyens et troupes de non citoyens. Dès cette époque tous les corps sont formés de citoyens, à part quelques détachements barbares.

La durée du service n'est pas uniforme, elle est de seize ans dans la garde prétorienne; de vingt dans la légion et les cohortes urbaines; de vingt-cinq dans l'armée auxiliaire. Dans la flotte, de vingt-six ans, puis plus tard de vingt-huit.

Au Bas-Empire, l'armée est divisée en deux parties : la garde impériale et les légions. La garde prétorienne fut supprimée par Constantin; à sa place furent établis les *domestici et protectores* et les *scholares*.

Avant l'an 108, sous le règne de Trajan, les privilèges étaient attribués aux soldats qui avaient servi le nombre d'années voulu, qu'ils aient ou non reçu leur congé (*honesta missio*). A dater de cette époque, ils ne sont jamais conférés avant le congé. Cela s'explique par le fait qu'avant l'an 108 le congé n'était donné qu'après l'expiration du temps de service pour des motifs d'économie fiscale ; tandis qu'après cette date le congé coïncida avec l'expiration du service.

Il arriva aux généraux et aux empereurs de gratifier tout un corps du droit de cité. Nous citerons quelques exemples :

1° César accorda cette faveur à la *legio Alaudæ*, qu'il avait recrutée parmi les non-citoyens (1) :

2° Tacite (2) mentionne en 69 après Jésus-Christ une cohorte auxiliaire dont tous les soldats avaient reçu en bloc la cité romaine.

3° Vespasien donna la cité aux soldats de la *Legio I Adjutrix*, qu'ils aient été renvoyés dans leurs foyers ou qu'ils soient restés au corps.

1. Suétone. César, ch. 24.
2. Hist. III, 47,

Quels sont les privilèges que contiennent les diplômes ? Les dispositifs des diplômes ont des formules presque invariables. Les militaires, en recevant ou en attendant leur congé (*honesta missio*) obtiennent à titre de récompense individuelle certaines faveurs (*præmia militiæ*) (1), qui sont : 1° Le *Jus Civitatis* ; 2° Le *Jus Connubii*.

Le premier de ces privilèges était accordé aux militaires non citoyens, composant généralement les troupes auxiliaires et la marine. Le second s'adressait et aux pérégrins et aux soldats déjà citoyens ; nous aurons à rechercher en quoi il consis'ait.

Le droit de cité jusqu'au deuxième siècle tout au moins, était explicitement étendu aux enfants que le militaire avait eus pendant son service. Nous savons qu'en droit la concession de la cité profite aux enfants nés du bénéficiaire postérieurement mais non pas à ceux nés antérieurement (2). Pour qu'il en fût autrement il fallait une concession expresse, telle que nous en rencontrons dans les diplômes de vétérans pérégrins, antérieurs à l'an 145. Voici le modèle d'un de ces titres (3).

« *Imperator Cæsar Vespasianus... veteranis qui militaverunt in classé Ravennate sub Sexto Lucilio Basso qui sena et vicena stipendia aut plura meruerunt et sunt deducti in Pannoniam, quorum nomina subscripta sunt, ipsis liberis posterisque eorum civitatem dedit et conubium cum uxoribus, quas tunc habuissent, cum est civitas is data, aut si qui*

---

1. Mispoulet, *Études d'Instit. Rom.*, p. 241. — Acad. des Inscr. et Belles-Lett. Rapport 1883, p. 443

2. Mommsen. *Dr. Publ. Rom.* VI. 1re partie, p. 145, n. 1, — Gaïus, I, § 93.

3. Bruns, *Fontes Juris. Rom.*, 5e éd. p. 231 et suiv.

cœlibes essent, cum iis quas postea duxissent, duntaxat sin-
guli singulas...

Platori Veneti filio, centurioni, Maezeio.

Descriptum et recognitum ex tabula œnea quæ fixa est
Romæ in Capitolio ad aram gentis Juliœ, de foras podio si-
nisteriore.

Tel est le texte d'un diplôme trouvé à Salone au XVIᵉ siècle. Nous pouvons le considérer comme le type de ceux attribués pendant le premier siècle aux soldats pérégrins. Il renferme la double faveur de la *civitas* et du *connubium*. La collation du droit de cité présente cette particularité qu'elle s'étend aux enfants déjà nés. Quant aux enfants à naître, il est clair que la portée de cette faveur est indéfinie et s'applique à tous les descendants, sans limitation de degré, du bénéficiaire. L'empereur Caligula osa pourtant soutenir que l'expression *posteri* usitée dans la formule n'englobait que les descendants au premier degré (1). Cette interprétation était un contre-sens visible, mais l'empereur, se voyant dans l'indigence et la disette, trouvait dans ces contestations un nouveau moyen de chicanes, d'enchères et d'impôts. Il annula comme vieux et surannés les titres émanés de César et d'Auguste.

A partir de 145, les mots *liberis posterisque eorum* disparaissent complètement des diplômes. Mommsen pense (2) qu'entre 145 et 154 les lois conférant la cité aux militaires restreignirent cette faveur à la personne même de l'intéressé, sauf à laisser aux enfants nés avant le congé certaines facilités pour devenir citoyens. L'auteur s'appuie sur un passage de Gaius (3) qui déclare citoyens les enfants nés d'un

1. Suétone. Caius, 38 — Mommsen, *D. P. Rom.* t. VI, 1ᵉ P. p. 145 n.1.
2. Ephém. Epigraphica, IV, p. 510 — Girard, *Textes de Dr. Rom.* p. 109.
3. I, §57.

mariage contracté après son congé par le vétéran doté du *connubium* ; ces mots semblent bien impliquer *a contrario* que les enfants nés avant le congé restent pérégrins.

Vers le commencement du troisième siècle apparaît une formule nouvelle que nous trouvons dans des diplômes de 247 et 249 (1).

Ipsis filiisque eorum quos susceperint ex mulieribus quas secum concessa consuetudine vixisse probaverint, civitatem Romanam dederunt et connubium cum iisdem quas tunc secum habuissent cum est civitas iis data aut si qui tunc non habuissent cum iis quas uxores postea duxissent duntaxat singulis singulas.

Selon Mommsen (2) cette nouvelle formule serait due à ce que Septime Sévère aurait retiré aux soldats pérégrins le droit de se marier et ne leur aurait permis que le concubinat. La *civitas* concédée au militaire s'appliquerait également aux enfants nés antérieurement au congé et issus du concubinat. M. Mispoulet se fonde sur cette nouvelle formule pour soutenir que les faveurs accordées par le prince aux unions légitimes contractées pendant le service s'étendaient aussi aux concubinats. Sans discuter pour l'instant cette question, nous ferons seulement remarquer que l'expression visée a une portée plus large que celle que lui prêtent ces auteurs ; qu'à supposer même qu'elle ait trait au concubinat on peut la considérer comme englobant dans sa généralité les unions légitimes, les justes noces. Le Digeste nous offre des exemples d'expressions semblables se rapportant au mariage de droit civil. Notons de plus que cette prohibition faite par Septime Sévère aux soldats pérégrins

1. Cod. Insc. Lat. III 2e P. p. 907. — Ephem. Epigr. V. p. 98.
2. Cod Insc. Lat. loc cit.

de se marier n'est rien moins que certaine. Ce que nous retiendrons de cette formule, c'est que les diplômes, à partir de 247, se mettent à étendre aux enfants nés avant le congé, la *civitas* conférée au père. Cet usage législatif, interrompu en 145, reprend son cours un siècle après.

Nous nous sommes placés jusqu'à présent dans l'hypothèse de soldats pérégrins recevant le droit de cité ; ils obtiennent en outre le *connubium*. Ceux déjà citoyens romains ne sont gratifiés que du *connubium*. Voyons en quoi consiste ce privilège.

Ce n'est pas la première fois que ce mot *connubium* tombe sous notre plume ; mais une confusion est à éviter. Il nous représentait jusqu'ici un de ces nombreux éléments dont la réunion constitue la *civitas optimo jure*. C'était le droit de contracter de justes noces, et ce droit nous est apparu tantôt isolé, formant pour le bénéficiaire un droit de cité extrêmement restreint, tantôt accompagné des autres éléments de la *civitas* (*commercium, jus suffragii, honorum,* etc.), dans la personne d'un *civis optimo jure*. Mais en ce moment une objection se présente à nous. S'il faut conserver au *connubium* cette signification, à quoi sert ce privilège au pérégrin déjà doté dans la première partie du diplôme, de la *civitas* ; à quoi sert-il au soldat citoyen romain ? L'idée nous vient alors qu'il pourrait bien être, avec un sens différent, non plus un des démembrements de la cité, mais un droit nouveau, de nature à ajouter aux facultés juridiques que possède le soldat citoyen, si complètes qu'elles puissent paraître au premier abord.

Une première explication, que nous croyons erronée, consiste à dire que les soldats Romains ne pouvaient se marier et que la concession du *connubium* vient lever cette prohibition. Mais, à supposer que le mariage ait été interdit aux militaires *ante missionem*, nous ne savons pas qu'on ait jamais soutenu que cette incapacité subsistât *post missionem*. Lors donc qu'un diplôme donne à la fois au soldat son *honesta missio* et le *connubium*, faut-il voir dans l'énonciation de ce double avantage un simple pléonasme? Enfin nous contestons l'opinion d'après laquelle le mariage aurait été défendu aux soldats romains. Mommsen et Wilmanns invoquent un passage de Dion Cassius (1) mentionnant une réforme de Claude : τοῖς στρατευομένοις, ἐπειδὴ γυναῖκας οὐκ ἐδύναντο ἔκ γε τῶν νόμων ἔχειν, τα τῶν γεγαμηκότων δικαιώματα ἔδωκε. Mais cette impossibilité à laquelle ce texte fait allusion n'est pas nécessairement un obstacle de droit ; n'est-ce pas plutôt une impossibilité de fait, tenant à l'incompatibilité qui existe entre la vie active et nomade des militaires, surtout à des époques de guerres continuelles, et le mariage qui implique une vie commune, une famille, un foyer ? Mommsen d'ailleurs semble en conve·nir lui-même (2). Lorsqu'après avoir cité ce texte et quelques passages d'auteurs latins il laisse entrevoir un doute par ces mots *quanquam hæc dicta ad factum magis pertinent quam ad jus.* Les paroles de Dion Cassius signifient, selon M. Mispoulet dont nous croyons l'interprétation juste sur ce point (3) que Claude, eu égard aux difficultés de fait qui entravaient le mariage des soldats romains, les dispensa des déchéances dont les lois Julia et Papia Poppœa frappaient les célibataires. Enfin M. Mispoulet cite de nombreuses inscriptions relatives à des légionnaires mariés, leurs femmes et leurs

1. LX, 24.
2. Code Insc. Lat. III, 2ᵉ p. 906, note 1.
3. *Et. d'inst. Rom.* p. 238.

enfants (1). De même la Revue Epigraphique du midi de la France (2) signale l'épitaphe d'un vétéran où il est question de sa femme qui a vécu avec lui plus de vingt-cinq ans, femme légitime à coup sûr ainsi qu'en témoignant les mots : *conjugi carissimo.*

Ces documents nous affermissent dans l'idée que les soldats romains, au point de vue du mariage, étaient soumis au droit commum, sauf peut-être la formalité d'une autorisation à obtenir de leurs chefs.

Cette opinion écartée, nous admettrons, avec MM. Thédenat (3) et Mispoulet (4) que le *connubium* accordé aux vétérans n'est pas le droit de contracter une union quelconque, mais bien celui d'épouser en justes noces des femmes même latines et pérégrines. Ce bienfait était appliqué par les diplômes non seulement aux unions à venir, mais même à celles antérieures à la libération. En un mot, deux situations pouvaient se présenter :

1° Le soldat, au moment où il recevait le *connubium*, était marié. Si ce mariage était de droit des gens, contracté avec une pérégrine ou une Latine, il se trouvait transformé en justes noces (*uxores quas tunc habuissent*). Certains auteurs vont même plus loin et appliquent cette transformation même à l'union irrégulière dite *concubinat.*

2° Le militaire était célibataire. Il pouvait désormais contracter même avec une pérégrine ou une Latine, un mariage de droit civil, (*aut si qui cœlibes essent cum iis quas postea duxissent*. Ce privilège était limité à un seul mariage, pour

---

1. Cod. Insc. Lat. III, 102, 5949. — V., 8277. — VI, 3581, 3594, 2626, 3631 — VII, 23, 25, 121, 184, 245, 246, 646. — VIII. p. 329 et suiv.
2. T. II, p. 167, n° 582.
3. Bull. Crit. 1885 p. 188.
4. *Loc. cit.*

prévenir un trafic que la facilité du divorce eût rendu possible.

Si nous analysons ce *connubium* nous nous convaincrons sans peine que cette faveur est considérable et va bien au delà du droit de cité pur et simple. Le *connubium* du droit commun, résultant du titre de citoyen est relatif et ne permet la conclusion de justes noces que s'il se rencontre chez les deux parties ; au contraire le *connubium* concédé aux vétérans est absolu ; dès qu'un homme le possède, peu importe la condition inférieure de celle qu'il épouse ; le mariage civil lui est ouvert sans restriction. Il en résulte une dérogation à la loi Minicia.

Tous les diplômes n'étendent par la *connubium* aux unions précédemment contractées. La formule suivante en est un exemple.

Jus tribuo connubii dum taxat cum singulis et primis uxoribus ut etiam si peregrini juris feminas matrimonio suo junxerint proinde liberos tollant ac si ex duobus civibus Romanis natos.

Ce diplôme est celui d'un soldat citoyen romain. Le *connubium* est un privilège que les diplômes confèrent aux vétérans, pérégrins ou citoyens. Quelle en est la portée? A-t-il un effet rétroactif, c'est-à-dire entraîne-t-il, quant aux unions antérieures au congé, tous les effets des justes noces ? Les principaux de ces effets consistent à rendre les enfants *liberi justi* et à donner au père sur eux la puissance paternelle. M. Mispoulet refuse au *connubium* l'effet rétroactif, que ne mentionnent expressément ni les commentaires de Gaius (1) ni les diplômes. Sans doute, dit cet auteur, les diplômes font allusion aux enfants et descendants du bénéficiaire

1. Gaius, I, § 56 et 57.

mais seulement dans la partie de la formule qui a trait au droit de cité ; dès qu'il s'agit de la concession du *connubium*, il n'en est plus question. Voilà pourquoi les diplômes concernant les troupes de Rome et ne concédant que le *connubium* ne parlent pas des enfants ; car le *jus civitatis* n'est pas en cause. Ainsi d'après M. Mispoulet les enfants nés postérieurement à la concession du *connubium* seront *justi, in potestate patris, et cives Romani.* Ceux nés antérieurement ne seront ni *justi* ni *in potestate.* Tout au plus pourront-ils être citoyens, mais cela non pas en vertu du *connubium*, mais bien d'une concession expresse de la *civitas,* si le diplôme la contient. M. Thédenat (1) fait observer qu'en faveur de la rétroactivité il existe un précédent (2) : en 188 av. J. Ch. les Romains accordèrent aux Campaniens le droit d'épouser des citoyennes, la légitimation des unions antérieures, enfin, et c'est en cela que consiste la rétroactivité, la condition de *liberi justi* pour les enfants déjà nés de ces unions (*ante eam diem nati uti justi sibi liberi heredesque essent*). Cette decision ne fournit pas un argument direct, car ici le législateur statuait expressément. Nous pourrions aussi citer à titre d'argument d'analogie, la *causæ probatio* et *l'erroris causæ probatio*, auxquels la loi donne aussi un effet rétroactif. M. Salomon (3) estime que le *connubium* emporte même à l'égard des enfants déjà nés l'application des effets des *justæ nuptiæ.* Le but de l'empereur, dit-il, est d'accorder une faveur au père, non aux enfants ; or les diplômes antérieurs à 145 et postérieurs à 247 attribuent à coup sûr la condition de citoyens aux enfants déjà nés ; quelle serait

1. *Bull. Crit.* 1885 p. 189.
2. *Tite-Live.* L. 38 ch. 36.
3. *Mariage du droit des gens.* Thèse 1889. p. 194.

pour le père l'utilité de cette faveur, si ces enfants, devenus citoyens, demeuraient *injusti* et *sui juris ?* Nous objecterons à cela que tous les diplômes ne concèdent pas le droit de cité aux enfants déjà nés ; il est une période où les mots *liberis posterisque eorum* font défaut. En outre, la collation du droit de cité pouvait être inspirée par des motifs autres que celui d'un avantage à accorder au père. Les empereurs, certains d'entre eux du moins, favorisèrent l'extension de la cité romaine et cette raison suffit pour expliquer la naturalisation des enfants nés avant le congé, indépendamment de toute question de puissance paternelle et d'intérêt personnel du vétéran.

Mais la considération de la facilité avec laquelle beaucoup d'empereurs accrurent la classe jadis restreinte des citoyens Romains ne doit pas nous pousser à étendre les effets des diplômes au-delà des termes en lesquels ils sont conçus. Les faveurs accordées aux vétérans sont assez considérables pour que nous nous gardions d'une interprétation abusive qui les augmenterait encore ; et à défaut de disposition contraire bien établie, nous ne devons pas perdre de vue le principe déjà signalé, d'après lequel la naturalisation et les privilèges qui en forment le corollaire sont personnels au gratifié et soumis à une détermination limitative.

Les diplômes qui nous sont parvenus ne concernent que les troupes auxiliaires, la marine et les garnisons de Rome. Certains auteurs en concluent que les Légionnaires n'ont pas reçu le *jus connubii.* Wilmanns, en adoptant cette solution, la justifie par le fait que les Romains auraient vu avec défaveur les mariages des citoyens avec les pérégrines. Mais ce qui semble contradictoire, c'est que des corps d'élite composés de citoyens aient recueilli cet avantage (1) M. Thédenat (2) trouve inquiétante cette absence de documents relatifs aux légionnaires, étant donné que les Légions formaient la moitié des troupes de Rome. D'autre part il serait bizarre que ces corps aient été exclus de privilèges attribués à des troupes d'ordre inférieur. Mommsen (3) opine que les légionnaires n'ont pas reçu le *jus connubii* et invoque des expressions, bien peu probantes à notre avis, de Gaius (4) *(veteranis quibusdam)*. Mais de l'aveu même du savant auteur, l'absence de documents n'est pas un argument décisif, car si l'on cherche quelque considération d'analogie, on trouve qu'il n'existe qu'un seul diplôme, et de découverte récente, qui confère le *connubium* aux prétoriens avant l'époque de Sévère.

Pour apprécier une institution il faut examiner à quel besoin social elle répond. Dans les premiers temps de Rome les citoyens seuls étaient soldats. Le service militaire était même un privilège de la fortune, et les prolétaires ne portaient pas les armes. Sous l'empire les citoyens fuient l'armée, ou ne la recherchent que pour y jouer un rôle politique. Ils sont restés célèbres dans l'histoire, ces prétoriens qui s'arrogeaient le droit de faire et défaire les empereurs, donnant la pourpre au plus offrant, en échange de privilèges et surtout d'argent. Les troupes de combat sont de plus en plus dédaignées. On en vient à recruter certaines légions parmi les non citoyens. Pour stimuler l'esprit militaire force est de multiplier les faveurs et les promesses. Le service est

1. *Cod. Insc. Lat.* III, 2e P. p. 910.
2. *Bull. Crit.* 1885, p. 100.
3. *Cod. Insc. Lat.* III, 2e P. p. 906.
4. I, § 57.

plus dur dans les légions ; on accorde le droit de cité aux pérégrins qui s'y enrôlent ; il est moins pénible dans les corps auxiliaires ; la naturalisation ne sera acquise qu'à l'expiration du service, généralement au bout de vingt-cinq ans.

Cette absence de troupes vraiment nationales fut une des causes de faiblesse de l'Empire ; elle contribua à hâter sa chute, car à l'époque des invasions, les barbares trouveront devant eux, au lieu de ces troupes disciplinées et patriotes qui firent les succès de l'ancienne Rome, des corps sans cohésion, recrutés dans toutes les provinces et indifférents au sort de Rome, capitale d'un empire depuis longtemps sans unité.

Les diplômes nous attestent en même temps la décadence de l'esprit militaire et le commencement du déclin de la grandeur de Rome.

CHAPITRE IV

DE QUELQUES MODES D'ACQUISITION SPÉCIAUX RÉSERVÉS AUX PÉRÉGRINS ET AUX LATINS.

Nous avons précédemment étudié l'acquisition de la cité romaine par la naissance, l'affranchissement et la concession législative. Reste un dernier moyen se rapprochant beaucoup de ce que notre législation moderne désigne sous le nom de Bienfait de la Loi. Il suppose des individus privés encore de la cité, mais placés dans une condition qui les en rapproche et leur en facilite l'accès. La même idée se retrouve dans les deux législations ; mais les situations favorables dont elles tiennent compte et auxquelles elles attachent des moyens privilégiés de naturalisation varient suivant les pays. En France, c'est surtout la naissance sur le sol français qui constitue le fondement de cette faveur. A Rome, le *jus sanguinis* était seul compris du législateur, et c'est à d'autres considérations que cède la loi romaine. Nous avons insisté déjà sur les démembrements que le *jus civitatis* comporte et sur cette condition de demi-citoyenneté que confère le *jus Latii*. La qualité de Latin est une de celles qui facilitent l'obtention du droit de cité complet. Ne croyons pas que les simples pérégrins soient exclus de ces modes privilégiés. Il est tels cas d'erreur dont le législateur tient compte et qui, accompagnés de certaines circonstances, créent un véritable titre à la cité romaine.

Ces différents procédés d'acquisition opèrent tantôt de

plein droit, tantôt moyennant un examen et une déclaration du magistrat

SECTION 1. — Mode accessible aux pérégrins.

Les pérégrins, outre la *civitatis donatio*, précédemment étudiée, ont à leur disposition, pour devenir citoyens, l'*erroris causæ probatio*. Mais ils ne peuvent employer à leur gré l'un ou l'autre des procédés. Le premier suppose une volonté bienveillante du prince; l'autre, une situation très spéciale; mais dès que les conditions prévues sont réalisées, l'*erroris causæ probatio* est pour les intéressés un véritable droit.

Il faut supposer un mariage entre personnes d'inégale condition et une erreur commise par un des époux sur sa qualité ou celle de son conjoint. Un sénatus-consulte antérieur à Hadrien permet à l'époux induit en erreur de faire obtenir le droit de cité à l'autre, de voir transformer l'union en de justes noces, et de transmettre aux enfants la qualité de citoyen (1).

Voici les situations diverses qui peuvent se présenter :

1º Un citoyen romain a épousé une femme latine ou pérégrine qu'il croyait romaine. Il s'attendait à contracter de justes noces et à donner naissance à des citoyens romains. Sans le secours du sénatus-consulte, les enfants suivraient la condition latine ou pérégrine de la mère. Au moyen de l'*erroris causæ probatio*, la femme et l'enfant obtiendront la cité, et le père la puissance paternelle (§ 67). Même fa-

---

1. Gaius, I, § 67-72. — Ulpien, VII, § 4.

culté est offerte aux époux si la femme, citoyenne, épouse un pérégrin le croyant citoyen. La loi Minicia condamnerait l'enfant à la condition la moins avantageuse. La femme pourra *causam erroris probare*. Le père et l'enfant deviendront citoyens, et le premier aura la puissance paternelle ;

2° Une personne latine en a épousé une pérégrine, la croyant latine et espérant profiter ainsi de la *causæ probatio* que la loi Ælia Sentia ouvre aux Latins pour parvenir au droit de cité. L'époux dont la confiance a été trompée arriver par l'*erroris causæ probatio* à un même résultat. Les deux époux deviendront citoyens ainsi que l'enfant qui tombera sous la puissance du père (69, 70).

3° Un Romain ou une Romaine, ignorant sa condition, épouse un Latin ou un pérégrin. Dans cette hypothèse, il est évident que l'époux citoyen ne pouvait compter sur de justes noces ; mais sans doute, s'il avait connu son droit de cité, aurait-il épousé une personne de situation égale. Ici la loi, non contente de faire droit au désir certain des époux, va jusqu'à présumer quelle eût été leur volonté dans un cas donné. Il résultera de l'*erroris causæ probatio* le droit de cité pour l'époux latin ou pérégrin, la transformation de l'union en mariage civil, enfin la puissance du père (71).

Si l'un des conjoints est pérégrin déditice, l'*erroris causæ probatio* est impuissante à lui faire acquérir la cité ; mais les effets ordinaires se réaliseront dans les personnes de l'autre conjoint et de l'enfant.

Si les conditions que nous venons d'examiner sont réalisées, les époux, après la naissance de l'enfant, se rendent devant le magistrat ; l'un d'eux fait la preuve de l'erreur dont il a été victime. Le magistrat, après examen, déclare s'il y a lieu la requête bien fondée, et les effets indiqués se produisent.

Cette sorte de naturalisation offre cette particularité qu'elle est demandée par une personne pour une autre et accordée surtout en faveur de l'enfant. Aussi la naissance d'un enfant est-elle pour les époux la condition indispensable de l'*erroris causæ probatio*.

SECTION II. — Modes accessibles aux Latins.

La *civitatis donatio* s'appliquait aux Latins au même titre qu'aux pérégrins.

L'*erroris causæ probatio* fut introduite à une époque où les Latins anciens n'existaient plus ; mais les Latins coloniaires et Juniens purent en profiter.

De nombreux modes d'acquisition spéciaux aux Latins furent introduits à Rome.

En suivant l'ordre chronologique, occupons-nous d'abord des Latins anciens.

1° Le droit de cité résultait pour eux du simple fait de s'établir à Rome et d'y fixer leur domicile (1). Une des clauses de la confédération latine était qu'un membre d'une cité confédérée pouvait s'implanter dans toute autre cité à titre de *civis optimo jure*. C'est ce que les commentateurs appellent *Isopolitie*. Rome conserva ce procédé en faveur des *socii nominis Latini* en y ajoutant la condition de laisser un enfant dans leur patrie d'origine, afin d'éviter la dépopulation des cités latines (2). Madvig (3) conteste l'existence de cette

---

1. Willems, *Dr. pub. rom.*, p. 184.
2. Tite-Live, XLI, 8.
3. *L'État romain*, I, ch. I, § 8.

Isopolitie ou droit de *municipium*. Il n'y faudrait voir qu'une invention de Niebuhr reposant sur une interprétation erronée donnée par Festus du mot *municipium* et sur un emploi arbitraire fait par Denys d'Halicarnasse du mot ἰσοπολιτία. Nous croyons cependant incontestable l'existence de cette institution, ainsi qu'en témoignent les évènements historiques auxquels elle donna lieu. Les Latins mirent en effet un grand zèle à émigrer à Rome. Le parti démocratique les y accueillait avec sympathie, considérant comme un renfort pour leur cause ce surcroît de nouveaux citoyens. Le Sénat, au contraire et pour des raisons identiques, les voyait avec déplaisir : il trouva un appui dans les villes latines elles-mêmes qui se plaignaient de cette émigration qui les dépeuplait ; et quand, en 189 avant J.-Ch., ces villes demandèrent qu'on expulsât les Latins de Rome, le Sénat s'empressa de déférer à ce désir, et renvoya de Rome douze mille d'entre eux. Toutefois, une mesure isolée était impuissante à conjurer un danger social toujours menaçant ; les Latins continuèrent à déserter pour Rome leurs campagnes et leurs villes ; et devant de nouvelles plaintes des cités qui pleuraient la ruine de leur agriculture et de leur industrie, un sénatus-consulte de l'an 179 av. J. Ch. abrogea la disposition légale permettant aux Latins d'acquérir la cité romaine en se fixant à Rome (1).

2° Tout individu ayant exercé une magistrature dans une ville latine pouvait échanger sa propre cité contre la cité romaine. Ce mode d'acquisition était certainement à la disposition des Latins postérieurs à l'an 664 U. C., comme en font foi certains textes (2). Antérieurement à cette date, il n'est

1. Tite-Live, XLI, 8.
2. Appien, Bell. Civ. II, 26 — Cicéron *Ad atticum* V, 11.

pas sûr, bien que ce soit probable, que les Latins en aient joui. Aussi réservons nous sur ce point nos développements.

3° La loi *Servilia de Repetundis* donnait en récompense le droit de cité au Latin qui dénonçait et faisait condamner un magistrat concussionnaire (1). Cette loi prend date en 111 avant Jésus-Christ. Elle ne s'appliqua donc pas aux Latins Anciens antérieurs à 338. Les *Socii nominis Latini* et les Latins coloniaires d'Italie n'en profitèrent que jusqu'à la loi Julia. Ce furent donc surtout les Latins coloniaires des provinces et les Latins Juniens qui purent en user

Une disposition analogue se trouve dans une autre loi *de Repetundis* qui était probablement la *Lex Acilia* et dont une inscription nous a conservé une partie. Cette loi *Acilia Repetundarum* (123 ou 122 avant Jésus-Christ) donne au pérégrin ou Latin qui a intenté une action en concussion et obtenu une condamnation, le choix entre deux faveurs, la cité romaine ou le droit de *provocatio ad populum* comme s'il était citoyen. Cette alternative, qui paraît tout d'abord singulière, s'explique par le fait qu'il arrivait parfois aux pérégrins de refuser la naturalisation.

La loi *Servilia Repetundarum* qui remplaça la loi Acilia restreignit ce bénéfice aux Latins. D'après l'opinion de Huschke l'ancienne loi Acilia n'aurait visé que les Latins seuls. Cette question a du reste peu d'importance puisque, la loi Servilia la remplace quelques années après.

Les Latins coloniaires peuvent acquérir le droit de cité romaine au moyen de la *civitatis donatio*, mode commun à tous les non-citoyens, de l'*erroris causæ probatio*, commune aux pérégrins *lato sensu*. Les trois modes que nous avons étudiés à propos des Latins Anciens profitèrent également aux

1. Cicéron, Pro Balbo, § 24.

Latins coloniaires. Enfin ils eurent à leur disposition la plupart des procédés que nous passerons bientôt en revue et qui étaient plus spécialement destinés aux Latins Juniens.

Les trois voies ouvertes aux *Latini veteres*, qui disparaissent de l'histoire moins d'un siècle avant Jésus-Christ, firent un plus long usage aux Latins coloniaires ; seule, l'acquisition de la cité par fixation du domicile à Rome fut, comme nous l'avons vu, abrogée d'assez bonne heure, en 179 avant Jésus-Christ.

La législation de la loi Servilia a-t-elle subsisté dans le droit classique ? Au deuxième siècle de l'ère chrétienne, c'était la loi *Julia Repetundarum* qui était en vigueur. Nous avons au Digeste (1) des fragments relatifs à cette loi, et l'on n'y trouve rien sur la concession de la cité aux Latins délateurs. Vu l'absence de textes il est difficile de conclure au maintien de l'ancienne disposition de la loi Servilia. Surtout le silence des Règles d'Ulpien (2) est d'un poids considérable pour l'opinion d'après laquelle ce mode d'acquisition aurait à cette époque disparu.

Les Latins trouvaient dans l'exercice d'une magistrature un moyen de parvenir à la cité romaine (3). En général il fallait pour jouir de ce bénéfice avoir été membre du pouvoir exécutif (duumvir). Les cités où cette exigence avait lieu possédaient ce qu'on appelait le *minus Latium*. Mais certaines villes privilégiées où il suffisait d'avoir été membre de la curie, avaient le *majus Latium*. L'institution du *majus Latium* semble avoir eu pour but d'encourager les candidatures au décu-

1. L. XLVIII, t. 11.
2. III, § 2.
3. Thédenat, *Mélanges* : Contribut. à l'hist. du Dr Latin. — Otto Hirschfeld, *Revue gén. du Droit, de la Législ. et de la Jurisp. en France et à l'étranger*, 1880 p. 293.

rionat dans les villes latines où ces fonctions étaient délais-
sées à cause des craintes inspirées par la responsabilité fi-
nancière.

La distinction entre le *majus* et le *minus Latium* est attestée par Gaius (1) dans un passage ainsi restitué par Studemund :

« *Aut majus est Latium aut minus ; majus est Latium cum
et hi qui decuriones leguntur et et qui honorem aliquem aut
magistratum gerunt, civitatem Romanam consecuntur ; minus Latium est, cum hi tantum qui magistratum vel honorem gerunt ad civitatem Romanam perveniunt, idque com-
pluribus epistulis principum significatur* ».

L'obtention du droit de cité résulte-t-elle de la prise de
possession, ou de la sortie de cette charge ? Le texte de
Gaius semble à première vue militer en faveur de la première
solution ; de même un texte de Strabon (2). Mais cette opinion
est incompatible avec un passage du début de la table de
Salpensa, restituée par Mommsen.

« *... Cives Romani sunto, cum post annum magistratu abie-
rint cum parentibus conjugibusque ac liberis* ».

En entrant en charge, le magistrat ou décurion n'avait
qu'un droit éventuel à la cité romaine. La collation formelle
de ce droit et l'inscription dans une tribu qui en était la conséquence n'étaient obtenues qu'à l'expiration de la magistrature ; d'ailleurs dans les inscriptions on ne trouve jamais
de désignation de tribus à la suite de noms de magistrats latins (3).

1. I, § 96.
2. IV, 1, 12.
3. Roblou et Delaunay, *Inst. de l'anc. Rome, 4e Partie.*

De quelle époque date la division du droit latin en *majus*
et *minus* ?

Au temps de César on n'en trouve aucune trace. Le consul Marcellus, pour protester contre une concession du droit
de cité illégalement faite par César aux habitants de Côme,
fit fouetter de verges un décurion de cette ville ; Cicéron (1),
tout en blâmant cette mesure, ne la considère pas comme il-
légale. On induit de cette anecdote que la simple fonction de
décurion ne conférait pas la cité, car Marcellus n'eût pas eu
le droit de faire frapper de verges un citoyen, et même, en
allant plus loin, que ce qui fut appelé plus tard *majus Latium*
n'existait pas encore. Cet exemple ne nous semble pas
avoir grande valeur. Tout au plus prouverait-il que dans la
Gaule Transpadane, que dis-je, dans cette partie de la Gaule
Transpadane le *minus Latium* seul existait. De plus en rapprochant ces faits de la solution de la précédente controverse,
on voit qu'alors même que la fonction de décurion dût conférer le droit de cité, elle pouvait n'en entraîner l'acquisition
qu'à la sortie de la charge.

La loi de Salpensa nous fournit des arguments de même
genre. D'après cet loi (cap. 24 et 25) les décurions n'acqué-
raient pas la cité Romaine par le fait même de leur fonction ;
seuls les duumvirs avaient ce privilège. Un passage de la
loi traite des devoirs et des droits du *præfectus* choisi parmi les décurions et chargé de suppléer le duumvir absent,
et déclare que le fait de remplacer temporairement le magistrat ne lui vaut pas la qualité de citoyen romain. Il en
résulte qu'à Salpensa, voire même dans toute l'Espagne, le
décurionat ne menait pas à la cité.

En fait de documents, rien de plus précis. En somme

1. *Ad Atticum*, V, 11, 2.

avant Gaius, nulle trace de la distinction entre le *majus* et le *minus Latium ;* nous pouvons en conclure qu'elle ne date que d'une époque peu éloignée de cet auteur et remonte sans doute à Hadrien ou à l'un de ses prédécesseurs immédiats. Ces données sont d'ailleurs confirmées par la considération des besoins de l'époque. Au deuxième siècle seulement les fonctions municipales devinrent odieuses ; c'est alors seulement que la nécessité se fait sentir d'encourager au décurionat, redouté comme un fardeau.

Il est des auteurs qui sur la question du double droit latin, persistent dans une opinion qu'on ne saurait concilier avec la récente restitution du passage de Gaius par Studemund, et qui supposerait dans cette leçon des inexactitudes et des omissions. Les villes ayant le *minus Latium* seraient celles où les décurions et anciens magistrats n'obtiennent la cité que pour eux-mêmes ; dans les villes dotées du *majus Latium*, les femmes et enfants de ces fonctionnaires seraient compris dans la concession et les enfants tomberaient du même coup sous la puissance de leur père.

Nous rejetons cette solution comme contraire à la restitution la plus récente et la plus plausible du § 96 du premier commentaire de Gaius.

Reste une troisième catégorie de Latins, les Latins Juniens, ces anciens esclaves dont l'affranchissement, entaché de quelque vice, est insuffisant à les élever au rang de citoyens. Mais cet effet, qui n'a pu être obtenu d'un seul coup, peut l'être postérieurement au moyen de procédés établis en leur faveur et qui complètent un affranchissement imparfait. A *fortiori* peuvent-ils atteindre la cité par les modes plus généraux tels que la *civitatis donatio*, devenu sous l'empire le *beneficium principale*, ou l'*erroris causæ proba-*

tio, ou la gestion d'une magistrature municipale, ou l'accusation justifiée d'un magistrat concussionnaire. Notons que lorsque la faveur impériale élevait un Latin Junien au droit de cité, le patron conservait ses droits de succession sur les biens de l'affranchi, si la concession, faite à son insu ou malgré son opposition n'était pas complétée par un des sept modes d'acquisition spéciaux aux Latins Juniens.

Voici quels étaient ces modes :

1° La *causæ probatio*, introduite par la loi Ælia Sentia, en faveur des Latins qui devaient leur qualité de Juniens à l'insuffisance de leur âge ; puis tous les Latins Juniens en reçurent le bénéfice du sénatus-consulte Pégasien (1).

Pour pouvoir s'en prévaloir il fallait la réunion des conditions suivantes : que l'affranchi Latin eût épousé une Latine Junienne ou des colonies *liberorum quærendorum causa*, c'est-a-dire dans des circonstances d'âge et de complexion faisant présumer chez eux le désir d'avoir des enfants ; en outre la loi exigeait que ce mariage eût été contracté en présence de sept témoins citoyens et pubères ; enfin un enfant devait être né de cette union et être âgé d'un an (*anniculus*) au moment de la demande (2).

Normalement, la *causæ probatio* était exercée par le mari ; mais sa femme était investie de ce droit par la mort de son époux survenue avant que l'enfant eût accompli sa première année. L'enfant lui-même pouvait agir si sa mère, dans l'hypothèse précédente, refusait de le faire ou si ses parents étaient morts tous deux (3).

Il ne semble pas qu'une Latine épousant un Romain puisse invoquer la loi Ælia Sentia. Cette solution peut s'induire a

1. Galus, I, § 31 — Ulpien, III, § 4.
2. Galus, I, § 29.
3. Galus, I, § 32.

contrario d'un passage de Gaius (1). Ce texte prévoit le cas où par erreur une Latine épouse un pérégrin qu'elle croit Latin ; la considération de la *causæ probatio*, sur laquelle elle comptait, pousse le législateur à lui accorder la ressource de l'*erroris causæ probatio ;* mais Gaius ne prévoit nullement l'hypothèse où une Latine épouserait un pérégrin le croyant citoyen romain. Cela nous porte à supposer qu'en pareil cas la *causæ probatio* n'était pas admise.

Quand les époux se trouvent dans une des situations prévues, le père se présente devant le magistrat pour en fournir la preuve ; s'il y réussit, il obtient la cité pour lui, pour sa femme au cas où elle ne l'aurait pas, et pour son enfant, sur lequel il acquiert la puissance (2).

2° *Triplex enixus.* Le fait d'avoir trois enfants *vulgo concepti* confère le droit de cité à la mère (3). Cette mesure était destinée à encourager l'accroissement du nombre des naissances, même au risque de favoriser la prostitution

Rem. La plupart des leçons portent ces mots : *vulgo quæ sit ter enixa ;* le texte ainsi conçu désigne clairement des naissances dues à des rapports illégitimes. Seule, la leçon de Huschke supprime le mot *vulgo* ; elle est ainsi conçue *mulier quæ sit ter enixa.*

3° *Militia.* — La loi Visellia (682 U. C.) récompense du droit de cité le Latin qui a servi six ans dans le corps des *vigiles Romæ* (gardes de nuit) (4). Un sénatus-consulte réduisit ce temps à trois ans.

4° *Navis.* — D'après un édit de Claude, devenait citoyen le Latin qui, ayant construit un navire d'une capacité de dix

1. I, § 69.
2. Gaius, I, § 29 et 30 — Ulpien, III, § 3.
3. Ulpien, III, § 1.
4. Ulpien, III, § 5.

mille mesures, justifiait avoir pendant six ans transporté du blé à Rome. Cette disposition est une preuve des difficultés qu'éprouvait le gouvernement à assurer l'approvisionnement de la capitale (1).

5° *Ædificium*. — Le même empereur Claude appliqua le bénéfice de la naturalisation au Latin qui consacrait une partie notable de sa fortune à construire une maison à Rome (2). D'après la lecture de Studemund, le Latin devait posséder deux cent mille sesterces et en consacrer la moitié à cette construction.

6° *Pistrinum*. — Même faveur pour le Latin qui, après avoir établi un moulin, moulait du blé depuis trois ans à raison de cent mesures par jour (3).

7° *Iteratio*. — Ce mode d'acquisition consiste en une deuxième manumission effectuée dans les conditions requises pour conférer la cité (4). Supposons que le maître, auteur du premier affranchissement irrégulier eût la propriété quiritaire. L'*iteratio* revenait à faire un second affranchissement avec l'emploi des formes solennelles.

Si le premier affranchissement émanait d'un maître propriétaire bonitaire, l'*iteratio* devait être l'œuvre du *nudus dominus ex jure Quiritium*.

Un sénatusconsulte étendit aux enfants du Latin la ressource de l'*iteratio*. Notons d'ailleurs que tous les autres procédés d'acquisition, selon l'opinion la plus admissible, appartenaient aussi aux enfants du Latin Junien. Il était juste que l'affranchi Latin transmît à ses descendants, en même

1. Ulpien, III, § 6.
2. Gaius, I, § 33.
3. Ulpien, III, § 1. — Gaius, I, § 34.
4. Gaius I, § 35.

temps que sa condition inférieure, les bénéfices et les moyens d'en sortir qui y étaient attachés.

La *causæ probatio* et l'*iteratio* sont des modes réservés aux Latins Juniens. Les cinq autres, bien qu'établis spécialement en leur faveur, sont à la disposition de tous les Latins.

CONCLUSION

L'acquisition de la *civitas optimo jure* élève en principe
au même rang ceux qui en bénéficient. A eux tous les
droits privés, publics et politiques qu'elle comporte. A eux
aussi le droit et le devoir des signes extérieurs par lesquels
s'annonce le citoyen Romain, et qui sont le costume, la
langue, et le nom (1). Mais en fait des distinctions nombreuses s'établissent, et, non contents des différences de
droit qui séparent les catégories des non-citoyens, les Romains en arrivent à créer des inégalités de traitement et de
considération entre les citoyens. Plus le droit de cité se ré-
pand et cesse d'être le privilège de la race et de l'ancienneté, plus ces distinctions de fait s'attestent. Les descendants des patriciens conservent une grande morgue à l'é-
gard de leurs concitoyens de date plus récente. Cicéron eut
souvent, comme étant d'origine volsque, à subir les hau-
teurs du patriciat et de la *nobilitas* qui en continuait les tra-
ditions (2).

Les citoyens d'origine municipale sont en moindre estime
que ceux nés à Rome. Mais les Italiens rendent aux citoyens
d'origine provinciale le dédain dont ils souffrent eux-mêmes.
Juvénal se fait à maintes reprises l'écho de ces préjugés :
« N'est-ce donc rien, dit-il, que d'avoir respiré dans son en-
fance l'air du mont Aventin et mangé les fruits du pays Sa-
bin (3) ? »

1. H. Michel, *Du Droit de Cité.*
2. Robiou et Delaunay, *Inst. de l'anc. Rome.* T. II.
3. Juvénal, XIII, 81.

Les fils d'affranchis, quoique ingénus et exempts de toutes les obligations du *patronatus* furent longtemps considérés comme de condition inférieure ; ici, l'usage se mettait pour ainsi dire en travers de la loi. Tite-Live nous dit qu'Appius Claudius le premier dégrada la majesté du Sénat en y admettant des fils d'affranchis (1), et Cicéron (2) rapporte qu'un citoyen fut exclut du Sénat par les censeurs, parce qu'il était fils d'affranchi. Ce corps éminemment aristocratique du Sénat resta longtemps la citadelle de la vieille noblesse de race, et l'usage, soutenu par le pouvoir exorbitant des censeurs, se chargea, à défaut de loi, de faire de l'admission à cette assemblée, une parcelle du *jus honorum* défendue avec jalousie et réservée à une élite. Sous les premiers empereurs, le Sénat demeurait encore fermé aux nouveaux citoyens des provinces, malgré les plaintes de ces derniers (3). Les Eduens furent les premiers à obtenir ce droit (4).

A en croire Dion Cassius, Mécène aurait, entre autres recommandations, conseillé à Auguste d'ouvrir le Sénat aux provinciaux. Dès avant Claude, des citoyens d'origine gauloise entrèrent au Sénat. Un nommé Valerius Asiaticus de Vienne fut sénateur sous Tibère et Caligula.

Ces distinctions d'origine s'effacèrent à la longue, d'abord en faveur des provinces les plus rapprochées, puis de celles de l'Orient. Mais plus le nivellement s'opérait dans l'Empire, plus le caractère Romain et la véritable unité de direction se perdaient. Le peuple Romain était, il faut le reconnaître, de tempérament essentiellement aristocratique ; dès que l'in-

1. Tite-Live, IX, 46.
2. *Pro Cluent.* 47.
3. Madvig, *L'Etat Romain*, I, ch. 2, § 10.
4. Tacite, *Annales*, XI, 23, 24.

fluence patricienne fut atténuée, d'abord par le progrès des classes inférieures, puis par le despotisme impérial, les germes de la décadence se laissèrent entrevoir, et, jetant un coup d'œil en arrière, nous pouvons conclure de l'histoire de l'extension de la cité que Rome ne fut jamais plus glorieuse que lorsqu'elle comptait un petit nombre de citoyens.

DROIT FRANÇAIS

——

DE LA

COMPÉTENCE DES TRIBUNAUX FRANÇAIS

DANS LES CONTESTATIONS ENTRE ÉTRANGERS

——

INTRODUCTION

Chaque nation exerce sur son territoire le pouvoir souverain, dont une des manifestations consiste à rendre la justice.

De sérieuses controverses s'élèvent dès qu'il s'agit de fixer les limites dans lesquelles cette justice est due à ceux qui la réclament.

Dégageons d'abord les points incontestés. Deux Français ont-ils un différend, la juridiction saisie est dans l'obligation de statuer, à condition toutefois qu'aucun élément personnel ou réel ne vienne par ailleurs mettre obstacle à sa compétence. Un des plaideurs est étranger ; nos articles 14, 15, 16 du Code civil règlent cette situation et donnent à nos juridictions compétence pour connaître du débat. A ce principe une exception doit pourtant être signalée ; il est des cas où, par un usage de droit des gens universellement reconnu et appliqué dans les États civilisés, la souveraineté d'un pays abandonne ses droits devant celle de nations étrangères ; par suite du principe d'*exterritorialité*, les agents diplomatiques jouissent, dans les États où ils sont accrédités, de nombreuses immunités dont l'une consiste à échapper aux juridictions locales. Le représentant d'une puissance étrangère fera, par son caractère même, repousser la compétence d'un tribunal français, par quelque personne qu'il y soit assigné.

Enfin, supposons un débat entre deux étrangers. Quel

sera le rôle du tribunal français devant lequel comparaîtront les parties? Aucun texte général et catégorique ne vient à notre secours. Notre solution devra être cherchée dans les textes particuliers réglant certaines situations et dans les principes fondamentaux dont se dégage ce qu'on est convenu d'appeler l'esprit de la loi. Cette tâche ne sera pas facile, car dans une matière semblable l'humanité et l'équité nous arrêtent parfois devant les solutions que semble commander l'application rigoureuse des textes. Il est impossible ici de formuler un principe essentiel dont on puisse faire harmonieusement découler toutes les conséquences logiques ; on se heurte d'une part à une trop grande sévérité pour les étrangers ; de l'autre, et en prenant le point de départ opposé, à un libéralisme exagéré qui leur ouvre sans restriction la porte de nos prétoires.

On serait tenté de mettre en pratique le précepte du poète :

Inter utrumque tene ; medio tutissimus ibis.

Mais le droit, science rationnelle et rigoureuse, n'est-il pas incompatible avec ces transactions propres à encourager les solutions d'espèces et à leur donner le pas sur les solutions juridiques ? Ne faut-il pas, au milieu des complexités d'une cause, un principe tutélaire pour guider le praticien égaré dans les intérêts multiples et contradictoires ?

Il s'est formé sur notre question une jurisprudence en quelque sorte prétorienne, qui reflète les idées libérales de l'Institut de droit international et dicte des décisions favorables à l'accès des étrangers devant nos tribunaux, bien qu'elle s'appuie sur le principe de l'incompétence. Mais l'art de nos juridictions consiste à étouffer ce principe qu'elles respectent sous des exceptions si nombreuses qu'il serait plus simple d'énumérer les applications de la règle que les dérogations qu'on y apporte. Nous aurons soin, tout en maintenant nos réserves sur certains points d'examiner et d'analyser avec soin cette jurisprudence qu'on peut en pratique considérer comme ayant la force d'une loi.

PRÉLIMINAIRES

Droit ancien et intermédiaire

L'ancien Droit manifesta peu de faveur pour les étrangers, et les auteurs se font l'écho de cette antipathie.

Selon Bacquet (1) le nom de l'étranger est toujours odieux, car dans son cœur il y a toujours soupçon de quelque poison caché, et la nation étrangère détruit et ruine le royaume où elle vient habiter. Les mêmes sentiments à l'égard des aubains se retrouvent chez Pothier et Domat.

Nous n'avons pas à retracer ici le système des incapacités édictées contre eux et désignées sous le nom de droit d'aubaine.

Les solutions adoptées par notre ancienne jurisprudence quant à la compétence des juridictions françaises dans les contestations entre étrangers sont cependant moins rigoureuses que ne semblerait le comporter la défiance dont ils étaient l'objet.

Quel est le principe ? Est-ce la compétence, ou l'incompétence des juridictions françaises ? Nulle part, dans les anciens auteurs, nous ne trouvons cette question formellement

1. *Droit d'Aubaine*, 1re partie, ch. 3, no 16.

posée et résolue. Il faut, raisonnant par induction, dégager des espèces que les commentaires nous ont transmises, le principe qui les domine et les inspire. Et tout d'abord il importe, pour parcourir les transformations successives survenues dans la condition des étrangers, de remonter aux sources mêmes de la monarchie française.

En Germanie les hommes libres étaient répartis en petites communautés groupées autour d'un chef et désignées sous le nom de cantons (*gau* en langue tudesque; *pagus* ou *civitas* dans les écrivains romains) (1). L'association du canton ne comprenait que les hommes libres qui se garantissaient solidairement le maintien de la paix publique.

On appelait *warganei* ou *garganyi* tous les hommes non serfs qui ne faisaient partie d'aucune communauté d'hommes libres. Isolés des *rachimbourgs* et *arimans*, ils ne pouvaient prendre part à leurs assemblées ni jouir, dans aucune association cantonale, des droits civils et politiques.

La justice consistait en Germanie, dans une sorte d'arbitrage exercé dans chaque gau par les membres de la communauté. Pour en obtenir le bénéfice il fallait faire partie d'un canton. Le warganeus, privé par son isolement, de la protection que la fidéjussion universelle et réciproque des membres d'une même communauté assurait entre eux, était comme hors la loi tant qu'il ne rencontrait aucun rachimbourg qui répondît pour lui; la justice ne lui était accessible que si un autre homme affilié à un gau, consentait à lui servir de caution. Mais les lois d'hospitalité des Germains venaient à l'aide du warganeus et lui assuraient dans certains cas, l'intervention des rachimbourgs; ainsi d'après les lois

1. Tacite. *De Moribus Germanorum* ch. 13; Demangeat, *Hist. de la cond. civile des étrangers en France.*

saxonnes, trois nuits passées sous le toit d'un homme libre obligeaient ce dernier à prendre son hôte étranger sous sa protection, à le représenter et le défendre en justice.

Au cinquième siècle les Germains envahissent l'empire Romain mais n'imposent pas leurs lois aux vaincus ; chaque peuple garde sa loi propre. En France s'introduit alors le système de la personnalité des lois. L'étranger n'est plus l'homme qui ne fait partie d'aucune association ; c'est, par rapport aux Gallo-Romains et aux membres d'une peuplade germanique déterminée, tout membre d'une autre peuplade, fût-elle établie en Gaule. Tout étranger peut se réclamer de ses juges nationaux ; quant à l'étranger isolé, il est justiciable des juges de la nation dans laquelle il est venu s'établir (1). Quand les Francs eurent soumis les autres barbares fixés en Gaule, est étranger quiconque échappe à la domination franque. Les étrangers ont une condition dure, qui est généralement le servage. Le régime de la personnalité des lois subsiste ; mais pour l'invoquer, l'étranger doit se mettre sous la protection d'un puissant, sinon il est assujetti à la juridiction du territoire où il se trouve.

Avec la féodalité, le système de la territorialité des coutumes succède au régime des lois personnelles. La seigneurie est l'unité politique ; quiconque est étranger à la seigneurie rentre dans la catégorie des aubains. La condition de ces personnes varie suivant les coutumes, mais partout, en vertu du principe de la territorialité, l'aubain est justiciable des tribunaux de la souveraineté sur laquelle il se trouve ; toutefois il ne peut directement demander la justice ; il lui faut un répondant, ou *plège*.

1. Demangeat, loc. cit.

Ancien Droit monarchique. — L'ancien droit monarchique distingue à l'origine deux sortes d'étrangers : les uns qu'on nommait *Aubains* ; c'était ceux qui étaient nés dans les Etats voisins et dont on pouvait connaître l'origine ; les autres qu'on appelait *Epaves* ; c'était ceux qui étaient nés dans les Etats éloignés de la France et dont on ignorait la véritable patrie (1). Les uns et les autres étaient en quelque sorte regardés comme serfs. Mais il est à remarquer que d'après la conception nouvelle qui date du commencement du quatorzième siècle, les Français ne peuvent plus sous aucun rapport être considérés comme *aubains* en France (2). L'extranéité consiste désormais uniquement dans le fait d'échapper à la souveraineté du roi de France, et l'aubaine devient un droit régalien. Quant à la condition des étrangers en France, les légistes introduisirent la distinction romaine des facultés de droit des gens et de droit civil ; la jouissance des seuls droits de la première catégorie est accordée aux aubains. Dans quelle classe devons-nous ranger le droit d'ester en justice ? Telle est la question préliminaire qui se pose si nous recherchons dans quelle mesure les étrangers pouvaient agir entre eux devant les justices de notre pays.

Le principe régissant cette matière n'est pas au premier abord facile à découvrir et nos anciens commentateurs ne semblent pas avoir formellement prévu, discuté et résolu cette question fondamentale qui est celle de savoir si entre aubains nos juridiction étaient en principe compétentes, ou non. C'est à des solutions d'espèces ou à des règles juridiques énoncées d'une manière rapide et souvent implicite que nous sommes forcés de nous référer pour reconstituer

1. Pothier, *Traité des Personnes et des Choses*, T. II, Sect. 2.
2. Demangeat, *loc. cit.*

le principe qui les inspirait. Denisart (1) semble prendre comme point de départ l'incompétence : « En général, dit-il, lorsqu'il survient quelque contestation entre des étrangers séjournant en France, les juges du royaume n'en peuvent connaître qu'autant que les parties consentent mutuellement à s'en rapporter à leurs décisions. » Mais passons de Denisart à Pothier. Cet auteur, dans un passage de son traité des Personnes et des Choses (2), après quelques généralités sur la condition des aubains, énumère les droits dont les citoyens jouissent et dont eux sont privés. Il ne mentionne nullement la faculté d'ester en justice ; et même, traitant plus loin de la caution *judicatum solvi,* il prévoit sans lui prêter aucun caractère exceptionnel le cas où deux étrangers plaident en France l'un contre l'autre : « Lorsque deux étrangers plaident ensemble, si le défendeur l'exige du demandeur, il ne peut l'y faire condamner qu'il ne l'offre respectivement de son côté ».

La contradiction apparente de Denisart provient de ce qu'à l'exemple de beaucoup d'auteurs il envisage l'hypothèse la plus commune, celle où l'étranger n'a pas de domicile en France. L'incompétence provient alors de l'adage. *Actor sequitur forum rei* (3) et est généralement admise. Il existe cependant quelques décisions qui reconnurent aux tribunaux français le droit de statuer dans des contestations entre étrangers, bien que le défendeur n'eût pas de domicile en France ; citons en ce sens un arrêt du Parlement de Bordeaux de septembre 1775 (4). Mais cette opinion ne sem-

1. *Collection de Décisions Nouvelles.* T. VIII, vᵒ Étranger, § 3.
2. T. II. Sect. 2. Édition de Bugnet t. 9.
3. A Weiss, *Traité de Dr. Int. Pr.* p. 923.
4. Merlin, *Rép.* vᵒ Étranger, § 2.

ble pas avoir triomphé et de nombreux arrêts consacrent la doctrine contraire, celle de l'incompétence de nos juridictions entre aubains non domiciliés en France (1).

Lorsque le défendeur avait son domicile en France rien ne s'opposait à ce qu'il fût actionné par toute personne et nous rappellerons une espèce dont il résulte que l'extranéité n'était pas par elle-même un obstacle à la compétence des justices françaises dans l'ancien droit (2). En 1596, fut rendu aux Grands Jours de Lyon un arrêt admettant un demandeur anglais à faire la preuve d'un prêt d'argent pour l'exécution duquel il assignait un compatriote. Notons en passant que l'arrêt, appliquant la loi nationale des parties, ordonna la preuve par témoins, bien que l'intérêt en jeu dépassât cent livres.

On aurait tort de croire que les aubains fussent en France dans l'impossibilité de plaider contre d'autres aubains non domiciliés. Si les tribunaux Français étaient incompétents, il restait la ressource des juridictions consulaires. Les principales nations accréditaient en France des consuls ayant entre autres missions celle de rendre la justice (3). La résidence du défendeur déterminait en pareil cas la compétence (4). Ce ne sont pas seulement les matières commerciales et sommaires qui sont de leur ressort; ils peuvent connaître de toute espèce de contestations (5), et l'appel de leurs décisions est porté aux tribunaux supérieurs de leur pays. Il est même des traités stipulant entre la France et

<hr>

1. Parlement de Paris, 7 août 1732 ; Douai, 15 juill. 1782 et 14 déc 1783, Merlin, *Rép.* v° Etranger et *questions de Droit*, v° Etranger, § 2, n° 1.
2. Demangeat, *loc. cit.* p. 120 — voy. aussi Aubry et Rau. I, p. 277 § 76.
3. Denisart, t. VIII, v° Etrangers, § 3.
4. Bonfils, *Comp. des Tr. fr. à l'ég. des étr.* § 10.
5. Denisart, t. V, v° Consuls de la nation fr.

d'autres puissances la compétence exclusive des juridictions consulaires. L'article 19 d'un traité de 1657 entre l'Espagne et la Grande Bretagne rendu commun à la France par le traité des Pyrénées portait que les suje's d'une de ces puissances, commerçant ou passant sur le territoire de l'autre ne pourraient saisir la justice locale sous quelque prétexte que ce fût ; tout débat entre les nationaux de ces pays appartenait exclusivement à leurs consuls ; c'est ce que le Parlement d'Aix jugea le 22 avril 1742 relativement aux procès entre Espagnols (1). Une convention du même genre fut conclue entre la France et la République de Raguse le 2 janvier 1776.

Un des actes les plus anciens où il fût question de consuls est une charte de 1190 de Guy, roi de Jérusalem adressée aux commerçants de Marseille. Guy leur permet d'établir des consuls dans ses États avec pouvoir d'y juger tous les différends qui naîtront entre eux et des étrangers, à l'exception du vol, de l'homicide, de la trahison, de la fausse monnaie et du rapt. Depuis ce temps, à mesure que le commerce s'est étendu, les consuls se sont multipliés et les différents États n'ont rien négligé dans leurs traités pour donner à ces établissements la consistance nécessaire pour les rendre utiles (2). Les fonctions des consuls de chaque nation sont à peu près les mêmes, nous dit Denisart, que celles des consuls français à l'étranger. Partant de là, nous ne croyons pas inutile de fournir quelques indications sur les fonctions des consuls de la nation française. Leur principale rôle est de veiller au maintien des privilèges de la France ; d'autres missions leur sont tracées dans l'ordonnance de la Marine de

1. Bonfils, *loc. cit.*
2. Denisart, t. V, v° Consuls de la nation franc.

1681 et l'ordonnance du 24 mai 1728. Aux termes de l'art. 12 de l'ordonnance de 1681 les consuls doivent, quant à leur juridiction tant en matière civile que criminelle, se conformer à l'usage et aux capitulations faites avec les souverains des lieux de leur établissement.

En appliquant par analogie ces principes aux consuls étrangers en France nous dirons d'une façon générale que la mesure de leur juridiction était réglée par les conventions diplomatiques passées entre la France et les puissances qu'ils représentaient.

L'incompétence des tribunaux français dans le cas où elle avait lieu, était généralement considérée comme relative (1). Elle devait être invoquée *in limine litis* (2). En pareil cas, le défendeur refusant dès le début du litige, de reconnaître les juges Français devant lesquels on l'assignait, ceux-ci étaient dans l'obligation de se dessaisir. Mais les parties s'accordant à soumettre leur débat à des juges, ne peuvent ensuite, dit Denisart, revenir contre le jugement qui est prononcé que par les voies ouvertes à tous les citoyens, tels que l'appel, la requête civile ou la cassation ; ou, pour mieux dire, le jugement a été valablement rendu et le moyen tiré de l'extranéité ne peut plus être invoqué.

Il est des cas assez nombreux où, indépendamment de toute idée de domicile, nos juridictions avaient pleine compétence pour statuer entre étrangers :

1° Dans les matières réelles immobilières le tribunal de la situation du bien litigieux était valablement saisi.

2° Les aubains pouvaient demander réparation des dommages à eux causés en France par des faits légalement pu-

1. Journ. du Dr. Int. pr. 1880 p. 137.
2. Denisart, t. VIII v° Etranger § 3.

nissables. « Quant aux accusations privées; elles peuvent
être intentées par quiconque a été personnellement offensé
pourvu qu'il ait la capacité d'ester en jugement, ce qui comprend l'étranger et même l'infâme » (1).

3° Les tribunaux français avaient compétence pour donner
la force exécutoire aux jugements rendus et aux actes passés
à l'étranger. Les jugements étrangers avaient bien sur notre
territoire autorité de chose jugée, mais la force exécutoire
ne leur était acquise que moyennant un *pareatis* pour l'obtention duquel les aubains avaient pleine faculté d'agir en
justice.

4. En matière de commerce terrestre et maritime des décisions successives des rois de France étendirent à toutes
personnes le droit d'agir. Des foires périodiques attiraient
sur notre territoire de nombreux marchands étrangers qu'il
importait de protéger et de rassurer dans l'intérêt même du
commerce français. C'est à l'occasion et pour le règlement
exclusif de ces foires que furent adoptées à l'origine, des
dispositions destinées plus tard à s'appliquer aux matières
commerciales en général. Philippe de Valois publia le 6
août 1349 une ordonnance instituant un tribunal particulier
composé de juges dits Gardiens des Foires qui, avec l'aide
de six ou huit principaux marchands, devait connaître des
procès nés dans les foires de Champagne et de Brie (2). Un
édit de François I du 1er février 1535 que rappelle une déclaration de Charles IX du 28 avril 1565 (3), permet aux
étrangers de s'actionner pour affaires de commerce faites
dans les foires devant l'un des tribunaux du lieu soit de la

1. Denisart, t. I p. 107.
2. Recueil des Anc. Lois franç. t. IV p. 554.
3. Rec. des Anc. Lois franç. t. XIV p. 181.

passation du contrat, soit de la livraison de la marchandise, soit du paiement. L'usage étendit cette compétence aux matières commerciales en général et l'ordonnance du commerce de mars 1673 (titre XII a. 17) dont l'application aux aubains ne fut pas contestée, porte la disposition suivante :

« Dans les matières attribuées aux juges et consuls, le créancier pourra faire donner l'assignation à son choix ou au lieu du domicile du débiteur, ou au lieu auquel la promesse a été faite et la marchandise fournie, ou au lieu auquel le paiement doit être fait » (1).

Un auteur, Boullenois, est même allé plus loin et prétend tirer argument de l'ordonnance de 1673 pour reconnaître en faveur des étrangers, même en matière civile, cette compétence extraordinaire du lieu de contrat et du lieu du paiement. Pour justifier ce système un peu hardi il essaie de démontrer que les motifs qui ont dicté cette compétence en matière de commerce se retrouvent et se manifestent avec la même énergie dans l'hypothèse de personnes étrangères faisant un contrat même civil. « Dans les deux cas, dit-il, le bien des nations exige la même chose : 1° des étrangers ne se trouvent ordinairement dans le cas de se pourvoir par devant d'autres juges que ceux de leur nation que parce qu'ils sont commerçants, et s'ils n'avaient pas la choix accordé par l'ordonnance, ils ne seraient pas souvent à portée d'avoir facilement justice et de se faire payer, et le commerce en souffrirait. 2° Si on n'accordait pas encore ce choix à ceux mêmes qui ne sont pas commerçants, on ne se trouverait pas disposé à soutenir un étranger qui serait par là exposé à périr de misère hors de sa patrie » (2).

1. Rec. des Anc. Lois franç. t. XIX p. 107.
2. Boullenois. Traité des Stat. réels et pers. t. I p. 606 et suiv.

En matière de commerce maritime, l'art. 1 de l'ordonnance de la Marine de 1681 est conçu en ces termes : « Les juges de l'Amirauté connaîtront privativement à tous autres et *entre toutes personnes de quelque qualité qu'elles soient...* tant en demandant qu'en défendant, de tout ce qui concerne la construction, les agrès et apparaux, armement, avitaillement et équipement, vente et adjudication des vaisseaux » (1) Valin conclut des dispositions de cette ordonnance que les consuls mêmes des nations étrangères ne peuvent décliner la juridiction des Amirautés lorsqu'ils font le commerce et qu'un étranger peut poursuivre un autre étranger pour fait maritime devant l'Amirauté du lieu où l'engagement a été contracté.

Dans la période monarchique des traités furent signés avec beaucoup d'États relativement à la condition des étrangers. Il en est qui stipulent l'abolition réciproque du droit d'aubaine dans chacun des pays contractants. Mais les privilèges établis par les traités cessaient de plein droit en temps de guerre et les sujets d'une nation en guerre avec la France étaient non seulement soumis au droit d'aubaine, mais encore incapables de plaider devant les tribunaux français, et l'on pouvait exiger que toute audience leur fût refusée (2).

Droit intermédiaire. — La fin du dix-huitième siècle fut marquée par une réaction en faveur des étrangers. Montesquieu et Rousseau flétrissent le droit d'aubaine que les décrets du 6 août 1790 et du 8 avril 1791 vinrent abolir. Les constitutions de 1791 (titre VI) et de l'an III (art. 335) confirment cette abrogation. Il faut toutefois remarquer qu'une

1. Rec. des Anc. Lois fr. t. XIX p. 285.
2. Demangeat. Hist. de la Cond. civ. des étr. p. 216.

partie seulement des incapacités qui frappaient autrefois l'aubain est supprimée, que celles sur lesquelles le législateur garde le silence subsistent et que le principe ancien qui distingue les droits civils des droits naturels reste en vigueur. Les étrangers ont comme par le passé la faculté d'ester en justice.

Lorsque le projet de l'art. 11 actuel du code civil fut présenté au tribunat, la distinction fondamentale, quant à la condition des étrangers en France, des facultés de droit naturel et de droit civil fut bientôt arrêtée dans l'esprit des membres de cette assemblée. Cela résulte clairement des discours des tribuns Siméon et Gary (1). Mais il ne fut jamais précisé dans le cours des travaux préparatoires quels étaient d'une part les droits civils, de l'autre les facultés de droit des gens, de telle sorte qu'encore aujourd'hui l'article 11 laisse dans le doute des points d'importance capitale. En vain les membres du tribunat proposèrent une énumération de tous les droits qu'on refusait aux étrangers ; ces observations demeurèrent sans résultat. De semblables réclamations s'élevèrent au Conseil d'Etat. Cambacérès envisageant la question même qui nous préoccupe, émit le vœu qu'on réglât expressément l'hypothèse des débats entre étrangers ; Tronchet résuma la discussion qui s'ensuivit par l'aveu que le projet n'avait pas prévu cette sorte de procès. Chose curieuse ! Une telle lacune, signalée par deux corps politiques, ne fut jamais comblée.

Quoi qu'il en soit, le droit d'ester en justice ne fut jamais mentionné dans les travaux préparatoires comme un droit naturel, et Merlin, mieux placé que quiconque pour nous ré-

1. Dalloz, *Rép.* v° *Droits civils* p. 20. — Laurent, *Princ. de dr. civ.* 1 n° 428.

2.

véler la pensée intime de nos législateurs, dit que ce droit est certainement, dans l'esprit du Code, un droit civil (1).

L'opposition du tribunat suspendit quelque temps l'œuvre de codification. Le projet du titre de la Jouissance et de la Privation des droits civils, menacé comme le titre préliminaire, d'un rejet des tribuns, fut retiré par le Premier Consul. Lorsque, en germinal an X, l'innovation de la communication officieuse permit la reprise des travaux, le projet de l'art. 11 fut de nouveau présenté. La rédaction définitive en fut admise dans les termes mêmes que le Premier Consul proposait, sauf la restriction que la réciprocité exigée pour la jouissance des droits civils devait résulter de conventions internationales. Telles furent les vicissitudes que traversa le texte législatif qui nous régit actuellement.

1. Merlin. *Rép.* Vᵒ Etranger. § 1. p. 302.

CHAPITRE PREMIER

INCOMPÉTENCE DES TRIBUNAUX FRANÇAIS ET SA NATURE

SECTION I. — Incompétence des tribunaux français

Sous la législation qui nous régit, trouvons-nous quelque disposition d'où nous puissions induire les intentions du législateur de 1804 ?

Quels documents nous fournissent les travaux préparatoires ? Dans une discussion qui eut lieu au conseil d'État sur l'art. 14, le consul Cambacérès émit le vœu qu'un texte spécial fût consacré à la compétence de nos tribunaux dans les contestations entre étrangers. Il n'en résulta qu'un échange d'observations entre Defermon, Tronchet et Réal.

Merlin (1) tira de ces observations trois règles, comme si chacune des phrases prononcées, au lieu d'exprimer l'opinion de chaque conseiller, avait fait force de loi. D'ailleurs de ces trois règles ne résulte aucun principe général ; car elles sont assez vagues et peu compromettantes ; les voici :

1° Les étrangers peuvent, pour des dettes ordinaires qu'ils sont obligés de payer en France à d'autres étrangers, s'en référer volontairement aux tribunaux Français qui prennent à leur égard le caractère d'arbitres.

2° Un des deux étrangers qui ont contracté ensemble soit en France soit au dehors, venant à décliner la compétence

1. *Répertoire.* V° Étranger, §2.

des tribunaux français, les principes veulent qu'on le renvoie à son juge domiciliaire.

3° Cette règle reçoit une exception relativement aux marchés faits dans les foires.

Mais la vraie conséquence à tirer de ces échanges d'observations est relevée par Tronchet, d'après lequel « l'article 14 ne statue que sur la manière de décider les contestations entre un Français et un étranger, et ne s'occupe pas des procès entre étrangers ».

En effet les articles 14, 15, 16 ne sauraient nous aider à découvrir la pensée du législateur restée obscure. Tels qu'ils sont conçus, ils visent des procès entre Français et étrangers. En pareil cas, à coup sûr nos juridictions sont compétentes ; elles le sont même parfois d'une manière plus large que pour des débats entre Français puisque, aux termes de l'art. 14, l'étranger *même non résidant* en France peut être assigné devant un de nos tribunaux par un Français, ce qui est une grave dérogation à l'art. 59 Proc. civ. Mais dès que nous abordons un débat entre deux étrangers, quel parti tirer des articles 14, 15, 16 Cod. civ. ? Faut-il, raisonnant *à contrario*, dire que nos justices sont en cette hypothèse incompétentes, par ce fait que la loi les déclare formellement compétentes entre Français et étrangers ? Les raisonnements *a contrario* ont le plus souvent le tort d'être arbitraires ; celui-là le serait particulièrement. Nous ne saurions logiquement conclure de ces textes qu'ils défendent aux tribunaux de statuer dans les contestations entre étrangers ; ni d'autre part qu'ils le leur permettent. Il est bien dans le Code des articles qui autorisent nos juges à régler de semblables conflits : mais ils envisagent des situations particulières et ne donnent pas de principe général. Donc dans nos lois, pas de texte qui déclare, explicitement ou implicitement, la compétence ou l'incompétence des tribunaux français.

Laurent (1) s'est prononcé d'une manière très ferme pour la compétence absolue de nos tribunaux. Il rappelle les droits nombreux dont jouissent les étrangers en France et qui, si étendus qu'ils soient, n'auraient aucune valeur s'ils n'étaient sanctionnés par le droit d'agir en justice. Dans un pays où les étrangers ont des droits, surtout si considérables, le silence de la loi doit entraîner logiquement la compétence des juridictions dans les débats qui s'engagent entre eux. La solution contraire conduirait à leur retirer d'une main ce qu'on leur donne de l'autre. Et puis, continue le savant professeur belge, en réfutant le principe d'incompétence admis par notre jurisprudence, à quelles inconséquences aboutit un principe semblable, trop rigoureux pour être en pratique poussé à ses dernières conséquences ! L'arbitraire en résulte dans la doctrine et les arrêts. Parmi les inconséquences que M. Laurent relève se trouve la suivante : la jurisprudence admet au principe de l'incompétence des dérogations, une notamment dans les matières commerciales ; et cela en vertu de quel texte ? De l'art. 420 Proc. civ. Mais tout en décidant ainsi, la Cour de cassation demeure convaincue que ce texte dans l'esprit du législateur, ne visait que nos nationaux (2). Autre inconséquence : l'incompétence, si elle existe, doit être absolue : la jurisprudence la considère comme relative : l'explication tirée d'un soit-disant arbitrage volontaire va contre la réalité des faits.

Répondons aux arguments de M. Laurent, tout en réservant sur ces points des développements plus complets pour

1. *Droit civil* I, 440.
2. Dalloz. *Rép.* v° *Droits civils* n° 838.

le moment ou nous analyserons le système de la jurisprudence. Il n'est pas exact de dire que la jouissance d'un certain nombre de droits en France emporte celui de plaider. Il
y a dans le fait d'ester en justice un droit spécial. A supposer même que l'action se confondit avec le droit dont elle
est la sauvegarde, rien n'autoriserait à conclure, de la concession de quelques droits, à celle de toutes les actions en
justice ; tout au plus pourrait-on déclarer nos tribunaux compétentes dans les débats relatifs aux droits dont jouissent
chez nous les étrangers. Nous aurons d'ailleurs l'occasion
de discuter un système intermédiaire qui prend pour base ce
parallélisme entre le droit et l'action.

Quant aux objections tirées de l'inconséquence des solutions pratiques de la jurisprudence, nous devons leur reconnaître un certain fondement, et nous ne craindrons pas,
chemin faisant, de signaler la faiblesse juridique de certaines règles reçues universellement dans nos prétoires ; mais
nous devons regarder ces règles comme apportant une atté-
nuation équitable aux rigueurs du droit, sans que leur application démente pour cela la vérité du principe, si sévère
qu'en soit la formule.

D'autres auteurs (1) ont fondé la théorie de la compétence
absolue de nos tribunaux sur l'article 59 Proc. civ. L'art. 14
cod. civ. établit en faveur des Français une dérogation aux
règles générales de procédure contenues dans l'art. 59
Proc. civ. Entre étrangers, dans le silence de la loi, le droit
commun reprend son empire et les art. 59 et 420 Proc. civ.
doivent être considérés comme le siège de la matière. Il en

1. Boitard. *Leçons de Procéd. civ.* I. p. 153 — A. Weiss. *Traité élém.
de Dr. int. pr.* p. 923 — Glasson en son cours et *France judic* 1er avr. 1881
p. 241 et suiv.

résulte notamment que si l'étranger défendeur a un domicile ou seulement une résidence en France il ne pourra exciper de son extranéité pour se dérober à l'action intentée contre lui devant le tribunal de son domicile ou de sa résidence. Ce système, très ingénieux, nous semble donner à l'art. 59 une portée trop large et négliger une question préalable. Ce texte en effet ne statue qu'en matière de compétence relative et suppose résolue la difficulté qui nous occupe : les tribunaux français sont-ils ou non compétents dans les contestations entre étrangers ? S'ils le sont, il faudra pour chaque cas spécial, se référer aux articles 59 et 420. S'ils ne le sont pas en principe, il se trouvera toujours néanmoins quelques hypothèses exceptionnelles où nos juges auront le pouvoir de statuer ; c'est alors qu'il faudra examiner quel tribunal, entre tous les tribunaux de France devra être saisi, et l'art. 59 répondra à cette question. Mais son domaine est subsidiaire et nous ne pouvons y pénétrer qu'après avoir trouvé une solution quant à la compétence générale de nos juridictions à l'égard des étrangers.

Ne pourrait-on pas être tenté d'établir un parallélisme entre les droits dont jouissent en France les étrangers et leur accès devant nos tribunaux, et de dire qu'ils plaideront dans la mesure de ces droits ? Ce système semble séduisant au premier abord, mais repose sur une idée inexacte. Il n'y a pas corrélation entre la faculté de faire certains actes, et celle de saisir la justice des contestations qu'ils soulèvent. Ainsi les étrangers ont certes le droit de contracter en France ; s'ensuit-il de là qu'ils puissent soumettre à nos juridictions les difficultés qu'offre un contrat quant à sa validité, son interprétation, son exécution ? Non. On comprend que notre loi n'empêche pas les étrangers de contracter entre eux sur notre sol. Le faire serait une tyrannie, une immixtion arbitraire dans les affaires de particuliers. Mais en résulte-t-il l'obligation pour nos magistrats de mettre leur temps, leur étude à la disposition de tous les étrangers qui les saisiront relativement à ces actes ? La situation a changé d'aspect. Un élément qui n'existait pas apparaît, l'intervention des pouvoirs publics. Plaider peut être considéré comme un droit à part, distinct du droit de faire ce qui a donné lieu au différend. Tout au plus doit-on dire : les étrangers auront accès devant nos tribunaux dans la mesure où cela leur sera utile pour assurer le respect des droits que notre loi leur accorde ; mais empressons nous d'ajouter qu'en ce qui concerne les contestations des étrangers entre eux cette idée ne va nullement élargir la compétence de nos tribunaux. Quelques exemples le prouveront. Les étrangers ont le droit de se marier chez nous ; qu'en résultera-t-il pour eux ? La faculté d'assigner l'officier d'état civil qui refuserait, sous prétexte de leur extranéité, de célébrer leur mariage. Ils ont le droit de propriété ; il en découle pour un étranger acquéreur d'immeuble le moyen de forcer le conservateur des hypothèques, même judiciairement, à opérer la transcription de cette mutation. Tous ces exemples nous montrent l'étranger agissant contre un officier public français pour la sauvegarde de ses droits, mais non contre un autre étranger. Nous avons cité le mariage. Le parallélisme qu'on serait tenté de souhaiter entre les droits des étrangers et leurs actions ne commanderait-il pas la compétence de nos justices en matière de nullités de mariage ? Nous verrons que cette action est une de celles que la jurisprudence refuse le plus unanimement aux étrangers sauf certaines distinctions. Et cela se conçoit, la faculté de s'adresser à un officier public faisant acte gracieux ne saurait être comparée à celle de porter un débat devant des juridictions. Donc le droit de plaider est spécial, nettement différencié de tous les autres qui lui fournissent un champ d'action.

C'est de l'art. 11 Cod. civ. qu'il faut partir pour fixer le sort du droit de plaider parmi tous les droits dont les uns sont accordés, les autres refusés aux étrangers. La solution de notre question dépendra en grande partie de l'interprétation donnée à l'art. 11.

Suivant un premier système (Valette et Demangeat) l'étranger jouirait en France de tous les droits qui ne lui auraient pas été explicitement ou implicitement refusés par des textes spéciaux. Pour ces auteurs il a le libre accès de nos tribunaux puisqu'aucun texte ne l'en prive.

Suivant un système tout opposé les étrangers ne jouissent en France que des droits qui leur ont été explicitement ou implicitement conférés par la loi (Demolombe, Féraud-Giraud). L'incompétence résulterait, dans cette opinion, de l'absence de textes.

La jurisprudence pour l'interprétation de cet art. 11, distingue entre les facultés du *jus civile* et celles du *jus gentium*. Les étrangers ont la jouissance des droits naturels: quant aux droits civils à proprement parler, ils ne les ont qu'en vertu de dispositions formelles de notre loi, ou de traités. Cette solution une fois admise conduit à des conséquences différentes selon que l'on considère le droit de plaider comme rentrant dans les droits civils ou les droits naturels. Les uns (Laurent, Cour de Bruxelles) se prononcent pour la compétence absolue des tribunaux, le droit d'obtenir justice rentrant dans le *jus naturale*. D'après notre jurisprudence, c'est un droit civil *stricto sensu*, et les tribunaux français sont en principe incompétents. M. Glasson (1) adoptant un autre mode de raisonnement soutient qu'à supposer que l'art. 11 fût la base de notre matière et qu'il eut le sens admis par la jurisprudence, les étrangers pourraient porter devant les tribunaux les affaires relatives au *jus gentium* mais non celles relatives au *jus civile*.

La jurisprudence justifie la théorie de l'incompétence par plusieurs considérations :

1° Le droit de plaider est un droit civil ; c'est là le motif capital, que les arrêts reproduisent sous différentes formes. La cour de Colmar s'exprime ainsi (2) : « Si le droit de rendre la justice est un des apanages de la souveraineté, celui de la réclamer et de l'obtenir est un avantage que le sujet est fondé à exiger de son souverain. Sous ce double rapport, chaque monarque ne doit la justice qu'à ses sujets et doit la refuser aux étrangers, à moins qu'il n'ait un intérêt bien reconnu à faire juger le procès dans ses Etats ou que, dans les traités, il n'y ait des stipulations dérogeant à ces maximes de droit public » (3).

M. Laurent (4) répond que la justice n'est ni un droit, ni un avantage, ni un intérêt ; c'est avant tout un devoir que la société est tenue de remplir. La justice est universelle comme l'idée divine dont elle émane ; elle est due à l'homme, non au citoyen. L'ordre public demande que tout procès soit vidé, et est troublé dès qu'un litige, quelle que soit la nationalité des parties, reste sans solution. Ecarter les plai-

---

1. *Journ. du Dr. int. pr.* 1881 p. 106.
2. 30 déc. 1815 (Dalloz, *Rép.* v° *Droits civils*, n° 324).
3. Comp. Cass. req. 2 avril 1833. Dalloz, *Rép.* v° *Droits civils* n° 314. S. 57, 2, 625 ; 61. 2, 455 ; 74. 2, 103. *Journ. du Dr. int. pr.* 1880 p. 209.
4. *Droit civil*, I, n° 440.

deurs sous prétexte de leur extranéité, c'est les pousser à se faire justice eux-mêmes ; c'est exciter à l'anarchie. Non, pourrait-on répliquer, c'est tout simplement les renvoyer devant les tribunaux de leurs pays. En principe, c'est juste ; mais en fait les plaideurs sont peut-être pauvres et dans l'impossibilité de gagner leur pays sans une perte considérable de temps et d'argent. Fussent-ils riches, si les frais qu'occasionnerait un déplacement dépassent l'intérêt du débat, doit-on, parce que le procès est minime, l'entraver par un déni de justice ? En tout cas, l'étranger se heurtera dans son pays à des difficultés de preuve pour établir des faits survenus en France. Aux critiques de M. Laurent nous ferons les réponses suivantes. Il n'est pas exact de dire que l'ordre public en France soit intéressé à ce que tous les différends juridiques y reçoivent une solution. Cela n'est vrai que de certains procès et nous verrons que la jurisprudence donne en pareil cas pleine satisfaction au besoin d'une justice immédiate, et fait une place suffisamment large à l'idée d'ordre public dans les exceptions qu'elle apporte au principe d'incompétence. Quant aux difficultés que trouvent les étrangers à aller demander justice dans leurs pays d'origine, elles existent en vérité. Mais les parties ont dû les prévoir ; elles se présentent d'ailleurs aussi entre Français éloignés l'un de l'autre par leur domicile. Et puis nos juges, dès qu'une raison d'équité leur apparaît, cherchent tous les moyens d'accueillir une demande. Nous ne pouvons insister sur ce point, mais seulement faire pressentir l'existence de faits auxquels on aura égard pour retenir une cause : caractère provisoire et urgent d'une mesure, absence de tout tribunal étranger que les parties puissent valablement saisir, etc.

Il a également été objecté à la doctrine de l'incompétence

qu'en appeler à la sagesse de nos magistrats c'est leur rendre hommage. L'idée en elle-même est exacte mais ne prouve rien ; l'hommage est incontestable ; le tout est de savoir si nos tribunaux peuvent l'accepter.

2° Un second motif, fondé sur la considération de l'intérêt bien entendu des Français, est que nos tribunaux se doivent aux nationaux, et que le temps consacré aux plaideurs étrangers serait dérobé aux justiciables français. Pourquoi ralentir encore la marche de la justice (1) ?

3° Les contestations dont il s'agit soulèvent fréquemment des questions de droit étranger. Or nos magistrats, qui connaissent nos lois, ne sont pas tenus d'une science universelle, et sont, par l'effet même de la limite des forces humaines, exposés, dans l'interprétation des législations étrangères, à des erreurs graves (2). Nous ne contesterons pas qu'il existe des cas où, à n'en pas douter, nos tribunaux ont à faire l'application de ces lois ; que l'on se place dans l'hypothèse d'étrangers admis en France à domicile, ou sujets de nations qui ont stipulé avec la nôtre la compétence réciproque des juridictions, il est certain que nos magistrats sont tenus de juger et de suivre en matière de statut personnel la loi nationale des plaideurs. Cette constatation, dont nos adversaires se font une arme contre nous, ne nous arrête pas. En principe la compétence de nos tribunaux entre étrangers doit être repoussée comme entraînant l'obligation d'interpréter des législations que nos juges n'ont pas qualité pour appliquer. Mais dans les cas exceptionnels que nous venons de signaler, des raisons spéciales imposent la compétence et leur

1. Paris, 15 juin 1861, S., 61, 2, 455 ; 6 juin 1888. *Journ. du Dr. int. pr.* 1888, p. 787.

2. C. Bastia, 8 déc. 1863. D. 64. 2. 1. — Alger, 4 mars 1874. S. 74. 2. 103.

force est telle qu'elle l'emporte sur toute autre considération ; des étrangers se sont placés volontairement sous l'égide de nos lois et un texte formel du Code civil leur assure la jouissance des droits civils ; ou bien ils appartiennent à des nations liées à la France par des traités qu'il faut respecter ; ou bien encore l'intérêt d'un Français qui plaide contre l'étranger, est en jeu. Il ne faut rien moins que tous ces motifs pour faire pencher la balance du côté de la compétence. Mais, ces circonstances favorables faisant défaut, nous restons en présence de l'inconvénient capital qu'elles seules étaient suffisantes à faire oublier. Alors l'argument tiré de ce qu'il est fâcheux de soumettre à des juges une loi autre que la leur reparaît avec toute son autorité. De nombreux arrêts s'en sont prévalus. « Les tribunaux français, dit la cour de Lyon (1), peuvent se refuser à juger des contestations entre étrangers lorsqu'ils auraient, hors le cas d'une nécessité précise, à faire l'application de la loi étrangère ».

4° La jurisprudence a encore invoqué d'autres arguments qui, suivant nous, seraient à eux seuls insuffisants à justifier la théorie de l'incompétence, mais dont la valeur, surtout pratique, vient renforcer les considérations déjà développées. Peut-on obliger les tribunaux français à assurer l'exécution de lois étrangères qui n'ont rien d'obligatoire en France et peuvent même être contraires à notre état social ? Est-il enfin souhaitable que nos magistrats dépensent un temps et un travail considérables à rendre des décisions qui seront privées de toute force exécutoire au delà de nos frontières ? Est-ce la récompense de cet esprit de générosité et de philanthropie qui pousse nombre d'auteurs à ranger le droit de plaider dans les droits naturels ?

1. Lyon, 25 juill. 1857. S. 57. 2. 625 — voyez de même Cour de Paris, 10 mars 1875. *Journ. du Dr. Inst.* p. 1876 p. 181.

SECTION II. — Nature de l'Incompétence.

Cette incompétence, dérivant de l'art. 11 Cod. civ. semblerait devoir être considérée comme absolue, *ratione materiæ*. Mais notre jurisprudence s'est refusée à admettre une solution aussi rigoureuse. Il est cependant une matière, celle des questions d'état entre étrangers, où jusqu'en ces derniers temps l'incompétence absolue était consacrée par nos tribunaux ; mais des décisions récentes semblent marquer une évolution tendant à appliquer en cette matière comme en toutes autres, le système de l'incompétence relative.

Examinons les différents caractères que présente, selon notre jurisprudence, l'incompétence des tribunaux dans les contestations entre étrangers.

Elle est facultative :

1° Pour les plaideurs ; 2° pour les juges.

Les plaideurs qui désirent s'en prévaloir doivent l'invoquer *in limine litis* et avant toutes conclusions sur le fond (1). L'idée d'un arbitrage est souvent mise en avant pour justifier ce caractère relatif de l'incompétence. Pourquoi, dit-on, deux étrangers ne pourraient-ils pas, d'un commun accord, soumettre leur différend à un tribunal français, libre d'ailleurs de l'accepter ou le refuser, et cet accord ne doit-il pas se présumer quand les parties ont conclu au fond ? L'exception serait donc couverte si elle n'était proposée *in limine litis*. Il y a de la part de l'étranger qui ne l'oppose pas, une sorte de compromis tacite soumis aux tribunaux (2).

S. 61. 1. 721 ; 79. 1. 208 ; 84. 2. 27 ; 85. 1. 417. — *Droit* des 6 janv. et 27 nov. 1881. — *Journ. du Dr. int. pr.* 1875, p. 273 et 274 ; 1876, p. 270; 1880, p. 104 ; 1892 p. 101. S. 92. 2. 152.

2. Locré. *Expl. du Code civ.* t. 1, p. 330.

Pour que le défendeur obtienne le renvoi, une jurisprudence de plus en plus ferme met une condition, qui est la possibilité pour le demandeur de trouver d'autres juges; c'est dire que le défendeur excipe vainement de son extranéité lorsqu'il est hors d'état de justifier d'un domicile à l'étranger (1). Cette condition ne fut pas toujours aussi sévèrement exigée et le jugement du 21 janvier 1885, après en avoir indiqué la nécessité dans l'espèce, ajoute « qu'il en serait autrement s'il s'agissait de débats intéressant le statut personnel des étrangers ». Nous retrouvons encore là cette idée, destinée à disparaître, que l'incompétence s'impose avec plus de force dans les questions d'état. Mais des décisions récentes, parmi lesquelles nous citerons un arrêt de la cour de Paris du 8 août 1890 (2), se refusent à différencier sous ce rapport les questions d'état des autres matières et exigent que le défendeur en demandant le renvoi, établisse l'existence d'un domicile où il pourra être utilement poursuivi.

Cette condition qu'impose la jurisprudence a pour but d'empêcher un individu, fût-il étranger, de se soustraire à ses obligations en rendant incompétents, au moyen de déplacements habilement combinés, et les tribunaux de son pays d'origine et ceux de la France. Aucun texte il est vrai ne nous force à déjouer ces supercheries et à regarder par delà nos frontières pour veiller à ce qu'aucun droit ne reste sans sanction et aucun débat sans juges. Comme dans l'espèce les intéressés sont étrangers, peut-être pourrions-nous,

1. Trib. Seine, 21 fév. 1884, *Journ. Dr. int. pr.* 1884, p. 490; 21 janv. 1885. id. 1885, p. 176; 3 mai 1890, *Journ. du Dr. int. pr.* 1890, p. 865. Voir aussi *Journ. du Dr. int. pr.* 1857 p. 37; 1870 p. 546; 1880 p. 191; 1882 p. 414.

2. *Droit* du 16 octobre. — Contrà Seine, 5 janv. 1887. *Droit* du 10.

sans violer aucun principe, les renvoyer sans examen dès
que les règles de notre droit national nous permettent de
le faire. Mais c'est l'honneur de notre jurisprudence que d'a-
voir en ces matières, tempéré le droit strict par des considérations d'équité et d'avoir poursuivi un but non seulement
juridique mais humain. Cette œuvre fut jadis celle du préteur à Rome et souvent encore, dans notre étude, cette har-
diesse et cette subtilité d'interprétation mises par nos tribunaux au service d'une cause libérale, nous porteront à qua-
lifier leur jurisprudence de *prétorienne*.

Nos tribunaux considèrent également comme déchus du
déclinatoire les étrangers qui, domiciliés de fait en France,
n'ont plus de patrie ou ont perdu tout esprit de retour. Les
décisions en ce sens sont nombreuses et inspirées par la nécessité d'empêcher cette catégorie cosmopolite de *heimatlo-
sen* d'échapper à toute justice (1).

Le défendeur étranger qui a droit à l'exception d'incompétence peut y renoncer. Il le fera en ne l'opposant pas *in limine litis*. Mais il a pu, avant tout litige, dans le contrat lui-
même ou par l'effet de ce contrat, renoncer d'avance à se
prévaloir de l'incompétence. Les parties ont par exemple
fait dans leur convention une élection de domicile en
France (2). Le tribunal est-il alors forcé de statuer ? Des auteurs
et quelques arrêts l'ont soutenu (3). L'opinion opposée, dont

1. Les principales de ces décisions sont : en matière d'interdiction,
Seine, 19 mai 1888. *Gaz.* du 12 juin ; de séparation de corps ou divorce,
Dijon, arrêt 7 avril 1887, *Droit* du 9 juin ; Paris 26 févr. 1891, *Droit* du 18
mars ; en matière de demande d'autorisation maritale, Seine, 17 juill.
1888, *Droit* du 1er sept. 1889.

2. Bonfils. *Comp. des Tr. Fr. à l'ég. des Etr,* nos 202 et suiv. S. 1807. 2.
855. — 1807. 2. 044.

Merlin, *Rép.* vo *Etranger*, § 2 in f.

3. Demangeat sur *Felix*, 1, p. 325 note a. — Cass. S. 51. 1, 335 —
54. D. 5. 324.

M. Féraud-Giraud s'est fait l'interprète (1) nous semble préférable. Cette renonciation anticipée des parties à l'exception d'incompétence est définitive pour elles mais ne peut engager les tribunaux français qui conservent leur faculté de juger ou de se dessaisir ; elles ont pu valablement renoncer à un droit qu'elles ont, mais non à un droit qui appartient au tribunal.

L'indication d'un lieu de paiement en France peut également, jointe aux autres circonstances de la cause, donner aux juges l'assurance que les parties ont entendu investir la justice française du règlement de leurs contestations (2).

Ces modes de renonciation au déclinatoire ne sont pas limitatifs ; les juges ont à apprécier la volonté des contractants et pour cette appréciation une grande latitude leur est laissée. De là des solutions qui paraissent contradictoires au premier abord mais qu'il faut regarder comme des solution d'espèces. Ainsi il fut jugé que le fait de se marier en France en déclarant accepter le régime de communauté tel qu'il est fixé par le Code civil n'emportait pas déchéance de l'exception en cas de demande ultérieure en séparation de biens (3). Le contraire fut jugé dans une autre affaire quant à un contrat de mariage renfermant une clause semblable (4).

Nos tribunaux, c'est le conseil que leur adresse un auteur (5), et c'est aussi leur tendance, devront interpréter les conventions des parties dans le sens de l'extension de la

1. *Journ. du Dr. int. pr.* 1880, p. 226.
2. Aubry et Rau, VIII. § 748 bis, note 52. p. 448. — Laurent. *Princ. de Dr. civ.* 1, 442. — S. 72. 1. 361 ; 70. 2. 289 — D. 58. 1. 313.
3. S. 70. 2. 289.
4. S. 72. 1. 361.
5. Demolombe. 1. n° 261.

compétence française : « Les étrangers, dit Demolombe, devront être facilement présumés s'être réciproquement soumis à la juridiction des tribunaux français lorsqu'ils résideront en France et que leur contrat y aura été fait et devra y être exécuté ; comme aussi les tribunaux français devront alors prendre en grande considération toutes ces circonstances pour se déclarer compétents » (1)

Question d'état. — Il est, nous l'avons déjà fait pressentir une matière, celle des questions d'état, où l'incompétence fut longtemps regardée comme absolue et pouvant être soulevée en tout état de cause. On ne peut dire que nos tribunaux aient abandonné cette jurisprudence ; toutefois une tendance nouvelle se manifeste, que nous croyons destinée à entraîner le triomphe de la solution opposée.

Quoi qu'il en soit, deux doctrines se partagent aujourd'hui notre jurisprudence, et chacune mérite un examen attentif.

D'après un premier système, qui fut longtemps le seul, nos tribunaux sont incompétents d'une façon absolue dans les contestations relatives à l'état des étrangers (2). L'argument fondamental est que le droit public d'un État est intéressé à ce que le juge national ait une compétence exclusive quant au statut personnel de ses justiciables, qui relève au plus haut degré de sa souveraineté.

En outre les débats concernant l'état des étrangers appellent l'interprétation des lois étrangères mal connues de

1. Voy. S. 47. 2. 457 ; 49. 2. 637 ; — Douai. 16 fév. 1886. *Droit* du 2 avril.

2. S. 86. 2. 160 ; J. 9. 1. 188. — *Journ. du Dr. int. pr.* 1875, p. 274 ; 1876, p. 270 ; 1878, p. 15 ; 1880, p. 209. — Note sous Paris, 8 août 1890, *Droit* du 16 oct. 90. — Cass. 18 juill. 1892. *Gaz. du Pal.* 27 juill. 1892. — Alger, 4 mars 1874, S. 75. 2. 103.

nos Tribunaux ; enfin les décisions qui seraient rendues dans ces questions n'auraient force de loi qu'en France, de sorte qu'un individu se trouverait avoir, selon la résidence qu'il choisirait, un état civil différent.

Même dans ce système de l'incompétence absolue il est des cas exceptionnels où les tribunaux français sont, pour les questions d'état ou de capacité, compétents entre étrangers. C'est : 1° Si la juridiction française est appelée à statuer sur ces questions incidemment à une action principale qui est de sa compétence. 2° Si les plaideurs se trouvent dans une situation telle qu'aucune autre justice ne pourrait être utilement saisie par eux.

D'après un système plus récent et que nous croyons appelé à se développer, l'incompétence n'est, même dans ces questions, que relative. Il est trop absolu de dire que l'application du statut personnel appartienne exclusivement au juge national. Ce qui intéresse la souveraineté d'une nation, ce n'est pas la compétence en matière de questions d'état, c'est l'application des lois de ce pays. Or il n'a jamais été contesté que nos tribunaux dussent, en statuant sur l'état des étrangers, appliquer leur loi propre. Quant à l'argument tiré de l'interprétation de la loi étrangère, il porte à faux, car en dehors des questions d'état il est d'autres hypothèses où nos tribunaux sont exposés à appliquer une législation étrangère sans qu'ils songent à en déduire le caractère absolu de l'incompétence. Le dernier argument ne nous semble pas plus décisif ; libre aux parties qui redoutent des décisions contradictoires d'exciper de leur extranéité ; c'est elles qu'intéresse surtout la fixité de leur état civil. D'ailleurs, à supposer nos juges pris de scrupule, n'oublions pas que leur pouvoir d'appréciation leur permet de se dessaisir,

Même dans les questions d'état, nous dirons donc que l'incompétence est relative. Ce système a été consacré par plusieurs décisions, émanant en particulier du tribunal de la Seine et de la Cour de Paris (1).

Le déclinatoire doit être opposé *in limine litis*. Pourrait-il être invoqué devant la juridiction d'appel sans l'avoir été préalablement en première instance ? Un certain nombre d'arrêts ont décidé que ce moyen peut être proposé pour la première fois en appel même au cas où le défendeur a comparu en première instance. Mais cette jurisprudence semble aujourd'hui abandonnée et les arrêts les plus nombreux sont en sens contraire (2). A cette solution ont été faites des objections tirées de l'indépendance des juges d'appel vis-à-vis de ceux du premier degré. Il ne faut voir là qu'une confusion d'idées. Quand nous examinerons le pouvoir facultatif qu'ont les tribunaux de se dessaisir, cette idée de l'indépendance des juges d'appel pourra trouver son application ; quant à présent ce qui est en question, c'est le droit qu'a le défendeur de se prévaloir de l'incompétence. Comme à son point de vue elle a un caractère relatif, il la couvre en ne l'opposant pas *in limine litis* et si l'affaire est portée en appel sans qu'il ait présenté cette exception en temps voulu, c'est-à-dire au début de la première instance, pourquoi ne pas l'en déclarer déchu comme il le serait pour toute autre exception d'incompétence *ratione personæ* ? [Les parties en

1. *Rev. prat. de Dr. int. pr.* 1888, v° *Compétence*, n° 15 et 1889 v° *Compétence*, n° 26 et suiv. — *Droit* du 1er sept. 1889. — Garsonnet, *Tr. de Proc.*, I, p. 647. — C. Amiens, 12 déc. 1888. D. 91. 2. 39. — Seine, 5 juin 1891, *Journ. du Dr. int. pr.* 1892, p. 194. — Cour de Paris, 25 janv. 1840, *Gaz. des Trib.* 26 janv. ; 25 fév. 1891, *Journ. du Dr. int. pr.*, 1891, p. 1163.

2. Colmar, 30 déc. 1815, S. 17. 2. 62. — Paris, 13 fév. 1858, S. 58. 2. 72. — Cass. S. 65. 1. 210. — Paris, 21 mai 1885, *Droit* du 17 juin. — Contrà, S. 40. 1. 478. D. 54. 2. 507.

se soumettant d'un commun accord à la juridiction du premier degré se sont par là même soumises d'avance à la juridiction d'appel.

L'exception ne peut, à plus forte raison être proposée pour la première fois devant la Cour de cassation (1). Ce n'est pas à dire que la Cour suprême n'ait pas parfois à s'en occuper. Si la cassation ne pourrait être prononcée à raison de cette incompétence de caractère relatif, couverte par le silence des parties, elle le serait au cas où, les parties ayant invoqué à temps l'incompétence, le tribunal ou la cour aurait passé outre indûment.

L'étranger défendeur qui a vainement excipé de son extranéité devant un tribunal jugeant en premier ressort, a la ressource de l'appel. Il ne pourrait pas demander à la Cour de cassation un règlement de juges, car cette juridiction n'a pas pouvoir de renvoyer devant des juges étrangers (2).

Nous venons d'étudier les droits du défendeur et les moyens qu'il a de faire valoir l'incompétence.

Le tribunal a lui aussi un pouvoir d'appréciation.

Lorsqu'il s'agit d'une incompétence personnelle autre que celle des étrangers, il est douteux que devant le silence du défendeur les juges puissent se dessaisir (3). Dans le cas où l'incompétence a pour cause l'extranéité des parties, la jurisprudence reconnaît aux tribunaux la faculté de juger

1. Cass. S. 61, 1, 721. — D. 61, 1, 266. — Dalloz Rép. v° Droits civils n° 310.

2. S. 47, 1, 818,

3. Le droit de dessaisissement est soutenu par MM. Garsonnet (*Traité de Procéd.* 1, p. 640), Boitard et Colmet-Daage, Glasson en son cours, et appliqué par des arrêts : Cass. req. 11 mars 1807 et Rennes, 22 mars 1828. D. *Rép.* v° *Comp. trib.* Arr. n° 227. — *Contra,* Colmar, 6 août 1827. D. *Rép. loc. cit.* Douai, 9 déc. 1843. D. *Rép. Compét. commerc.* n° 400.

ou de se dessaisir. Ce droit leur a pourtant été contesté. M.
Bertauld (1) émet à ce sujet une opinion fondée sur des
motifs très critiquables. A son sens, le tribunal français peut
refuser de statuer sur un litige entre des parties françaises
dont il n'est pas le juge naturel, alors même que l'exception ne serait pas opposée par le défendeur : mais s'il s'agit
d'étrangers et qu'ils couvrent l'incompétence, force serait
à nos juges de garder l'affaire à peine de déni de justice.
En effet, dit le même auteur, il n'y a pas parité de situation
entre le défendeur français qui renonce à l'exception d'incompétence *ratione personæ* et le défendeur étranger qui con-
sent à s'en remettre à nos juridictions. En refusant de statuer entre Français, nos tribunaux ne leur ferment pas la
justice française ; il se trouvera toujours un tribunal compétent ; au besoin on recourra au règlement de juges. Mais les
étrangers n'ont pas cette ressource ; en ne retenant pas
leur cause, le tribunal les oblige à s'adresser à une juridiction étrangère.

Cette comparaison ne nous semble pas porter juste, car
il ne faut pas oublier que nos tribunaux en principe ne
doivent pas la justice aux étrangers. Forcer ces derniers à
recourir à leur juridictions nationales pour une cause où
nos tribunaux sont incompétents est aussi naturel que de
forcer des Français à porter leur litige devant le tribunal
que la loi désigne.

M. Demangeat (2) serait porté à admettre que, l'incompétence étant relative, nos juges sont tenus de garder l'affaire
qui leur est soumise, du moment que l'exception n'est pas
régulièrement opposée par le défendeur. Mais il reconnaît
que la jurisprudence est fixée en sens contraire.

1. Questions pratiques. I. n° 188.
2. Journ. du Dr. int. pr. 1877, p. 109.

La Cour de cassation décide en effet que les juges ont un pouvoir discrétionnaire pour apprécier, lorsque l'exception n'a pas été proposée, s'il est plus convenable, d'après les circonstances, d'après la nature du litige, d'en retenir la connaissance ou de se déclarer incompétents. Ils auront égard notamment à la longue résidence des parties en France, et à la difficulté qu'elles trouveraient à obtenir justice et rassembler des preuves à l'étranger (1).

« Les tribunaux français, porte un arrêt du 29 mai 1833 (2), n'ont une compétence *positive* sur les contestations entre étrangers que dans le cas où la loi leur en attribue la connaissance ; dans les autres cas leur compétence, n'étant pas réglée par la loi, est *facultative*, en ce sens que les tribunaux ne sont valablement saisis du différend qu'autant qu'ils consentent à le juger et que les parties en cause reconnaissent volontairement cette juridiction (3) . »

Il est un cas où le tribunal est forcé de se dessaisir ; c'est lorsque le défendeur a opposé l'exception d'incompétence. Le désir que pourraient avoir les juges de retenir le débat ne saurait prévaloir contre le droit de la partie (4).

Le pouvoir facultatif du tribunal a sur les droits du défendeur cet avantage, qu'il n'est restreint par aucun terme fatal. Les tribunaux peuvent renvoyer l'affaire en tout état de cause, à la suite de la réalisation des mesures prépara-toires par eux ordonnées, ou sur la production de nouvelles pièces, ou de conclusions modifiées ; ils peuvent le faire s'ils reconnaissent que l'exercice de leur autorité serait

1. Paris, 26 fév. 1891. *Journ. du Dr. int. pr.* 1891, p. 1189.
2. S. 33.1.522.
3. Voy. aussi S. 61. 1. 721 ; 77. 1. 440. — 79. 1. 208.
4. Cass. D. 58. 1. 313. — Paris, 3 Déc. 1858. *Gazette des Tr.* du 19. Contrà S. 15. 1. 188 ; 27. 2. 40.

inutile, ou dangereux. Peu importe d'ailleurs que l'instance suive son cours devant le tribunal investi, ou qu'elle se continue à la suite d'opposition ou d'appel (1).

Le pouvoir du tribunal peut parfois venir au secours des parties. Le défendeur s'il laisse l'affaire s'engager sur le fond du débat sans se prévaloir de l'incompétence, est déchu du déclinatoire ; qu'il se ravise ensuite et demande le renvoi, le tribunal n'est plus obligé de se dessaisir ; mais rien ne l'empêche de le faire, comme il le pourrait devant le silence prolongé du défendeur. Il usera ainsi de son pouvoir discrétionnaire.

Le défendeur, pour pouvoir imposer aux juges le déclinatoire, doit, nous l'avons vu, l'opposer *in limine litis*. Mais n'est-il pas des circonstances qui, intervenant dans le cours de l'instance, modifieront la compétence et autoriseront le défendeur à exiger le renvoi ? Nous avons en vue un changement de nationalité survenu en la personne d'une partie, française au moment de l'assignation. Nous pensons avec une forte jurisprudence que c'est au moment où l'instance est liée que se détermine la compétence ; donc un changement d'état au cours du procès sera sans influence sur la compétence du tribunal saisi (2).

Une des décisions les plus remarquables est l'arrêt de cassation du 4 fév. 1801 (affaire Bari), cassant un arrêt rendu par la Cour de Paris toutes chambres réunies le 21 février 1880.

1. Féraud-Giraud. *Comp. des Trib. fr. pour comm. des cont. entre étr.*, *Journ. du Dr. int. pr.* 1880, p. 230 et suiv.

2. Seine, 8 mars 1884, *Gaz. des Trib.* du 14 mars ; Lyon, arrêt 6 mars 1889 ; Trib. de com. Seine, 8 sept. 1890 ; *Journ. du Dr. int. pr.* 1890, p. 857 ; Cassat. 4 fév. 1891, *Droit* du 11 fév.

Un des défendeurs, ancien Italien devenu Français, obtint dans le cours de l'instance sa réintégration dans la qualité d'Italien et opposa l'incompétence des tribunaux français. La Cour suprême trancha définitivement le débat en décidant que le changement de condition du Français assigné ne saurait enlever au tribunal la connaissance du procès, même s'agissant d'une contestation d'état. Il est de principe qu'en matière de compétence et de procédure c'est le temps de l'action qu'il faut exclusivement considérer. S'agit-il par exemple du domicile, l'article 59 du Code de procédure prescrit qu'en matière personnelle le défendeur soit assigné devant le tribunal de son domicile. Par ce mot le législateur entend évidemment le domicile actuel du défendeur au moment de l'assignation. En vain il changerait de domicile en cours d'instance, même sans intention frauduleuse, le tribunal valablement saisi à l'origine ne deviendrait pas incompétent. S'il en était autrement, toute fixité disparaîtrait en matière de compétence. Cette règle a toujours été consacrée. Déjà nous trouvons cette formule dans le droit romain : *Ubi acceptum est semel judicium, ibi et finem habere debet* (L. 80 Dig. *de Jud.*).

L'arrêt cassé de la Cour de Paris avait au contraire décidé qu'un tribunal n'est pas irrévocablement saisi par une assignation et qu'un Français devenu étranger après l'ajournement reçu peut demander son renvoi devant les juges étrangers, alors surtout qu'il s'agit d'un litige d'ordre supérieur touchant le statut personnel des parties ; que la nationalité du défendeur doit être considérée non pas au moment où l'action est intentée mais au jour où le juge doit prononcer. Cette doctrine fut désavouée par la Cour de cassation et à juste titre.

En un mot et pour résumer, l'assignation devant une juridiction fixe également la compétence que le défendeur change de domicile ou de nationalité.

L'analogie cesserait assurément si l'incompétence était à l'égard des étrangers *ratione materiæ*. Mais selon la jurisprudence elle est *ratione personæ* comme dans le cas où le défendeur est assigné à un tribunal autre que celui de son domicile ou de sa résidence.

Dans les deux cas le même droit est acquis aux demandeurs qui ont régulièrement engagé le procès ; même nécessité d'éviter les frais, les lenteurs de la justice et les atermoiements d'un défendeur qui chercherait à échapper continuellement à la juridiction saisie

SECTION III. — Application du principe de l'incompétence.

Le principe de l'incompétence de nos tribunaux s'applique aux questions personnelles et mobilières s'élevant entre deux étrangers, à condition toutefois que l'on ne se trouve pas dans un des nombreux cas exceptionnels que nous passerons plus tard en revue.

C'est surtout dans les contestations qui touchent aux questions d'état que nos tribunaux ont l'occasion de se déclarer incompétents.

Divorce et séparation de corps. — Les décisions intervenues sur des demandes en divorce ou séparation de corps sont nombreuses, mais des doutes ont pu s'élever au cas où la femme demanderesse était d'origine française. Néanmoins même dans cette hypothèse nos juridictions ont refusé de statuer (1). Peu importe la nationalité originaire de la femme puisque le mariage la lui a retirée et que la validité du mariage n'est pas contestée. Une demande en divorce ou séparation de corps entre étrangers serait tout au plus recevable s'il était établi que l'époux demandeur est dans l'impossibilité de faire valoir ses droits devant les tribunaux de son pays (2).

On a contesté à la séparation de corps le caractère d'une question d'état; ce serait une mesure d'ordre public pour laquelle les étrangers seraient admis à plaider en France. Il ne faut pas, selon nous, établir sous ce rapport, de différence entre la séparation de corps et le divorce. Certes le divorce présente plus de gravité car il a pour résultat la dissolution du mariage lui-même tandis que la séparation ne fait que détendre les liens conjugaux sans les rompre. Mais tous deux ont cet effet, d'affecter l'état des personnes et nous ne devons pas non plus oublier que la séparation peut être un préliminaire du divorce et qu'après un certain délai elle donne droit aux parties de le réclamer.

Quel est le moment précis où l'exception d'incompétence doit être invoquée ? Est-ce devant le président conciliateur, ou seulement devant le tribunal ? Deux systèmes se sont produits et la jurisprudence est divisée. Suivant une première opinion l'exception doit être proposée devant le président, tout comme s'il s'agissait d'une incompétence *ratione personæ* alléguée par un défendeur Français.

En effet, dit-on à l'appui de cette solution, l'instance est introduite par la citation à comparaître devant le président.

<hr>

1. Seine, 23 juil. 1885, *Journ. du dr. int. priv.* 1886, p. 205 ; C. d'Aix, 4 mai 1885 ; ibid. 1885, p. 206.

2. Seine, 6 juin 1890, *Droit du 11* ; 30 nov. 1890, *Droit du 30 mai.*

lequel fait en pareil cas non seulement acte de conciliation mais aussi de juridiction ; les décisions qu'il rend, quoique ayant un caractère provisoire, portent sur des questions du plus haut intérêt affectant la puissance maritale, la puissance paternelle et la fortune du mari. Si donc l'époux défendeur présente devant ce magistrat ses exceptions et défenses contre les mesures provisoires sollicitées par son conjoint il doit être considéré comme ayant reconnu et accepté la compétence du tribunal auquel ce magistrat appartient pour connaître du fond du débat (1).

La solution adverse nous paraît plus juridique. Lorsque un défendeur se plaint d'être assigné devant une juridiction autre que celle de son domicile, le président de ce tribunal est au même titre incompétent que le tribunal lui-même. Mais le défendeur qui n'excipe que de son extranéité n'a pas à opposer au président l'incompétence puisque ce magistrat a pour rôle, outre la conciliation, de statuer sur des mesures provisoires pour lesquelles nous verrons qu'il est pleinement compétent (2).

Dans la pratique le défaut du défendeur actionné en divorce est très fréquent. En pareille occurrence, certains tribunaux ont refusé de statuer et se sont déclarés d'office incompétents, sous prétexte que le consentement des deux parties était nécessaire pour les saisir et qu'en fait celui du défendeur manquait (3). Nous ne croyons pas qu'il faille pousser l'idée d'arbitrage jusqu'à exiger des deux parties un consentement exprès. Nous ne prétendons pas d'avan-

<hr>

1. Seine, 2 avril 1890. *Droit* du 27 avril 1890. — Paris, 10 et 16 mars 1892. *Droit* du 26 mars 1892.

2. C. Amiens, 24 août 1880. S. 82. 2. 80.

3. Seine, 6 août 1888, *Droit* du 21 octobre 1888 ; Paris, 18 mai 1892. D. 92. 2. 323.

tage que les juges n'aient pas le droit de se dessaisir. Libre
à eux de se déclarer incompétents en vertu de leur pouvoir
facultatif ; mais libre à eux de juger, s'ils le préfèrent. Le
droit du défendeur ne sera nullement lésé ; car, ou bien il a
été touché par l'assignation et son silence donne à croire
qu'il accepte la juridiction française ; ou bien il ignore l'action dirigée contre lui, et, dès qu'il en aura connaissance il
lui sera loisible d'opposer l'incompétence des tribunaux français en formant opposition au jugement rendu.

Nous aurons à nous occuper des mesures provisoires requises par les parties en matière de questions d'état, et surtout préliminairement au divorce ou à la séparation de corps.
Le droit que nos juridictions se reconnaissent d'édicter ces
mesures constitue une des plus remarquables dérogations au
principe de l'incompétence.

Séparation de biens. — Les mêmes idées s'appliquent aux
demandes en séparation de biens. Le fait que la séparation
de biens touche aux intérêts pécuniaires des époux ne saurait déterminer la compétence obligatoire. Un arrêt de
1826 (1) dans le sens de la compétence part d'un principe
opposé à celui de notre jurisprudence actuelle et pose en
règle générale que nos tribunaux ont le pouvoir de juger
définitivement entre étrangers toutes questions relatives aux
intérêts pécuniaires. A supposer même que cette doctrine fût
vraie, nous nous refuserions à trancher la question dans ce
sens, car la séparation de biens, n'entraîne une modification
dans le règlement des intérêts matériels des époux qu'en
touchant à l'état des personnes et en diminuant les pouvoirs de mari qui se voit retirer l'administration des

1. S. 26. 2. 238. — Dans le même sens Massé et Vergé sur Zacharie,
t. I, § 62 note 22. — Coin Delisle, *Droit cir.* sur art. 14, 15, n° 22.

biens de la femme (1). Il est même indifférent de savoir si la femme était française avant son mariage, si le contrat de mariage a été fait en France, et si les époux y ont adopté le régime de communauté tel qu'il est établi par le Code civil. Il n'en serait autrement que si les juges constataient que des circonstances où une pareille clause a été insérée il résulte que les parties ont entendu soumettre leurs différends aux tribunaux français (2).

Nullité de mariage. — Nos juridictions devront également se dessaisir d'une demande en nullité de mariage portée devant elle. Il est pourtant deux cas où ils sont compétents :

1° Si la femme demanderesse est française de naissance et plaide pour faire annuler le mariage qui la prive de la nationalité française. On serait mal venu à la considérer comme étrangère et a lui refuser l'accès de notre justice, puisque précisément le titre qui la faisait étrangère est remis en question (3).

2° Si le débat sur la validité du mariage se produit incidemment à une demande formée contre l'officier d'état civil français qui se refuserait à célébrer une nouvelle union.

Main-levée d'opposition à mariage. — Une opposition est formée par un étranger au mariage que veut contracter un étranger. Le tribunal français est-il compétent pour statuer sur la demande en main-levée de cette opposition ? Les arguments suivants ont été produits à l'appui de la négative : Pour juger la validité de l'opposition, deux choses seront à

1. S. 66. 2. 237. — 70. 2. 289.
2. S. 72. 1. 361.
3. Seine, 2 juillet 1872. *Journ. du Dr. Int. Pr.* 1874. p. 71 ; 22 mars 1890 Droit du 20 avril. Contrà, Seine 20 avril 1882, *Journ. du Dr. Int. Pr.* 1883, p. 168.

considérer : l'opposant a-t-il qualité pour faire opposition, et la cause de nullité signalée est-elle valable ? Ces points emportent l'examen de questions d'état pour lesquelles nos tribunaux sont incompétents (1).

M. Demangeat combat vivement cette doctrine soutenue par Fœlix (2) et se prononce dans le sens de la compétence du tribunal. La solution adverse rendrait presque impossible le mariage d'un étranger en France dès qu'une opposition se serait produite ; le parent étranger serait investi pour mettre obstacle au mariage de son enfant, d'un pouvoir plus grand que le parent français. L'affirmative tire aussi une certaine force des longueurs inutiles qu'entraînerait l'incompétence en cette matière. Si l'on astreint le futur époux à demander la main-levée de l'opposition devant une juridiction étrangère, ce jugement devra en France être soumis à l'*exequatur*. En pratique la controverse perd de son importance par le fait qu'on ne saurait empêcher les parties de mettre en cause l'officier d'état civil français, ce qui, nous le verrons plus loin entraîne la compétence du tribunal même à l'égard de l'étranger assigné conjointement.

Demandes d'autorisation. — Les tribunaux français n'ont pas à connaître des demandes formées par une femme étrangère contre son mari pour être autorisée à procéder à un acte de la vie civile pour la validité duquel cette autorisation est nécessaire (1).

Déclaration d'Absence. — Nous reconnaîtrons la même incompétence dans le cas d'une demande en déclaration

1. Rennes, S. 42. 2. 211.
2. Demangeat sur Fœlix. *Dr. Internat.* t. I, p. 332.
3. Seine 27 novembre 1839. Gaz du 28 novembre — 6 août 1878 *Journ. du Dr. Int. Pr.* 1879, p. 62.

d'absence (1). Il s'agit d'un règlement d'intérêts pécuniaires aboutissant à un envoi en possession d'abord provisoire, puis définitif. La prétention des intéressés peut, en cas d'erreur des juges et de retour de l'absent, compromettre gravement les droits de ce dernier ; en tout cas, elle n'intéresse pas l'ordre public et pour l'obtention d'une déclaration d'absence le procureur de la République est le contradicteur désigné par la loi (Cod. civ. 110). Nous soutiendrons plus loin une solution opposée quant aux mesures provisoires et conservatoires demandées dans la période de présomption d'absence.

Filiation, usurpation de nom, tutelle etc. — Nos tribunaux ont également cru devoir se dessaisir de demandes en matière de filiation ou en usurpation de nom (2), ou en rectification d'actes de l'état civil même dressés ou transcrits en France, lorsque cette dernière instance n'est en réalité qu'une réclamation d'état (3). De même pour les questions relative à la tutelle d'un mineur étranger (4), à moins qu'il s'agisse de mesures conservatoires.

Interdiction, conseil judiciaire. — Nous en dirons autant des demandes en interdiction ou dation de conseil judiciaire.

Gand soutient au contraire (5) que si l'étranger a un domicile ou une résidence en France et s'il y possède des biens meubles ou immeubles, ses parents même étrangers pourront faire prononcer son interdiction. Nous croyons avec M. Féraud-Giraud (6) que même dans ces circonstances l'incom-

1. C. Douai, D. 65. 2. 4.

2. Cass. Requ. D. 52. 1. 249. Seine *Journ. du Dr. Int. Pr.* 1880, p. 299,

3. Cass. 14 mai 1834 D. Dr. civ. n° 138. — Seine *Journ. du Dr. Int. Pr.* 1875, p. 16.

4. C. Besançon D. 68. 2. 113. — Seine. *Journ. du Dr. Int. Pr.* 1878, p. 275.

5. *Code des étrangers*, n° 510.

6. *Journ. du Dr. int. pr.* 1880, p. 153.

pétence s'impose, car aucune n'est de celles qui entraînent,
par dérogation aux principes, la compétence de nos tribunaux. Ici encore nous réservons notre appréciation quant
aux mesures conservatoires ou de sûreté que la situation
d'un individu en démence pourra commander relativement
à sa personne ou ses biens.

Actions mobilières. — Le principe de l'incompétence de
nos tribunaux s'applique aux actions mobilières, lorsqu'elles
sont en même temps personnelles, ce qui est le cas le plus
fréquent. Mais que dire des actions réelles mobilières ? Notre loi s'occupe peu de ces actions au point de vue de leur
compétence ; la cause en est dans l'importance minime que
présentait la fortune mobilière lors de la confection de nos
codes. Selon MM. Aubry et Rau (1), les mêmes règles doivent être observées pour les actions réelles mobilières que
pour les actions immobilières. Il en résulterait que pour
celles relatives à des meubles se trouvant en France nos
tribunaux seraient valablement saisis.

Tel n'est pas, croyons-nous, le principe, et tel n'est pas le
système de la jurisprudence. Etant donnée l'incompétence
générale de nos juges dans les contestations entre étrangers,
il faut, pour les reconnaître compétents dans un cas spécial,
une disposition législative ou tout au moins des raisons d'é-
quité ou d'humanité sérieuses. Rien ne nous commande de
soustraire les actions réelles mobilières à l'application des
principes de notre matière. Nous devons donc les assimiler
aux actions personnelles. Un arrêt de la Cour de Paris (2)
tranche dans le sens de l'incompétence un débat qui lui était

1. T. VIII, p. 143.
2. D. 56. 2. 139.

soumis sur la question de propriété d'un mobilier discutée entre étrangers.

Il est pourtant des cas exceptionnels où nos tribunaux consentent à statuer sur des actions réelles mobilières ; citons l'hypothèse de voies d'exécution portant sur des objets mobiliers ; nous aurons à nous en expliquer spécialement dans notre étude des exceptions apportées au principe d'incompétence. La jurisprudence décide de même pour les actions comprises dans les articles 2279 et 2280.

CHAPITRE II.

EXCEPTIONS AU PRINCIPE D'INCOMPÉTENCE DE NOS TRIBU-
NAUX.

Le principe de l'incompétence de nos juridictions dans les
contestations entre étrangers comporte de nombreuses exceptions. Les unes résultent, explicitement ou implicitement,
de quelques dispositions de nos lois ; les autres, de traités
conclus entre la France et des pays étrangers.

SECTION I. — Exceptions résultant explicitement ou implicitement de nos lois.

§ 1. — ADMISSION A DOMICILE.

Le domicile autorisé confère à l'étranger, en vertu de l'art.
13, Cod. civ., la jouissance des droits civils. La loi du 26 juin
1889 a fait de l'admission à domicile un préliminaire de la
naturalisation, car ses effets tombent si, dans les cinq ans
l'étranger ne demande pas la naturalisation, ou s'il se la voit
refuser. Les étrangers ayant un domicile autorisé, nos tribunaux sont compétents pour statuer sur leurs procès, puisque ce domicile leur attribue la plénitude des droits civils.
Un étranger ainsi domicilié en France peut assigner devan
les juridictions françaises un autre étra nger même non r

sidant en France (14, Cod. civ). De même, par une conséquence passive, il peut être assigné en France même par
un autre étranger n'ayant pas de domicile autorisé. On a cependant soutenu le contraire, sous prétexte que le domicile
autorisé serait un bénéfice qu'on ne saurait sans injustice
retourner contre l'étranger. A cela nous répondrons que
l'étranger, en demandant l'autorisation à domicile, acquiert
une condition propre qu'il ne lui appartient pas d'exploiter
ou de renier à sa guise, mais qu'il doit accepter avec ses
conséquences actives et passives, favorables et défavora-
bles. Mais ces effets si importants ne sont produits que par
un domicile autorisé du gouvernement en vertu de l'art. 13.
Une simple résidence ou un domicile ordinaire, si longue
qu'en ait été la durée, n'entraînerait pas la compétence de
nos tribunaux pour connaître des actions intentées par des
étrangers ou poursuivies à leur encontre; il existe pourtant des décisions en sens contraire (1).

Les tribunaux français seront compétents entre étrangers
dès que l'une des parties aura en France un domicile autorisé, dans tous les cas où ils le seraient si, au lieu de l'é-
tranger admis à domicile, c'était un Français qui compa-
raissait. Ils seront compétents, même pour des questions
d'état, sauf à appliquer la loi étrangère (2) Un des jugements
cités décide que lorsque la nationalité d'une personne est
incertaine c'est la loi du domicile qui s'applique, notamment
dans les questions d'état.

La renonciation en cours d'instance au bénéfice du domicile
autorisé n'empêchera pas le tribunal valablement saisi de

1. Trib. de Marseille, 19 mars 1872, conf. par arrêt d'Aix, 28 août 1872,
Journ. du Dr. int. pr. 1875, p. 268.

2. Seine, 14 juin 1887, *Journ. du Dr. int. pr.* 1880, p. 104; 22 déc.
1887, *Droit du 29*; 11 déc. 1889, *Journ. du Dr. int. pr.* 1889, p. 814.

garder l'affaire ; semblable renonciation aura généralement un caractère frauduleux et sera faite en vue d'échapper aux juges français ; notre jurisprudence s'oppose à ce que ce but soit atteint (1).

Dans l'espèce citée, un mari anglais, assigné en divorce, renonça, en cours d'instance, au domicile autorisé, par une déclaration faite devant le consul britannique.

Le caractère frauduleux de cet expédient apparut clairement par le fait que les époux continuèrent à résider en France. Le tribunal de la Seine, en refusant de se dessaisir, allègue entre autres motifs l'absence de toute juridiction devant laquelle la femme pourrait régulièrement porter sa demande.

Le maintien de la compétence du tribunal s'imposerait alors même que la renonciation ne serait pas frauduleuse : la solution déjà reconnue dans l'hypothèse d'un changement de nationalité doit être *a fortiori* reproduite en cette matière.

Un doute plus sérieux pourrait s'élever si dans le cours de l'instance le délai de cinq ans à compter de l'autorisation venait à s'écouler sans que la naturalisation eût été demandée, ou si cette faveur, sollicitée par l'étranger, lui était refusée. Ici encore nous n'hésitons pas à décider que le changement survenu dans la condition de l'étranger serait sans effet sur la compétence du tribunal saisi. Il a beau encourir la perte de la jouissance des droits civils, il a été valablement assigné, il redevient étranger dans les termes du droit commun, mais à supposer qu'il ait eu cette condition au moment de l'assignation, l'incompétence qui pouvait en résulter n'eût été selon la jurisprudence, que relative ; survenant en cours

1. Seine, 11 déc. 1889. *Droit* du 24.

d'instance, postérieurement aux conclusions sur le fond, elle ne peut être invoquée par le défendeur.

Nous considérons le droit au domicile autorisé comme personnel à l'étranger qui a obtenu l'autorisation du gouvernement. Un arrêt de la Cour de Paris (1) a pourtant jugé que le bénéfice accordé au mari s'étend virtuellement à sa femme alors qu'elle justifie avoir résidé *fréquemment* en France avec son mari. L'opinion contraire peut se prévaloir des termes mêmes de la loi du 26 juin 1889. Le nouveau texte, prévoyant le décès de l'étranger avant la naturalisation, dispose que l'autorisation et le temps de stage qui a suivi profiteront à la femme et aux enfants qui étaient mineurs au moment du décret d'autorisation. Cette faveur accordée expressément à la femme et aux enfants en cas de décès du mari n'implique-t-elle pas le caratère généralement personnel du bénéfice de l'autorisation ? Une dérogation spéciale, limitée à un cas particulier, est édictée, le principe est donc que la femme n'a aucune part à la jouissance des droits civils conférée à son mari. Les paroles de M. Antonin Dubost, rapporteur de la loi de 1889, abondent en notre sens. « Il était nécessaire, dit-il, d'étendre le bénéfice de l'art. 13, *dans certains cas, à la famille de celui qui a obtenu l'autorisation d'établir son domicile en France.* Sous le régime actuel, la naturalisation étant strictement personnelle, il était naturel que le législateur ait limité les effets de l'autorisation préalable à la personne même qui l'avait obtenue. » (Rapport. du 7 nov. 1887).

Ajoutons à ces raisons déjà décisives que l'article 13,

1. Arrêt du 13 août 1889. *Droit* du 20 octobre. Voy. aussi Bordeaux. 14 juill. 1845, S. 46. 2. 394; 25 mai 1876, S. 77. 2. 109. — Demolombe, t. 1. p. 431; Laurent, t. 1. n° 457.

bien que conférant ce qu'on appelle un bénéfice, est une
arme à deux tranchants : il permet à l'étranger qu'il régit
d'en assigner un autre, mais aussi d'être assigné. L'extension des effets de l'autorisation à la famille de l'impétrant ne
se justifie donc ni en droit ni en équité (1).

Une autre question controversée est celle de savoir si un
étranger peut être poursuivi pour des obligations contractées avant son admission à domicile. La jurisprudence décide généralement l'affirmative (2).

C'est avec raison, car il est de principe que c'est la date
de l'action et non celle de l'engagement sur lequel elle est
fondée qui détermine la compétence et la juridiction : la capacité des parties au point de vue de l'exercice de l'action
est recherchée au moment même où le procès est introduit ; telle est la règle qui doit nous guider, quand la situation des parties est modifiée par un changement de domicile,
une autorisation à domicile, un jugement d'interdiction, un
démembrement de territoire, etc.

Il est des auteurs et des arrêts (3) qui dans l'hypothèse
d'une obligation antérieure ne reconnaissent la compétence
du tribunal que si c'est le défendeur qui est admis à domicile.
Si c'est au contraire le demandeur qui a en France un domicile autorisé, l'action ne lui serait pas possible. En effet, dit
Fœlix, à la différence du cas de la naturalisation qui entraîne
un changement d'état, les droits attribués à l'étranger par
suite de l'établissement de son domicile en France constituent des privilèges, des exceptions au droit commun, qui

1. En ce sens, A. Weiss, *Traité de Dr. int. pr.* 2e éd. p. 130.
2. Rennes, 27 avr. 1847. S. 47. 2. 143. Metz, 17 janv. 1830. S. 30. 2.
474.
3. Fœlix, I. no 152, p. 320. — Cass. S. 21. 1. 42.

n'admettent pas une interprétation extensive. En outre l'é-
tranger défendeur a dû, en contractant, compter sur l incompétence des tribunaux français. Ces arguments ne nous semblent pas concluants. Le premier motif invoqué, celui de
l'interprétation stricte de l'article 13, serait, s'il était bien
fondé, également déterminant quel que fût celui des deux
plaideurs admis à domicile : alors pourquoi cette distinction ? Enfin nul en contractant n'acquiert un droit à une juridiction déterminée. Si le défendeur peut, en fixant son domicile en France conformément à l'art. 13, y attirer le demandeur, pourquoi ce dernier ne pourrait-il pas, par l'obtention
d'une semblable autorisation, acquérir le droit de poursuivre
en France le défendeur ?

Du domicile non autorisé. — Le domicile autorisé nous
amène à examiner les effets que produit quant à la compétence de nos tribunaux un domicile établi par l'étranger sur
notre sol sans autorisation du gouvernement. La possibilité,
pour l'étranger, d'un domicile autre que celui que prévoit
l'art. 13, fut longtemps discutée, mais ne l'est plus. Nous
sommes loin du temps où un avocat général déclarait devant la cour de Paris que l'étranger, sans une autorisation,
« pourra constituer une résidence, jamais de domicile » ;
qu'il fera, en se fixant en France, un acte destitué de toute
force légale, sur lequel il pourra baser des rapports de fait,
jamais des rapports de droit (1). Il résulterait de l'art. 13,
suivant les auteurs partisans de cette opinion, que le domicile d'un étranger ne saurait être, à moins d'être autorisé.

On se méprend quand on fait résulter de l'art. 13 cette
règle que l'étranger n'a pas en France de domicile. Le texte

1. D. 72. 2. 66.

fournirait plutôt un argument en sens contraire, car il semble reconnaître deux catégories d'étrangers domiciliés, les uns jouissant de tous les droits civils, les autres n'en jouissant pas. Il a pour but d'indiquer à quelle condition un étranger peut, non pas être domicilié en France, mais y jouir des droits civils. De plus quelles raisons sérieuses peut-on donner pour refuser aux étrangers en France un domicile légal ? En quoi la réalisation des deux éléments qui constituent celui-ci, à savoir le fait et l'intention, serait-elle subordonnée à la question de nationalité, et qu'est-ce qui s'oppose à ce qu'une personne ait son principal établissement en un pays qui n'est pas le sien ? L'autorisation du gouvernement ne s'impose pas à l'étranger comme une condition préalable de l'établissement de son domicile en France mais comme un moyen d'assurer les effets de cet établissement relativement aux droits civils dont il veut se procurer la jouissance (1).

Nous n'hésitons donc pas à dire que l'étranger peut acquérir en France un domicile; nous ne le qualifierons même pas de *domicile de fait*, par opposition au domicile de l'art. 13 qui serait un *domicile de droit*; cette terminologie est mauvaise et de nature à engendrer des confusions d'idées; ce domicile est bien un domicile légal, tout comme s'il avait la sanction gouvernementale; un seul point différencie ces deux domiciles légaux, et ce point est capital : c'est que dans un cas l'étranger jouira de la plénitude des droits civils; dans l'autre, non. Et, partant de ce principe nous devons juridiquement aboutir à limiter les effets du simple domicile non autorisé, au point de lui refuser quelques-uns

1. Cass. req. 7 juill. 1874, S. 75. 1. 19.

de ceux que les auteurs nombreux, malgré la timidité de leur terminologie, attribuent à ce qu'ils appellent le domicile de fait, ou la résidence prolongée.

Des opinions différentes, que séparent des nuances parfois fort subtiles, se sont produites.

Des auteurs ont cru devoir assimiler entièrement, au point de vue de la compétence déterminée par le domicile du défendeur, les étrangers aux Français (1). Le domicile, voire même la simple résidence, seraient attributifs de juridiction. Ce système, fondé sur l'idée que l'art. 59 Proc. civ. aurait une portée générale, a déjà été combattu par nous. Ce texte ne nous paraît statuer que subsidiairement, une fois tranchée la question de compétence générale qui suppose l'examen de la nature du droit d'agir en justice.

Certaines décisions (2) sont allées plus loin encore, attribuant au domicile de l'étranger demandeur le même effet juridique qu'au domicile autorisé de l'art. 13, ce qui lui permettrait de se prévaloir de l'art. 14, c'est-à-dire d'assigner devant un tribunal français un autre étranger même non résidant en France. Cette opinion ne nous paraît pas soutenable. Un décret est formellement exigé pour conférer aux étrangers la jouissance des droits civils; le droit de l'art. 14 est un droit civil au sens strict du mot, réservé spécialement aux citoyens français. En faire bénéficier les étrangers admis à domicile est déjà une faveur considérable. Si le domicile ordinaire suffisait à leur conférer ce privilège, à quoi servirait le décret d'autorisation que la loi exige? (3)

1. Bonfils, *Comp. des Tr. fr. à l'ég. des Étr.*, p. 168. — Demangeat sur Fœlix, I, p. 317. — Lyon, jug. du 13 août 1855, infirmé par Cour Lyon, 25 fév. 1857. S. 57. 2. 625.

2. S. 1808. 2. 211; 1828. 1. 212. — Fœlix I, p. 317 et note 2.

3. Féraud-Giraud, *Journ. du Dr. Int. pr.*, 1880, p. 160. — Bonfils, p. 186. — Demangeat sur Fœlix, t. I, p. 319, note a.

La jurisprudence semble fixée en ce sens que le domicile non autorisé ne suffit pas pour faire disparaître, dans les matières où elle existe, l'incompétence des tribunaux français. Il produit seulement l'effet d'une renonciation tacite de la part de l'étranger à décliner la juridiction française. Le pouvoir facultatif du tribunal reste d'ailleurs entier (1). Il est des circonstances qui jointes à celle du domicile en France rendront nos tribunaux compétents. Il est de jurisprudence en effet que l'étranger défendeur qui ne justifie pas d'un domicile à l'étranger ou d'une nationalité qui lui assure des juges, est valablement assigné devant nos juridictions. La raison de cette compétence n'est pas uniquement la renonciation tacite qui résulte de l'établissement du domicile en France et qui ne donnerait lieu qu'à une compétence facultative. Le motif de reconnaître ici une compétence positive doit être cherché dans ce principe de procédure qu'en cas de compétence non déterminée il faut recourir au droit commun, c'est-à-dire à la maxime « *actor sequitur*, etc. » (2)

Le domicile n'intervient donc, en règle générale, que comme un élément de fait et comme faisant présumer la renonciation du défendeur à son exception d'incompétence. Qu'on ne nous objecte pas la qualification de *légale* appliquée à ce domicile, contrairement à la terminologie généralement adoptée. La faculté pour l'étranger d'avoir un domicile véritable en France ne lui ôte pas sa qualité d'étranger ;

1. Féraud-Girard, *Journ. du Dr. Int. pr.*, 1880, p. 161. — Cass., 5 mai 1875. S. 75. 1. 409. — Bordeaux, 24 mai 1876. S. 77. 2. 109. — Paris, 13 mars 1870. S. 70. 2. 289.

2. Cass. req., 8 avril 1851. D. 51. 1. 137. — Seine, 22 déc. 1881, *J. du Dr. Int. Pr.*, 1881, p. 414. — Lachau. *Comp. des Trib. fr. à l'ég. des Étr.* p. 115.

ne fait pas disparaître par conséquent les incapacités qui en dérivent, celle notamment d'ester en justice. Si l'on a coutume de dire que le domicile est attributif de juridiction, on réserve la question préalable de la jouissance du droit de plaider. La loi dans ce texte comme dans la plupart des autres, a eu en vue l'hypothèse la plus générale, celle d'un conflit entre Français. Mais le caractère *légal* du domicile de l'étranger pourra être par lui invoqué dans tous les cas où il aura intérêt à différencier ce domicile d'une simple résidence.

§ 2. — ACTIONS FONDÉE SUR LES LOIS D'ORDRE PUBLIC.

Aux termes de l'art. 3, § 1 Code civ. les lois d'ordre public et de sûreté obligent tous ceux qui habitent le territoire. Ce texte a particulièrement en vue les dispositions pénales édictées en matière criminelle, correctionnelle et de police. La jurisprudence, l'interprétant d'une façon large, y fait rentrer beaucoup d'actions qui tendent, malgré leur caractère privé, au maintien de l'ordre et à la sécurité des personnes en France. La compétence, en ces matières, est commandée non par l'art. 3 en lui-même, qui ne traite que de la loi applicable, mais par un principe de droit public d'après lequel l'Etat a le devoir d'assurer l'ordre sur le territoire soumis à sa souveraineté ; pour parvenir à ce but, il est tenu de ne pas se désintéresser des litiges touchant à des lois d'ordre public et mettant en jeu la sécurité des personnes ; une sanction souvent répressive, parfois simplement civile est nécessaire pour la sauvegarde de certains droits, le respect de certaines prohibitions dont la violation constituerait une atteinte à l'ordre public dans notre pays, une atteinte à la souveraineté même de l'Etat.

« Habiter le territoire, dit Portalis (*Expl. des mot. du Code civ.*) c'est se soumettre à la souveraineté ; tel est le droit politique de toutes les nations. Un étranger devient le sujet casuel de la loi du pays dans lequel il passe ou dans lequel il réside. Dans le cours de son voyage ou pendant le temps plus ou moins long de sa résidence il est protégé par cette loi ; il doit donc la respecter à son tour. »

L'idée d'une soumission tacite de l'étranger à nos lois de police n'était pas nécessaire pour justifier la compétence de nos tribunaux, laquelle en ces matières n'est pas simplement facultative, mais positive et obligatoire.

I. — *Délits pénaux et civils.*

Le droit pour l'État de poursuivre, par l'entremise de ses officiers de justice les auteurs des crimes et délits commis en France n'a jamais été discuté. Il existait dans l'ancien droit (1). Ce n'est pas de ces actions publiques que nous avons à traiter. Mais un fait délictueux, en même temps qu'il trouble l'ordre et lèse l'État porte préjudice à des intérêts privés et donne naissance à deux actions, l'une publique l'autre civile. Supposons un délit que réprime notre loi pénale commis en France par un étranger ; la personne atteinte par cet acte dans sa personne ou ses biens peut être également étrangère. L'ordre public exige qu'elle puisse obtenir réparation et que ce but puisse être atteint par tous les moyens que le code d'instruction criminelle donne aux victimes contre les coupables (2). La personne lésée pourra, se-

1. Denisart, v° *Étranger.*
2. Aubry et Rau, t. VIII, p. 146, n. 44. — Féraud-Giraud, *Jour. du Dr. int pr.* 1880, p. 104. — Bonfils, p. 203. — Fœlix, t. I, p. 345. — Avis du Cons. d'état du 4 juin 1806.

Ion les cas saisir directement les tribunaux répressifs ou intenter l'action civile accessoirement à l'action publique déjà engagée. Bien plus, elle exercera valablement l'action civile séparément de l'action criminelle. Le contraire a été soutenu ; cette action, intentée devant une juridiction civile et ayant pour objet le règlement d'intérêts pécuniaires, doit être régie, a-t-on dit, par le droit commun des actions entre étrangers (1). Nous nous rangeons plutôt à l'opinion contraire défendue par MM. Massé et Vergé (2). Il n'y a pas de raison pour priver l'étranger de la faculté d'exercer l'action civile comme il l'entend ; le forcer à se porter partie civile sur l'action publique serait l'exposer à supporter tous les frais de la poursuite criminelle, sous peine d'être déchu de toute action en France. Dès que l'action civile est accordée à l'étranger il peut en user à son gré suivant le droit commun ; rien ne commande une distinction qui le priverait du droit d'option posé en principe par l'art. 3 Inst. crim.

Cette solution admise, si l'action est intentée séparément, la compétence sera réglée par l'art. 59 Proc. civ. C'est devant le tribunal du domicile ou de la résidence du défendeur que la demande sera portée. Si donc l'étranger défendeur n'a ni domicile ni résidence en France, le demandeur ne pourra l'actionner, à moins de joindre son action à l'action publique, laquelle peut être intentée là où le fait a été commis, ou de saisir directement un tribunal répressif si la nature de l'infraction le lui permet.

Allons plus loin encore. Il n'est pas nécessaire que le fait dommageable constitue un délit caractérisé et prévu par la

1. Fœlix et Demangeat t. I. p. 145, note e.
2. *Droit civil* sur Zachariæ, t. I. p. 87, note 21. — Bordeaux 14 août 1842, S. 43, 2, 216. — Féraud-Giraud, *loc. cit.*

loi pénale pour qu'un étranger en poursuive la réparation devant nos tribunaux contre un autre étranger. L'expression de Lois de police et de sûreté comprend toutes les dispositions ayant pour but la garantie des personnes et des propriétés. Un étranger lésé dans sa personne ou ses biens par un autre étranger obtiendra contre lui des dommages-intérêts en vertu des art. 1382 et suiv. Cod. civ., lors même que le fait ne tomberait pas sous le coup de la loi pénale, à condition toutefois qu'il ait été commis en France (1). Il s'agit ici de la réparation d'une faute délictuelle ; nous n'appliquerions pas ces règles au cas d'une faute simplement contractuelle ; nos tribunaux seraient alors incompétents, sauf l'existence d'une autre cause de compétence.

La souveraineté de l'État s'exerce non seulement sur le sol français, mais encore sur les eaux françaises. Ainsi nos tribunaux connaissent des crimes et délits commis à bord d'un navire étranger stationnant dans un port français, même par les gens de l'équipage entre eux ; il en est ainsi surtout alors que l'intervention de l'autorité locale a été réclamée et que la tranquillité du port a été troublée. Cette compétence ne cesse qu'à l'égard des infractions relatives à la discipline ou à l'administration intérieure du bâtiment (2).

Ces principes ont souvent trouvé leur application pratique en matière d'abordage. Nos juridictions sont compétentes pour connaître même entre deux étrangers de toute action en dommages-intérêts relative à un abordage survenu dans les eaux françaises (3). Il en est ainsi alors que l'accident a

---

1. Demolombe t. I, n° 161, § 1. — Paris, 17 avril 1858, Gaz. du 29 juill.
2. Cass. 25 fév. 150, S. 50. 18. 183.
3. Rouen. 15 nov. 1843, Gaz. des Trib. 18 nov.; Marseille, 25 sept. 1855 ; J. M. 55. 1. 301 ; 3 juin 1867 ; J. M. 67. 1. 217.

eu pour cause une négligence ou une imprudence et même dans le cas où le capitaine abordeur a été acquitté des poursuites exercées contre lui.

Nos lois répressives sont, en général, inapplicables aux crimes et délits commis hors de France (1), surtout par des étrangers. Il est un cas, envisagé par l'art. 7, Inst. crim., où un étranger peut être recherché en France après son arrestation ou son extradition pour des infractions dont il s'est rendu coupable à l'étranger. Cette exception s'explique par le caractère attentatoire à la souveraineté de la France qui ressort des délits visés. Dans les termes de l'art. 7 la compétence de nos tribunaux sera la même pour l'action civile que pour l'action publique. Il arrivera en effet qu'une personne même étrangère ait à souffrir des délits prévus par l'art. 7. Prenons l'exemple d'une contrefaçon de billets de la Banque de France. Un étranger a pu, s'apprêtant à venir en France, se procurer en son pays de ces billets qu'il croyait bons. La contrefaçon en est ensuite reconnue ; il y aura lieu de la part de nos magistrats à une action publique, de la part de l'étranger lésé à une action civile. Le fait délictueux, bien que perpétré hors de France, rentre dans le cadre de l'art. 3 Cod. civ., puisqu'il est atteint par nos lois pénales ; l'assimilation s'impose donc en tous points.

II. — *Mesures urgentes, provisoires ou conservatoires*

Les tribunaux français, incompétents pour le fond dans les questions personnelles et mobilières sont, d'après une jurisprudence constante, aptes à statuer sur les mesures provisoires et conservatoires ayant un caractère d'urgence (2).

1. Code d'instr. cr. art. 6, 7.
2. Félix, t. 1, n° 162 ; Demolombe, t. 1, n° 26 ; Demangeat, Cond. civ. des étr., p. 392 ; S. 65. 2. 237.

C'est en matière de divorce et de séparation de corps que ces sortes de décisions interviennent le plus souvent. On rattache cette compétence à l'ordre public et on la fait découler de l'art. 3 § 1 Cod. civ., et du devoir qu'a l'État d'assurer sur son territoire cet ordre public. Certaines situations soulèvent une véritable question d'humanité, donc d'ordre public. Certes le tribunal ne peut trancher quant au fond, le débat soulevé ; mais sans l'obtention des mesures urgentes qui s'y rapportent, une des parties est exposée à perdre un gage prêt à disparaître, à subir des violences, ou à mourir de faim. Pour rattacher plus étroitement cette matière au principe de l'art. 11 Cod. civ. qui domine toute la question de compétence de nos tribunaux entre étrangers, ne peut-on pas dire que le droit de faire appel à nos tribunaux, qui est d'ordinaire un droit civil, devient un droit naturel quand il s'agit de règlements d'une telle urgence que, faute d'y satisfaire, une partie est exposée à subir un mal considérable dans sa personne ou son patrimoine ? La France qui reçoit les étrangers sur son territoire, peut en général, se désintéresser de leurs querelles ; elle ne saurait le faire dans certain cas et son silence, en paraissant approuver des spoliations ou des violences, donnerait à l'incompétence de nos tribunaux le caractère d'un déni de justice.

Le président du tribunal (ou le juge qui le remplace) et le tribunal, incompétents pour statuer au fond sur une action en divorce ou en séparation de corps entre étrangers, peuvent, nonobstant cette incompétence, ordonner les mesures provisoires et urgentes qui sont relatives soit à la résidence séparée des époux, soit à la garde des enfants, soit à la pension alimentaire (1).

1. Nîmes, arrêt 16 fév. 1892, *Droit* des 3 et 4 oct. ; Paris, arrêt 28 oct. 1892, *Droit* du 8 déc.   5.

Pour être justifiées, il ne suffit pas que ces mesures soient provisoires, il faut qu'elles soient urgentes ou tout au moins déterminées par des circonstances exceptionnelles. L'urgence est en quelque sorte le lien qui rattache cette matière à l'article 3 Cod. civ. C'est elle qui donne à nos pouvoirs publics un motif légitime et humain d'intervenir.

L'urgence est une question de fait. Dans le dernier arrêt cité la Cour a jugé que le président du tribunal avait eu tort d'ordonner ces mesures provisoires, attendu qu'elles ne présentaient pas un caractère d'urgence ou ne résultaient pas de circonstances exceptionnelles. Il s'agissait, en l'espèce d'une femme jouissant d'une certaine indépendance et trouvant dans sa famille des moyens d'existence assurés.

Le grand nombre des décisions qui consacrent le droit d'édicter des mesures provisoires s'explique par le caractère généralement urgent qu'elles présentent, mais ne doit pas nous faire perdre de vue l'existence de cette condition. Ce que nous disions ici à l'occasion de divorce ou de séparation de corps s'applique à toutes autres mesures provisoires.

Il y a généralement urgence à ce qu'il soit statué à bref délai sur la résidence, la pension alimentaire de la femme, et la garde des enfants ; la femme a intérêt à ne plus être tenue de cohabiter avec son mari, car sa sécurité même en dépend peut-être ; le mari de son côté a hâte qu'elle quitte le domicile conjugal ou qu'il lui soit assigné une résidence distincte où il pourra à la fois exercer sur elle le droit de surveillance et lui signifier les actes de la procédure. Cette résidence distincte une fois concédée il faut que la femme vive, et comme dans la plupart des régimes matrimoniaux c'est le mari qui administre ses biens, l'allocation d'une pension alimentaire s'impose; enfin il serait superflu de démontrer l'intérêt puissant qui existe à ce qu'indépendamment même des parties il soit pourvu à la garde des enfants que la corruption menace dans le milieu dépravant d'un ménage troublé.

L'obtention d'une provision *ad litem* rentre-t elle dans les mesures préliminaires que nos juges peuvent édicter à l'égard d'époux étrangers ? La provision *ad litem* consiste en une somme que paye le mari à la femme pour lui permettre de faire face aux frais du procès. Les tribunaux français ne peuvent l'accorder, le procès devant avoir lieu à l'étranger et le coût échappant à leur appréciation. Mais ils sont tenus, à moins de rendre les droits de la femme purement illusoires, de lui allouer une provision pour frais préliminaires de la demande qu'elle formera à charge de justifier dans un bref délai qu'elle a saisi de sa demande le tribunal étranger (1). Il n'y a pas lieu de rechercher si la législation du pays auquel appartient la partie qui la sollicite autorise ou non une provision de cette nature.

Les mesures préliminaires seront parfois insuffisantes à cause même de leur caractère provisoire. Les tribunaux, poussant jusqu'à ses dernières conséquences l'argument d'ordre public ne pourraient-ils pas se croire la faculté, même le devoir de prononcer la séparation de corps ou le divorce ? En ce faisant ils sortiraient de leur rôle ; où s'arrêterait-on alors et comment laisser un champ si vaste à une appréciation qui serait, en pareille matière, toute de sentiment ?

Les tribunaux, en dehors de toute demande en séparation ou divorce peuvent prendre des mesures de sûreté en faveur

1. Seine, 18 août 1881, *Journ. du Dr. int. priv.*, 1881, p. 526; Paris, 2 mars 1889, D. 90. 2. 128; Paris, 8 fév. 1892, *Droit du 9 avril*.

des enfants mineurs, les confier temporairement à l'un des
deux parents ou à un tiers, ou les forcer à rentrer sous l'autorité paternelle qu'ils auraient méconnue (1). De même ils
ordonnent le dépôt en un lieu déterminé des valeurs composant une succession, ou l'emploi des fonds de cette succession si des mineurs même étrangers y sont intéressés (2).
Leur ordre peut même être accompagné d'une sanction pénale.

Nous en dirons autant des mesures provisoires concernant la personne et les biens d'un aliéné, telles que nomination d'un curateur temporaire (3). Selon Fœlix la com-
mission rogatoire d'une juridiction étrangère serait néces-saire
pour justifier semblable mesure. Disons avec M. Laud-
Giraud (4) que cette condition ne s'impose nullement.

Lorsqu'une personne a disparu et ne donne pas de nouvelles, il est une période dite de présomption d'absence pendant laquelle sont édictées des mesures ayant un caractère
provisoire et conservatoire. Les articles 112 à 114 du Code
civil s'appliquent donc aux présumés absents de nationalité
étrangère domiciliés en France et le tribunal saisi pour provoquer ces mesures par des intéressés même étrangers
devra statuer.

Nos tribunaux prescriront encore l'inventaire des dé-
laissés par un étranger en France même s'il est mort à l'é-
tranger et que ses héritiers sont tous étrangers ils feront
apposer les scellés à la requête d'un des cohéritiers, ou
d'un créancier du *de cujus* ; ils nommeront également, s'il le

1. Fœlix, p. 338. — Paris, 10 juillet 1855, S. 55. 2. 678.
2. S. 47. 1. 645; 40. 2. 442. — Seine, 31 mars 1886, *Journ. du Dr. int.
pr.* 1878, p. 420.
3. Fœlix, p. 339. S. 66. 1. 105.
4. *Journ. du Dr. int. pr.* 1880, p. 170.

faut, un administrateur provisoire. Tout cela dit sous réserve des traités qui réservent parfois aux consuls ces droits ou quelques-uns d'entre eux (1). Les scellés seront de même apposés sur des biens situés en France et dépendant d'une communauté alors que la femme poursuit à l'étranger le divorce ou la séparation de corps.

Les mesures provisoires interviennent souvent dans des contestations de nature commerciale. Telle la nomination d'un séquestre en matière de société (2).

III. — *Actes d'exécution.*

Si l'exécution sur des biens situés en France est demandée en vertu d'un titre exécutoire émané des autorités françaises, nul doute qu'elle puisse avoir lieu. Les actes d'exécution tels que saisies seront pratiqués conformément aux lois françaises : si des difficultés s'élèvent entre les parties quant à leur procédure ou quant à l'interprétation du jugement, nos tribunaux seront compétents. Si le titre exécutoire est un acte authentique, son exécution pourra donner lieu à des différends touchant le fond ou la forme de l'acte lui-même et pour lesquels nos juridictions seront compétentes au point de vue de l'exécution.

Supposons un jugement rendu à l'étranger entre deux étrangers. Le condamné a des biens en France. Le gagnant pourra-t-il se prévaloir de ce jugement et pratiquer en France une saisie sur ces biens ? Non, car les jugements rendus par les tribunaux étrangers n'ont pas chez nous de force exécutoire. Décider autrement serait faire échec à la souveraineté de notre État. Un tel jugement, fût-il rendu entre

1. Seine, 31 mars 1876. *Journ. du Dr. int. pr*, 1877, p. 420.
2. Seine, Référés, 1er octobre 1884. *Journ. du Dr. int. pr*. 1885, p. 191

Français, n'a d'autorité chez nous qu'après avoir reçu l'exéquatur. Nos tribunaux sont compétents pour donner l'exéquatur à un jugement étranger, même rendu sur une contestation entre personnes étrangères. Un arrêt de la Cour de Paris (2) a cependant été rendu en sens contraire. L'opinion qui l'inspire trouve un argument dans le droit de révision que, depuis l'arrêt de cassation du 19 avril 1819 la jurisprudence reconnaît à nos tribunaux en matière d'exéquatur. En révisant, peut-on dire, ils jugent de nouveau l'affaire ; donc ils n'ont pas mission de réviser là où ils n'eussent pas eu mission de juger. Ce raisonnement ne nous paraît pas fondé. On ne saurait assimiler au fait de trancher pour la première fois un débat celui de réviser un jugement déjà rendu. Dans ce dernier cas l'examen de l'affaire a lieu à un point de vue spécial, celui de l'exécution en France ; la décision déjà émise facilite singulièrement la tâche de nos juges et atténue leur responsabilité. Il arrivera souvent, au cas notamment où le jugement étranger contient une application de la loi étrangère, que leur examen du fond du procès sera assez rapide et que leur attention se portera plus spécialement sur le point de savoir si la décision rendue ne contient rien de contraire à l'ordre public international. Considérons enfin que le juge français auquel l'exéquatur est demandé ne peut substituer au jugement étranger une décision nouvelle. Ce que les plaideurs sollicitent du tribunal français est donc bien un *pareatis* qu'il accorde ou refuse (2). L'arrêt de Paris fut cassé le 10 mars 1863 (3). L'arrêt de la

1. Arrêt du 15 juin 1861, S. 61. 2. 455.

2. A. Lainé en son cours. — Arrêt Paris, 25 janvier 1886. *France Jud.* IX, 2, 202. Ch. Constant. *Exécut. des jugem. étrang.* p. 95.

3. Cass. S. 63. 1. 203.

Cour suprême porte entre autres motifs que les articles 2123 Cod. civ. et 546 Proc. civ., en soumettant les jugements étrangers à l'exéquatur, n'ont pas distingué ceux rendus entre étrangers et français et ceux rendus entre étrangers (1).

Les doctrines qui posent en principe la compétence des tribunaux français dans les contestations entre étrangers ont fait ressortir les inconvénients pratiques de la théorie de la jurisprudence qui conduit à ce résultat : renvoyer les étrangers devant les tribunaux de leur pays, puis juger de nouveau l'affaire avant d'accorder à la décision rendue la sanction de l'exéquatur. Que de longueurs pour en arriver au point initial, c'est-à-dire à l'examen de l'affaire ! Nous ne contestons pas les ennuis qui résultent pour les plaideurs du principe de l'incompétence de nos tribunaux. Quant à l'assimilation faite entre l'instance de révision et une instance ordinaire, nous renvoyons aux explications déjà données.

En général les jugements étrangers statuant sur l'état et la capacité de leurs nationaux sont exécutoires en France sans besoin d'exéquatur, car ils leur attribuent un statut personnel qui les suit partout ; exceptionnellement cette sanction leur est nécessaire quand ils impliquent des mesures d'exécution sur des biens situés en France, ce qui se présentera notamment pour un jugement de divorce ou séparation de corps (2).

Les actes authentiques passés à l'étranger entre personnes étrangères n'ont pas plus de force en France que les actes sous seing privé ; tous deux n'ont que force probante et non force exécutoire. Un étranger, pour faire exécuter en France

1. Voy. Aubry et Rau, VIII, § 748 bis. — Boutils, loc. cit. n° 208. Demangeat, Cond. civ. des Étr. p. 392.
2. Paris, 6 juill. 1892.

un acte authentique, n'aura d'autre moyen que de demander
à un tribunal français un jugement de condamnation. Ce que
les officiers publics français exécuteront ensuite sera non
pas l'acte authentique mais le jugement. L'acte authentique
étranger n'intervient dans le débat que comme moyen de
preuve. Les tribunaux français, en pareil cas, ne rendent pas
un *pareatis* mais un véritable jugement (1). Une conséquence
importante de cette distinction est que le tribunal saisi ne
sera compétent que si le débat rentre dans un des cas exceptionnels où les tribunaux français doivent juger une contestation entre étrangers.

Les sentences arbitrales doivent, cette règle est générale,
recevoir la sanction d'une ordonnance du président du tribunal pour être exécutoires (Proc. civ. 1020). L'arbitrage
entre étrangers est soumis aux mêmes formalités qu'entre
Français, et le président du tribunal est compétent pour
apposer à la sentence la formule exécutoire. Il examinera
si elle ne contient rien de contraire à l'ordre public international (2).

Toute personne munie d'un titre exécutoire en France a le
droit de procéder à toutes voies d'exécution.

Les diverses saisies se divisent en deux classes : les unes
constituent des voies d'exécution forcée, sont l'exercice d'un
droit certain, prouvé par un titre authentique et revêtu de la
formule exécutoire, et tendent à procurer directement le
paiement au créancier par la vente des biens du débiteur.
Les autres ne sont que des mesures de précaution ; les personnes qui les font n'ont encore qu'un droit prétendu, mais
non prouvé ; elles doivent intenter un procès pour faire con-

1. Colmet-Daage et Glasson. *Leçons de proc. civ.* II, nᵒ 801, p. 203.
2. Toullier, *dr. civ. fr.* X, 87.

naître leur droit de créance ou de propriété et se procurer un titre exécutoire ; le saisissant n'a pas le droit de vendre ; la saisie n'a pour but, en attendant le jugement, que de mettre à l'abri les choses sur lesquelles le saisissant revendique un droit de gage ou de propriété.

Les saisies de la première catégorie, l'étranger les pratiquera valablement s'il a un titre exécutoire en France ; celles de la seconde, il les fera opérer même sans titre, moyennant les autorisations requises ; là où une ordonnance du président doit être obtenue à cet effet, ce magistrat sera compétent pour en délivrer une, même à un étranger désirant agir contre un autre étranger. Mais quant à l'action en justice qui devra ensuite intervenir pour valider la saisie, les règles générales de compétence s'appliquent, et s'il s'élève une contestation touchant l'existence, le montant de la créance, la capacité de contracter des parties, l'interprétation de l'engagement qu'on est en train d'exécuter, si en un mot le tribunal se voit soumettre une question étrangère à sa compétence, il doit non pas statuer, mais impartir au créancier saisissant un délai dans lequel ce dernier justifiera ensuite de poursuites exercées devant les juges compétents sur le fond même du litige.

Une des voies d'exécution qui a donné lieu le plus souvent à des litiges est la saisie-arrêt. Cette mesure, d'abord toute conservatoire, tend ensuite à l'attribution d'une créance au créancier opposant, c'est-à-dire à une exécution (Proc. civ. 547 et suiv.). La procédure de saisie-arrêt commence par un exploit adressé au tiers saisi. Un créancier étranger porteur d'un titre, exécutoire ou non, a le droit de saisir-arrêter en France, pour paiement de ce que lui doit un autre étranger, les valeurs appartenant à ce dernier et qui se trouvent entre les mains d'une autre personne, française ou non (1).

A défaut de titre il pourra en référer au président du tribunal du domicile du débiteur, ou du tiers saisi, pour obtenir une ordonnance autorisant la saisie-arrêt (2).

Jusqu'au jour de la demande en validité, la procédure de saisie-arrêt ne présente qu'un caractère conservatoire et garantit le maintien des sommes dues entre les mains du tiers saisi. Les règles déjà exposées par nous en matière d'actes conservatoires veulent que les actes de cette première période soient accessibles aux étrangers. On ne distingue pas si la créance a été contractée en France ou à l'étranger, si la somme due est payable en France ou non, si le tiers saisi se trouve sur notre territoire ou à l'étranger ; dans tous ces cas indistinctement la saisie-arrêt est permise à tous.

Que dire de la seconde période de la procédure, qui s'ouvre par la demande en validité, et va tendre au paiement direct du créancier saisissant ? Une distinction, que nous n'approuvons pas, a été proposée. La saisie a-t-elle été originairement pratiquée en vertu d'un titre, l'appréciation de la validité de la saisie ne comportant que l'examen de la validité des actes de procédure, le tribunal français sera compétent pour statuer. A-t-elle au contraire suivi une ordonnance du président délivrée à défaut de titre, comme il y aura lieu de constater l'existence même de la créance, le tribunal sera incompétent et cette partie du litige sera portée devant les juges étrangers (2). Cette opinion repose sur des idées trop

1. Fœlix I, n° 162. — Aubry et Rau, VIII, § 748 bis.
2. S. 31. 2. 43 ; 70. 2. 144. — Cass. 23 mars 1868. D. 68. 1. 869.
3. S. 33. 2. 20 ; 33. 2. 243 ; 36. 2.309.

absolues ; il n'est pas vrai de dire qu'un titre, fût-il authentique, ne laisse à trancher que des différends de procédure ; la validité, le montant de la créance feront parfois l'objet de contestations. Réciproquement lorsqu'en l'absence de titre il a fallu l'autorisation du président il arrivera souvent qu'aucun débat ne surgisse quant au fond même du droit et que la créance ne soit contestée d'aucune manière. La distinction proposée n'a donc pas de fondement juridique.

Le tribunal qu'indique l'art. 547 Proc. civ. sera généralement compétent pour décider de la validité de la saisie. Si pourtant cette demande soulève quelque question relative à l'engagement qui motive la saisie-arrêt et sur laquelle nos juridictions n'ont pas mission de se prononcer, le tribunal surseoit à statuer sur la régularité des formes et la validité de la saisie tant que les juges compétents sur le fond du débat n'ont pas résolu la difficulté. Pour que cette question préjudicielle ne retarde pas indéfiniment la solution du litige pendant, le tribunal saisi impartira au créancier saisissant un délai dans lequel il devra sous peine de déchéance, justifier de poursuites par lui exercées devant les juges compétents sur le fond même du procès (1).

Ainsi le tribunal français devra annuler la saisie, mais seulement si la mauvaise volonté du créancier saisissant ressort de sa négligence à porter la partie préjudicielle du débat aux tribunaux étrangers. Le tribunal français ne doit pas, sous prétexte de son incompétence sur la question de fond, prononcer la nullité de la saisie. Cette doctrine a cependant été soutenue (2). Un arrêt de la cour de Paris du 24 avril 1841, auquel nous renvoyons en note, a reproché

1. Seine 8 mars 1890, *Droit* du 22 mai 1890.
2. Gand, n° 187. — S. 18. 2. 58 ; 41. 2. 537 ; 44. 2. 491.

au tribunal, en se déclarant incompétent, de n'avoir pas, en vertu de l'art 565 Proc. civ. prononcé la nullité de la saisie, bien que cette nullité parût être une conséquence nécessaire de la déclaration d'incompétence, puisque une saisie-arrêt ne peut avoir effet en France qu'autant qu'elle est suivie d'une déclaration de validité prononcée par les tribunaux. Ceci est une sorte de cercle vicieux. En somme le tribunal français est compétent pour statuer sur la validité de l'opposition, mais ne peut le faire qu'après examen de la question d'existence ou de validité de la créance. C'est une question préjudicielle qui donne lieu à un sursis, non à un dessaisissement de la juridiction française. Annuler la saisie serait en quelque sorte résoudre une difficulté que le tribunal se déclare lui-même incompétent pour juger. Aussi la jurisprudence est-elle fixée ainsi que la majorité de la doctrine en ce sens que le rôle du tribunal qui se voit soumettre à l'occasion de la saisie-arrêt un débat étranger à sa compétence doit non pas annuler la saisie-arrêt, mais surseoir (1).

En matière de saisie foraine, l'art. 822 Proc. civ. est regardé comme l'art. 557 Proc. civ. comme s'appliquant aux Français et aux étrangers pour ce qui concerne les mesures conservatoires. La saisie peut être pratiquée ; les tribunaux ont compétence pour statuer sur la régularité de la procédure, mais ne peuvent en principe juger le fond du droit ; en un mot les mêmes règles seront observées qu'en matière de saisie-arrêt.

1. Demangeat sur Fœlix, I, n° 163, p. 341, note a. — Bonfils, p.177. — Massé et Vergé sur Zachariæ, t. I, § 62. — S. 33. 2. 43 ; 50. 2. 462 ; 56. 2. 170 ; 68. 1. 328 ; 76. 2. 145.—D. 46. 4. 273.—Lachau *Comp. des tr. fr à l'ég. des Etr.* p. 42.

IV. — REVENDICATION DES MEUBLES PERDUS OU VOLÉS. — PRIVILÈGES SUR LES MEUBLES.

La jurisprudence qui soumet en général les actions réelles mobilières aux règles de compétence des actions personnelles mobilières, fait exception pour quelques-unes d'entre elles ; nous venons d'étudier celles relatives aux voies d'exécution sur des objets mobiliers. Nous devons y joindre les actions engagées à raison d'un privilège sur les meubles, et les actions en revendication d'objets perdus ou volés, car ↓a compétence en ces matères est d'ordre public et dérive de l'art. 3 § 1 Cod. civ. ainsi que des devoirs que crée pour l'Etat la souveraineté dont il jouit sur son territoire. Le principe qu'un créancier a sur les biens de son débiteur un droit de gage général est d'ordre public, et nous avons reconnu à l'étranger muni d'un titre exécutoire la faculté de poursuivre contre son débiteur le paiement qui lui est dû. De même les exceptions apportées par nos lois au principe de l'égalité des créanciers à l'encontre des biens d'un même débiteur seront d'ordre public, et quand une cause de préférence sera édictée en faveur d'un créancier, il est juste que l'étranger en profite de même qu'il est exposé à la subir ; nos tribunaux appliqueront la loi française même à l'égard d'étrangers ; en un mot, et c'est le point qui nous préoccupe, ils seront compétents. Que dire de la règle « En fait de meubles la possession vaut titre » ? Ce principe, dit Laurent (1), est fondé sur l'intérêt du commerce, ce qui est un intérêt vital pour l'Etat. De même l'exception au principe, qui permet de poursuivre pendant un certain délai un meuble

1. *Droit civ.* 1, n° 121.

perdu ou volé, et de l'atteindre même entre les mains d'un acquéreur de bonne foi, est d'ordre public. C'est surtout en cas de vol qu'apparaît la nécessité d'accorder l'action à toute personne française ou non. Alors que de l'aveu de tous, l'étranger doit pouvoir en France obtenir justice d'un délit qui le lèse, comment lui refuser la satisfaction la plus précieuse,celle de recouvrer le bien lui-même qu'une fraude lui a fait perdre ?

C'est à l'occasion de titres perdus ou volés que les contestations les plus fréquentes se sont produites, sous forme de revendication de valeurs au porteur françaises et étrangères (1). Les textes législaiifs qui règlent cette matière sont les articles 2279 et 2280, Cod. civ.

La jurisprudence regarde ces dispositions comme d'ordre public, à cause de l'intérêt qui s'attache au crédit public. Les demandes en revendication ou en main-levée d'opposition qui se fondent sur ces textes sont assimilées à celles visées par l'art. 3 § 1, Cod. civ., qui donne attribution de juridiction aux tribunaux français quelle que soit la nationalité des plaideurs. Citons quelques espèces. Des titres au porteur français ont été négociés à l'étranger et une opposition a été faite en France (2). Ou bien des titres au porteurs étrangers ont été perdus ou volés et négociés en France après l'opposition (3). Enfin des titres étrangers ont été négociés à l'étranger après l'opposition faite en France (4).

1. Lachau, *loc. cit.* p. 87.
2. Seine, 8 août 1885. *Journal du Dr. int. pr.* 1885, p. 681.
3. Cass. req. 13 fév. 1884. D. 84. 1. 205.
4. Paris, 15 juillet 1885. *Journal la Loi* du 19 sept. 1885.

V. — Actions fondées sur des mesures administratives et protectrices édictées sur le territoire français.

Il est des mesures destinées à assurer la protection de certaines sortes de propriétés dont l'objet même échappe aux sens et qui n'en ont que plus besoin d'être réglementées et défendues. Telle est la propriété littéraire, artistique, industrielle. Telle est aussi une propriété commune à tous, celle de l'état-civil ; la constatation de l'état civil des personnes est assuré par des registres dont la tenue et la conservation intéresse au plus haut point l'ordre public.

Il faut, sur chacune de ces matières, examiner notre législation, formée en grande partie de lois postérieures au code civil.

Brevets d'invention. — La loi du 5 juillet 1844 concède à l'étranger le droit d'obtenir des brevets en France et donne expressément compétence à nos juridictions pour faire respecter à l'égard de toutes personnes les lois relatives à la propriété des brevets d'invention. Un arrêt de Paris (1), appliquant ces règles, en donne en termes excellents la raison juridique. « Attendu que la délivrance d'un brevet est un acte de la puissance publique, que les tribunaux français sont essentiellement compétents pour connaître des conditions et des circonstances dans lesquelles un tel acte a été sollicité et obtenu et pour décider si son bénéfice doit être maintenu au breveté ; qu'il importe peu que les parties entre lesquelles a été soulevée la question de validité du brevet soient toutes deux étrangères ; que le principe que les tribunaux français ne sont point en matière personnelle et mobilière, tenus de juger entre étrangers, ne peut recevoir d'application lors-

1. Arrêt 26 juillet. 1879. D. 80. 2. 39.

qu'il s'agit d'intérêts de droit public et d'actes émanés de l'autorité souveraine ; qu'un brevet constitue un droit d'ordre public, créant un privilège sur toute l'étendue du territoire et s'imposant au respect de tous par les dispositions pénales qui répriment la contrefaçon ; qu'il est impossible d'admettre que les contestations auxquelles l'exercice d'une telle prérogative gouvernementale peut donner naissance, même entre particuliers, soient renvoyées à l'appréciation d'une juridiction étrangère et qu'une autre justice que la justice nationale soit appelée à se prononcer sur le maintien ou la suppression d'un monopole concédé par les pouvoirs nationaux et sur l'application d'une loi répressive.... etc. »

Propriété industrielle ; marques de fabrique. — La loi du 26 novembre 1873, combinée avec celle du 23 juin 1857, permet aux étrangers qui réalisent certaines conditions d'invoquer nos lois protectrices de la propriété industrielle et de jouir en France du bénéfice qui résulte des marques de fabrique. Il faut pour cela ou bien que l'étranger ait en France un établissement d'industrie ou de commerce ; ou qu'il appartienne à un pays dans lequel le Français est investi de droits égaux par les lois ou les traités. L'étranger appartenant à l'une de ces catégories peut se réserver l'usage d'une marque en France en effectuant le dépôt de la façon requise. Ce dépôt rend possibles les poursuites correctionnelles à raison de la contrefaçon ou de l'usurpation de la marque.

Propriété littéraire. — Quant à la propriété littéraire, un certain nombre de dispositions législatives (Décrets des 19 juill. 1793, 5 fév. 1810, 28 mars 1852) donnent aux étrangers une situation presque égale à celle des Français pour invoquer la compétence de nos juridictions relativement à la protection des œuvres littéraires et artistiques.

Des controverses se sont élevées sur la nature des lois protectrices de la propriété littéraire et industrielle. La jurisprudence les considère comme rentrant dans le droit civil *stricto sensu*. C'est dire, en adoptant l'interprétation la plus usitée de l'art. 11 Cod. civ. que les étrangers ne sont pas admis de plein droit au bénéfice de ces lois et qu'il faut une disposition législative expresse pour leur permettre d'y prétendre. Quelle que soit sur ce point la doctrine admise, dès que des étrangers jouiront en France d'un droit touchant à la propriété littéraire ou industrielle, la compétence de nos tribunaux dans les contestations relatives à ce droit s'imposera même à l'égard de deux étrangers. Car. à supposer que les étrangers puissent être privés de la jouissance de ces droits, un point nous paraît certain, c'est que, dès qu'ils l'ont obtenue, la protection en devient d'ordre public. Or cette protection n'existe que moyennant une sanction, qui est la possibilité de plaider.

Demande en rectification d'actes de l'état civil. — Lorsque, à une demande en rectification d'un acte de l'état civil dressé en France ne se mêle aucune question d'état, nos tribunaux sont certainement compétents pour statuer, quelle que soit la nationalité des parties en cause. La tenue exacte des registres de l'état civil intéresse l'ordre public et l'État en a, par le fait même de sa souveraineté, la surveillance exclusive (1).

Nous venons de passer en revue les cas où la compétence de nos tribunaux est fondée sur la souveraineté qu'exerce l'État en vue d'assurer le bon ordre. Il est toute une catégorie d'actions, celles relatives à des aliments, sur lesquel-

1. Paris, 3 mai 1889. *Droit* du 16 mai.

6.

les place un doute dans la jurisprudence et la doctrine.

Selon un premier système, le droit aux aliments découle
du droit naturel ; une des lois de police les plus obligatoires
pour les étrangers est l'obligation alimentaire entre proches
parents ; soutenir ceux qu'un étroit lien de sang vous unit
est un devoir fondé sur l'humanité, le droit les gens et im-
posé aux membres d'une même famille dans tous les pays civilisés ; peu importe la nationalité des plaideurs ; il y a un
motif d'ordre public à satisfaire ; nos tribunaux sont compétents même entre étrangers simplement résidents (1).

Un second système est également appliqué dans nombre
de décisions, dont quelques-unes très récentes. Le droit
aux aliments n'est pas d'ordre public international. La preuve
en est que les législations étrangères diffèrent sur ces
questions, et que certaines d'entre elles ne reconnaissent
même pas de dette alimentaire. Les demandes d'aliments,
demandes personnelles ordinaires et de pur intérêt privé,
sont donc régies par le droit commun, qui est l'incompétence (2). Evitons bien entendu de confondre ces demandes
principales en aliments avec les demandes en pension alimentaire provisoires et accessoires à une autre action telle
que l'action en divorce ou en séparation de corps ; dans
cette dernière hypothèse nos tribunaux se déclarent compétents, vu le caractère urgent et provisoire de l'affaire. Au cas
même d'une demande principale en pension alimentaire, nos
juges seraient autorisés à statuer si les circonstances don-

1. Seine 10 mai 1876 gaz. des Tr. du 15 juin ; 20 juill. 1878, Paris 3 août
1878, Journ. Dr int. pr. 1878. p. 498 ; Seine, 3 mai 1879 Droit du 11
juin.
2. Paris, 24 août 1875. Droit du 9 oct. S. 76. 2. 212.

naient à la cause un caractère d'urgence réclamant, dans l'intérêt de la vie même d'une personne, une solution immédiate (1). Mais le tribunal devra se garder alors de rendre une décision définitive, et se bornera à édicter une mesure provisoire mettant temporairement à l'abri l'existence du demandeur et lui offrant les moyens de chercher à l'étranger la solution définitive du litige (2).

Nous aurons dans cette étude l'occasion de traiter des matières qui se rattachent à l'ordre public en France mais que nous avons cru devoir, par la logique des rapprochements, examiner en d'autres paragraphes. Telle est notamment la faillite, dont l'explication viendra à la suite des matières commerciales.

§ 3. —ACTIONS RELATIVES AUX IMMEUBLES SITUÉS EN FRANCE.

Les tribunaux français ont pleine compétence pour statuer sur les actions concernant les immeubles sis en France. Aux termes de l'art. 3, al. 2 Cod. civ., les immeubles même ceux possédés par des étrangers, sont régis par la loi française. L'immeuble, comme le sol auquel il attient, est sous la souveraineté de l'Etat et n'échappe ni aux lois de cet Eat, ni à la compétence de ses juridictions. Le second alinéa de l'art. 3 nous montre la souveraineté de l'Etat s'exerçant sur le territoire et les accessoires immobiliers qui en dépendent, de même que le premier alinéa nous la présente s'exerçant sur les personnes et les choses dans la mesure où l'ordre public l'exige. Dans un cas comme dans l'autre, la compétence de nos tribunaux s'impose. Entre toutes les juridictions

1. Féraud-Giraud. *Journ. du Droit int. pr.* 1888, p. 169.

2. Les demandes en réintégration de domicile conjugal donnent lieu aux mêmes controverses et à la même diversité de décisions.

de France, celle spécialement compétente est le tribunal
de la situation de l'immeuble (Proc. civ. 59 - 3°) (1). La
compétence se détermine ici par l'immeuble litigieux et non
par les personnes. Nos tribunaux seraient compétents même
relativement à un immeuble appartenant à des Etats ou des
souverains étrangers. En tant que propriétaires ils deviennent personnes privées, car leur immunité disparaît devant
l'immeuble, que régit la souveraineté française.

Portalis explique, dans l'exposé des motifs du Code civil, ce
qu'il faut entendre par le *domaine éminent* du souverain,
qu'on ne doit pas confondre avec le droit de propriété. Au
particulier appartient la propriété, au souverain l'empire.
Le domaine éminent se traduit aujourd'hui par le fait pour la
puissance publique de régler la condition et les modes de
transmission des biens, de lever des impôts sur ces biens et,
moyennant indemnité d'en exproprier les propriétaires pour
motifs d'utilité publique.

La compétence de nos juridictions en matière immobilière
a toujours été reconnue. Elle existait dans l'ancien droit,
ainsi qu'en témoigne le passage suivant de Boullenois.

« M. Cujas observe..... et Joannes Galli, que nous avons
dit ci-dessus ne pas admettre qu'un étranger en matière personnelle puisse être cité dans le royaume, dit qu'on le peut
en matière hypothécaire..... C'est par la raison de la réalité
et de la situation des biens que le Parlement de Paris jugea
qu'il avait été mal, nullement et incompétemment ordonné
et exécuté dans l'espèce que voici..... » Puis l'auteur rapporte
l'espèce. Il s'agissait d'une succession comprenant des immeubles les uns en France les autres en Savoie. Un procès a

1. S. 18. 2. 200. — Merlin, *Rép. Compétence* § 5, no 9. — Fœlix, no 135.

lieu devant le parlement de Turin ; et le gagnant exécute
l'arrêt de ce parlement sur les immeubles sis en France,
après *pareatis* accordé par le lieutenant-général de la situation de ces immeubles. Le perdant en appelle au parlement
de Paris, qui lui donne raison. Boullenois insiste sur la sagesse de l'arrêt de Paris : « Le roi de Savoie avait-il quelque
autorité sur des biens situés en France ? En pouvait-il ordonner le partage ? Mais indépendamment de ce moyen supérieur et fondé dans le droit des gens, qui est qu'une
puissance étrangère n'a point d'autorité sur une autre puissance, il en est un autre moral et fondé dans les principes
d'équité qui est que les biens sont assujettis aux ordonnances,
aux coutumes et aux lois qui ont lieu dans leur situation »(1).

La souveraineté de l'Etat est donc intéressée aux trans-
missions et aux démembrements des biens immobiliers. Nos
tribunaux connaîtront, même entre étrangers, de toutes
actions relatives aux immeubles, qu'elles soient pétitoires ou
possessoires, réelles ou mixtes. Nous n'avons pas à rechercher ici ce qu'il faut entendre par actions mixtes. Disons
seulement que des controverses se sont élevées sur ce point
et que nous croyons devoir comprendre dans cette catégorie
non seulement les actions connues sous ce nom dans le
droit romain, mais encore : 1° Les actions ayant pour objet
l'exécution d'un contrat ou d'un acte translatif de propriété
ou autre droit immobilier, telles que l'action en délivrance
d'une chose léguée ou vendue ; 2° Les actions en nullité,
résolution, rescision, réduction d'une aliénation d'immeuble
ou d'une constitution de droits réels immobiliers, telles que

1. Boullenois. *Traité de la Personnalité et réalité des Lois*, 1, p. 623
et suiv.

l'action en résolution de la vente pour défaut de paiement du prix ou l'action en réméré (1).

Sont du ressort de nos juridictions les litiges sur la propriété ou la possession d'un immeuble sis en France; de même les contestations sur les droits provenant d'un démembrement de la propriété, tels que droits d'usage, habitation, usufruit, servitude.

Mais restent en dehors des règles de compétence de ce paragraphe tous les litiges étrangers à la propriété ou à la possession d'un immeuble. Il est notamment une action très fréquente, intéressant un immeuble, et qui n'est cependant, d'après la solution généralement admise, ni réelle ni mixte : c'est l'action qui dérive du contrat de louage. Si nos tribunaux se reconnaissent compétents dans les questions de baux d'immeubles passés entre étrangers en France, c'est non pas en vertu de l'art. 3 al. 2 Cod. civ., mais par une toute autre considération; les étrangers en contractant bail en France et en s'y établissant sont regardés comme se soumettant implicitement à la compétence des tribunaux français (2).

Passons en revue les principales actions réelles ou mixtes pour lesquelles nos tribunaux se sont en fait déclarés compétents.

Succession immobilière. — Des litiges peuvent surgir quant à une succession *ab intestat* ou testamentaire de biens immobiliers; nos tribunaux en ont la connaissance exclusive, même si le *de cujus* est mort domicilié à l'étranger (3). La compétence française embrasse toutes les con-

1. *Leçons de procédure* de Boitard, Colmet-Daage et Glasson, 1, nº 133.
2. Lille, trib. de paix, 18 déc. 1889.
3. Cass. S. 37. 1. 105; 65. 1. 175. S. 1807. 2. 044; 18. 2. 290. — Fœlix, 1, 160, p. 335.

testations relatives au partage, au paiement des dettes successorales, aux rapports entre cohéritiers, et à la réserve de certains successibles privilégiés.

On pourrait chercher à tirer de l'art. 59 al. 6 proc. civ., un argument *a contrario;* ce texte attribue compétence, en matière successorale, au tribunal du lieu de l'ouverture de la succession; ses termes n'impliquent nullement renonciation de nos tribunaux à juger les différends nés à l'occasion d'une succession ouverte à l'étranger. L'article ne prévoit et ne vise que les successions ouvertes en France et si celles ouvertes à l'étranger comprennent des immeubles situés en France, aucune règle ne prévaut contre la souveraineté de l'Etat sur ces biens (1). Dès que des biens immobiliers situés sur notre territoire sont en jeu, peu importe le lieu de l'ouverture de la succession et la nationalité du *de cujus,* qu'il laisse ou non un testament.

Donations immobilières. — Actions hypothécaires. — Citons aussi les demandes touchant des donations immobilières de biens sis en France (2), et les actions hypothécaires (3). Un tribunal jugerait valablement une demande en main-levée d'inscription hypothécaire prise sur un immeuble sis en France même en vertu d'un contrat passé entre étrangers hors de France, et encore que l'affaire soulèverait des questions de comptes (4).

Par une conséquence naturelle de l'art. 3, les immeubles possédés à l'étranger même par des Français sont régis par

1. Paris, 31 déc. 1889 et Seine 9 août 1887. *Droit* du 8 janv. 1890 et D. 91. 2. 41.
2. Cass. 22 mars 1865. D. 65. 1. 127.
3. Seine, 17 fév. 1885. *Journ. du Dr. Int. pr.* 1885, p. 437; 22 déc. 1881, *Journ. du Dr. Int. pr.* 1882, p. 414.
4. D. 47. 2. 43.

la loi étrangère et relèvent de la compétence des juridictions du lieu de la situation. C'est un effet de la souveraineté de chaque Etat sur son territoire, et les nations doivent de bonne grâce l'accepter, n'ayant d'ailleurs aucun
moyen d'empêcher les Etats voisins d'édicter la compétence de leurs tribunaux et l'application de leurs lois quant
aux immeubles situés sur leur territoire. Nous trouvons et
dans notre ancien droit et dans le droit moderne des exemples de cette incompétence basée sur la souveraineté des
autres nations.

« Si nous ne souffrons pas — dit Boullenois — qu'en matière réelle les jugements rendus dans les pays étrangers
aient aucune autorité en France, nous ne prétendons pas
pareillement avoir droit de connaître des biens situés
dans les pays étrangers. Le Parlement de Paris en donna
un exemple authentique par arrêt de 1570... car la Cour
ayant rendu un arrêt en 1568 qui réglait apparemment un
partage de biens et duquel on voulait faire usage pour les
biens même situés en Lorraine, elle rendit un arrêt (1er mars
1570) par lequel elle déclara que par son arrêt précéden[t]
elle n'avait pas entendu prendre connaissance des biens
situés en la souveraineté du duc de Lorraine... Et en conséquence de ce, elle ordonna que la cause sur l'appel inter-
jeté des jugements donnés en Lorraine serait rayée du
rôle (1) ».

Dans notre droit moderne, les tribunaux français refusent
de juger les actions réelles concernant des immeubles sis à
l'étranger, quelle que soit la nationalité des parties (2); l'in-

1. Boullenois. *Tr. de la Pers. et Réal. des Lois*, 1, p. 625.
2. Seine, 0 juin 1885. *Journ. du Dr. Int. pr.*, 1886, p. 596. — Cass.
req., 6 janv. 1841. S. 41. 1. 23.

compétence est en pareil cas absolue. Mais nos juridictions pourraient être compétentes pour des actions mixtes relatives à des immeubles sis à l'étranger (1).

§ 4. — MATIÈRES COMMERCIALES

Dans notre ancien droit, la compétence des tribunaux dans les contestations commerciales entre étrangers se fondait sur l'art 17 du titre 12 de l'Ordonnance de 1673 et sur l'art. 5 du titre 11 de l'ordonnance de 1681 (2).

La règle de compétence de l'ancien droit semblait à l'origine limitée aux engagements pris en foire ; elle fut étendue à tous les actes commerciaux passés en France.

Actuellement l'art. 420 Proc. civ., placé dans le titre de la procédure devant les tribunaux de commerce, a une portée générale. Doit-on en tirer une attribution de compétence à nos tribunaux de commerce pour les contestations de nature commerciale entre étrangers? Que dit l'art. 420 Proc. civ.? Que le demandeur pourra assigner à son choix :

1° Devant le tribunal du domicile du défendeur;

2° Devant celui dans l'arrondissement duquel la promesse a été faite et la marchandise livrée ;

3° Devant celui dans l'arrondissement duquel le paiement devait être effectué.

Certes ce texte n'établit aucune distinction entre Français et étrangers; mais n'est-ce pas là le fait de toutes les dispositions qui règlent la compétence? En est-il une qui vise ou exclue expressément les étrangers? Malheureusement

1. Cass. req , 9 nov. 1868. S. 69. 1. 122. L'arrêt d'appel avait prononcé la résolution pour défaut de paiement du prix, d'une vente de mines situées en Espagne.
2. Boullenois, *loc. cit.*, I, 607.

non, car notre matière s'en trouverait singulièrement faci-
litéé. L'art. 420 Proc. civ. ne parle pas plus des étrangers
que l'art. 59 du même code. Et cependant la jurisprudence
ne pose-t-elle pas en principe l'incompétence de nos juridictions entre étrangers en matière civile? Pourquoi décider
autrement en matière commerciale; est-il quelque raison
déterminante spéciale au commerce? Mais c'est alors celle-
là qu'il faut invoquer et non un texte édicté pour nos nationaux, en dehors de tout souci de la question qui nous
occupe. Laurent (1), un des champions les plus énergiques
de la compétence générale des tribunaux français dans les
contestations entre étrangers, se prévaut du raisonnement
inconséquent que nos juridictions doivent subir et consacrer
pour n'être pas forcées de se dessaisir des litiges commerciaux. Le savant professeur belge, il faut le reconnaître, ne
manque pas de bonnes raisons pour combattre cet argument
de l'art. 420 Proc. civ. qui n'est à vrai dire qu'un expédient.

Mais cet expédient est-il vraiment nécessaire? Ne trouvons-nous dans nos lois aucun texte ou à défaut de texte,
aucun principe d'équité qui fournisse une base moins fra-
gile à la compétence de nos tribunaux? Car, avouons-le,
cette compétence répond à une nécessité pratique telle
qu'on en est réduit, contrairement aux habitudes logiques de
raisonnement, à accepter le principe avant d'en avoir trouvé
la justification.

Marcadé, et nombre d'auteurs, font tomber les commerçants sous le coup d'une présomption légale. A raison de
la célérité qu'exige le commerce, ils sont censés consentir
à être jugés, le cas échéant, par les tribunaux du pays où

1. *Droit civil*, I, 441.

ils se livrent au commerce. Sans insister sur ce qu'il y a d'arbitraire à créer une présomption légale sans loi, nous nous refusons à en déduire, à supposer qu'elle fût exacte, la compétence positive de nos juridictions. L'intention qu'ont les plaideurs de se soumettre à notre justice peut bien équivaloir à un abandon anticipé de leur exception d'incompétence, mais laisse intact le pouvoir facultatif qui appartient au tribunal de se dessaisir. Ainsi la présomption en question serait impuissante à produire autre chose qu'une compétence facultative. La jurisprudence a longtemps été fixée dans ce sens, et la Cour de cassation laissait au tribunaux la faculté de statuer à leur gré sur les contestations commerciales, sans les y obliger sous peine de déni de justice (1).

Un arrêt du rejet de 24 avril 1827 considère les actes de commerce comme des contrats de droit des gens soumis comme tels dans leur exécution aux lois et tribunaux du pays où ils ont été passés. Certes les contrats commerciaux sont de droit des gens, de même que les contrats correspondants du droit civil. Une vente, qu'elle soit civile ou commerciale, rentre à coup sûr dans le droit des gens. Si un procès en résulte, est-ce un motif pour attribuer compétence aux tribunaux français ? En somme il faut préciser qu'est-ce qui est de droit des gens : la faculté de passer une convention ou la faculté de s'en référer pour les différends qu'elle fait naître, aux juridictions du pays. Le droit de contracter peut être un droit naturel, sans que le droit d'ester en justice à raison des contrats en soit un.

Enfin les auteurs (2) ont fait appel à l'art. 3 Cod. civ. dont

1. Cass. req. 11 mars 1807, D. *Rép.* v° *Comp. civ. des trib. d'arr.* n° 227; 8 avril 1018. D. *Rép. Dr. civ.* n° 340 — D. *Rép. Dr. c.*, n° 338. — Marcadé. *Expl. du Code Nap.* 1, n° 142.

2. Demolombe. 1, 261, — Pardessus. *Droit Commerc.* IV, 1477.

il essayent de renforcer l'art. 420 Proc. civ. Le règlement des litiges commerciaux n'importe-t-il pas à l'ordre public ? N'est-ce pas une loi de police ? Une objection a été faite à ce raisonnement : Pourquoi ériger en loi de police la compétence en matière commerciale et non celle en matière civile? Cette critique n'est pas tout à fait fondée, car les conventions commerciales se signalent entre toutes par des traits distinctifs assez accentués pour justifier un traitement différent. L'explication qui rattache la compétence commerciale à l'art. 3 Cod. civ. et aux lois d'ordre public, bien qu'elle prête une singulière élasticité à ce texte et aux expressions d'ordre public et de police, nous paraît se rapprocher plus de la vérité que les précédentes. Encore est-il nécessaire, tant il plane de vague sur ces mots si usités d'ordre public, d'ajouter quelques développement dont, résulte au moins pour la compétence un fondement de nécessité pratique et d'équité.

Les étrangers viennent en grand nombre se livrer en France au commerce, sous la protection et la surveillance de nos autorités, sous l'égide de nos lois; leur action, le lien que leur présence établit entre notre pays et les autres nations contribuent, dans une certaine mesure, à l'accroissement de la prospérité nationale. Les éloigner de nous serait, sous l'apparence trompeuse d'un service rendu aux concurrents français, fermer à la France les grands marchés du monde, l'isoler et par suite l'appauvrir. Or le plus sûr moyen d'atteindre ce but désastreux serait sans contredit de refuser notre justice aux négociants étrangers. Les contestations commerciales ont, par leur nature, besoin de promptes solutions ; le seul retard cause un préjudice aux parties. Mais supposons même, ce qui est rare en fait, un procès commercial ne réclamant pas l'urgence. Quel serait l'effet d'un refus de statuer opposé par nos tribunaux ? Serait-ce seulement de retarder l'affaire ? Les plaideurs trouveront-ils où porter leur débat, et les justices étrangères seront-elles mieux disposées ? Les commerçants sont plus exposés que les civils à des contestations; le fait de plaider, exceptionnel pour les uns, est le résultat forcé des affaires dont font métier les autres. Refuser aux commerçants étrangers, entre eux, la justice, c'est en réalité mettre une barrière au négoce international. C'est au nom de cet intérêt supérieur qui peut, tant il présente de gravité, être considéré comme d'ordre public, qu'il faudrait réclamer pour eux la compétence de nos tribunaux, si cette cause n'était pas depuis longtemps gagnée.

En effet jurisprudence et auteurs s'accordent sur le principe de la compétence des juridictions françaises entre étrangers dans les matières commerciales qu'ils justifient de façons différentes, le plus communément en regardant l'art. 420 Proc. civ. comme attributif de compétence entre toutes personnes (1).

La compétence, fondée sur un intérêt général, est positive et non facultative ; ce n'est pas une simple faculté, mais une obligation pour les tribunaux de commerce français régulièlièrement saisis, de connaitre des litiges commerciaux dans lesquels les étrangers sont seuls intéressés (2).

La compétence générale une fois établie, on n'a, pour la compétence spéciale qu'à se référer à l'art. 420 Proc. civ

---

1. Merlin. *Rép.* v° *Etranger*, §2, — Delvincourt. t. I, p. 100.— Toullier. t., n° 265, — Pardessus *Dr. commerc.* VI, 1477, — Aubry, et Rau, VIII § 748 bis. p. 146. — Fœlix t. I, n° 156.— Demangeat. *cond. des. Et*. p. 391 — S. 73. 2. 265 ; 74. 2. 13; 76. 1. 213. — Lachau. *loc. cit.* p. 100.

2. Tr. de comm. Seine. 25 mai 1869, *Loi* du 16 juin.

il essayent de renforcer l'art. 420 Proc. civ. Le règlement des litiges commerciaux n'importe-t-il pas à l'ordre public ? N'est ce pas une loi de police ? Une objection a été faite à ce raisonnement: Pourquoi ériger en loi de police la compétence en matière commerciale et non celle en matière civile? Cette critique n'est pas tout à fait fondée, car les conventions commerciales se signalent entre toutes par des traits distinctifs assez accentués pour justifier un traitement différent. L'explication qui rattache la compétence commerciale à l'art. 3 Cod. civ. et aux lois d'ordre public, bien qu'elle prête une singulière élasticité à ce texte et aux expressions d'ordre public et de police, nous paraît se rapprocher plus de la vérité que les précédentes. Encore est-il nécessaire, tant il plane de vague sur ces mots si usités d'ordre public, d'ajouter quelques développement dont, résulte au moins pour la compétence un fondement de nécessité pratique et d'équité.

Les étrangers viennent en grand nombre se livrer en France au commerce, sous la protection et la surveillance de nos autorités, sous l'égide de nos lois; leur action, le lien que leur présence établit entre notre pays et les autres nations contribuent, dans une certaine mesure, à l'accroissement de la prospérité nationale. Les éloigner de nous serait, sous l'apparence trompeuse d'un service rendu aux concurrents français, fermer à la France les grands marchés du monde, l'isoler et par suite l'appauvrir. Or le plus sûr moyen d'atteindre ce but désastreux serait sans contredit de refuser notre justice aux négociants étrangers. Les contestations commerciales ont, par leur nature, besoin de promptes solutions ; le seul retard cause un préjudice aux parties. Mais supposons même, ce qui est rare en fait, un procès commercial ne réclamant pas l'urgence. Quel serait l'effet d'un refus de statuer opposé par nos tribunaux ? Serait-ce seulement de retarder l'affaire ? Les plaideurs trouveront-ils où porter leur débat, et les justices étrangères seront-elles mieux disposées ? Les commerçants sont plus exposés que les civils à des contestations; le fait de plaider, exceptionnel pour les uns, est le résultat forcé des affaires dont font métier les autres. Refuser aux commerçants étrangers, entre eux, la justice, c'est en réalité mettre une barrière au négoce international. C'est au nom de cet intérêt supérieur qui peut, tant il présente de gravité, être considéré comme d'ordre public, qu'il faudrait réclamer pour eux la compétence de nos tribunaux, si cette cause n'était pas depuis longtemps gagnée.

En effet jurisprudence et auteurs s'accordent sur le principe de la compétence des juridictions françaises entre étrangers dans les matières commerciales qu'ils justifient de façons différentes, le plus communément en regardant l'art. 420 Proc. civ. comme attributif de compétence entre toutes personnes (1).

La compétence, fondée sur un intérêt général, est positive et non facultative ; ce n'est pas une simple faculté, mais une obligation pour les tribunaux de commerce français régulièrement saisis, de connaître des litiges commerciaux dans lesquels les étrangers sont seuls intéressés (2).

La compétence générale une fois établie, on n'a, pour la compétence spéciale qu'à se référer à l'art. 420 Proc. civ

1. Merlin. *Rép.* v° *Etranger*, §2, — Delvincourt. t. 1. p. 100.— Toullier. t., n° 265, — Pardessus *Dr. commerc.* VI. 1477. — Aubry, et Rau, VIII § 748 bis. p. 146. — Foelix t. 1. n° 156. — Demangeat. *cond. des. Etr.* p. 301 — S. 73. 2. 265 ; 74. 2. 13 ; 76. 1. 213. — Lachau. *loc. cit.* p. 100.

2. Tr. de comm. Seine. 25 mai 1889, *Loi* du 16 juin.

Peu importe d'ailleurs que les commerçants résident en France ou à l'étranger pourvu qu'une des conditions de ce texte soit réalisée. Citons l'espèce, qui s'est présentée, d'une lettre de change tirée en Angleterre sur la France, non payée à son échéance et dont on réclame le paiement en France (1).

La compétence d'un tribunal résultera souvent du domicile ou de la résidence du défendeur en France, aux termes de l'art. 420-1° Proc. civ. Mais la jurisprudence exige généralement que le domicile ou la résidence qui donne au tribunal mission de juger existât déjà au moment de la création de l'obligation (2). Cette solution est contestable, étant donnée la règle déjà établie qu'il n'y a pas de droits acquis en matière de compétence et que le fait attributif de compétence doit être recherché au moment où est intentée l'action.

Pour l'application du deuxième alinéa de l'art. 420, la réunion de deux conditions s'impose ; il faut que la promesse ait été faite et la marchandise livrée en France ; une seule de ces deux circonstances ne suffirait pas.

Le fait que le paiement doit être effectué en France résultera d'une convention expresse, d'une élection de domicile, ou d'une convention tacite. C'est parfois dans la nature même du contrat qu'est contenue l'attribution de juridiction ; cela se produit notamment dans les contrats maritimes. Ainsi en cas de prêt à la grosse le paiement doit être fait au lieu où finit le risque. Les demandes pour contribution aux avaries seront portées devant le tribunal du lieu où le règlement d'avaries doit être dressé, c'est-à-dire du lieu du déchargement.

1. Cass. 8 avril 1816 ; D. *Rép. Dr. civ.* n° 340 ; 28 juin 1820. S. 21. 1. 43.
2. Cass. 28 juin 1820, § 21. 1. 43. — Paris, 23 juill. 1870. D. 71. 2. 24.

Doivent être également regardés comme lieux tacitement désignés pour le paiement l'établissement secondaire d'un négociant en France ou la succursale d'une société qui a son principal établissement à l'étranger. On en déduira la compétence de l'art. 420-3° (1).

En dehors des termes de l'art. 420 proc. civ. nos tribunaux sont incompétents entre étrangers comme ils le seraient entre Français dans des hypothèses semblables. L'incompétence résulte alors non pas de l'extranéité des plaideurs mais de la matière même du débat ; elle est absolue. Ainsi l'attribution de juridiction ne saurait être étendue aux difficultés relatives à des engagements contractés à l'étranger et qui doivent y recevoir leur exécution, alors que le défendeur n'a pas d'établissement ni de résidence en France (2). Un tribunal serait notamment incompétent entre deux étrangers pour connaître d'une demande en paiement d'une lettre de change tirée, acceptée et payable à l'étranger (3).

Il résulte de la loi du 30 mai 1857 et de nombreux décrets (4) que les associations commerciales, industrielles, ou financières valablement constituées dans certains pays peuvent, en obtenant l'autorisation de notre gouvernement, exercer leurs droits et ester en justice en France. Ce droit de plaider, elles en useront incontestablement à l'encontre

1. Trib., de comm. Seine, 18 oct. 1880, *Journ. du Dr. int. pr.* 1880, p. 687. Aubry et Rau, VIII. § 748 *bis*.

2. Vincent et Pénaud, *Dict. de Dr. int. pr.* v° *Compétence*, n° 274. Paris, 8 avr. 1865, S. 65. 2. 210 ; 8 nov. 1865. S. 65. 2. 117 ; Bordeaux, 5 août 1868, S. 69. 2. 77 ; Pau, 2 fév. 1870, S. 70. 2. 139 ; Cass. 12 janv. 1875. S. 75. 1. 124 ; 15 janv. 1878. S. 78. 1. 300 ; Bordeaux, 10 avril 1883, S. 83. 2. 160.

3. Paris, 2 janv. 1875, *Journ. du Dr. int. pr.* 1876, p. 104.

4. Voy. *Journ. du Dr. int. pr.* 1880, p. 168.

d'autres étrangers. Mais une confusion est à éviter ; ce qui est concédé à ces sociétés de commerce, c'est le droit de plaider comme personnes morales ; elles n'ont pas de ce fait la jouissance des droits civils. Ainsi elles ne pourraient actionner des étrangers en matière civile si ce n'est dans les cas exceptionnels où nos tribunaux sont compétents entre étrangers (1).

Actes mixtes. — Que dire des actes mixtes, civils pour une partie, commerciaux pour l'autre? Selon qu'on les considère sous l'une ou l'autre face, on est tenté d'appliquer aux débats qu'ils soulèvent soit l'incompétence civile, soit la compétence commerciale. Quelques exemples de ces actes mixtes nous donnent une idée de leur importance théorique et pratique : engagements entre patron et ouvrier, voiturier et voyageur, directeur et artiste. D'après la jurisprudence, si l'acte est commercial pour le défendeur, le demandeur l'assignera à son choix devant le tribunal civil, juridiction de droit commun, ou devant le tribunal de commerce, juridiction exceptionnelle. Si l'acte est civil pour le défendeur, le demandeur ne l'assignera valablement que devant le tribunal civil. Cette distinction semble commander, si l'on n'examine que la surface des choses, la solution suivante dans notre question : Selon que le tribunal où l'affaire est portée est civil ou commercial (assimilez le tribunal civil jugeant commercialement), il devra garder l'affaire, ou se dessaisir. Au cas où le caractère commercial de l'acte serait du côté du défendeur il serait toujours loisible au demandeur de rendre une juridiction française compétente.

Une telle solution heurterait l'équité. Un des contractants

1. S. 77. 1. 449. London Chatham Dover Railway c. South-Eastern Railway.

obtiendrait toujours justice, l'autre jamais. Entre parties françaises peu importe la règle de compétence que pose la jurisprudence. Que la juridiction à saisir soit civile ou commerciale, chaque plaideur sera certain de trouver des juges. Tout en appliquant à des parties étrangères cette règle de compétence spéciale, il importe qu'un traitement égal soit réservé à chaque contractant ; une alternative s'impose, ou que le tribunal civil saisi d'une contestation touchant une convention mixte se déclare toujours compétent, ou que le tribunal commercial soit toujours incompétent.

Sera-ce l'élément civil ou l'élément commercial qui l'emportera ?

La compétence ne nous paraît pas douteuse.

Dès que nous accordons aux commerçants étrangers la protection de nos justices sur notre territoire, il importe que cette protection soit complète ; s'il dépend, pour qu'ils l'obtiennent, que la partie avec laquelle ils traitent fasse ou non un acte commercial, la garantie dont ils jouissent ne sera qu'un leurre.

Faillite. — Parmi les matières commerciales, il en est une qui soulève des questions spéciales et présente un caractère distinct, qui rentre plus que toutes autres dans le cadre des lois de police et qui intéresse non seulement les marchés mais encore l'état et la capacité des personnes. Les dispositions qui concernent la faillite méritent donc entre toutes de fixer notre attention. Dans quelle mesure nos tribunaux peuvent-ils déclarer des étrangers en faillite ? Une distinction doit être faite (1).

Prenons d'abord l'hypothèse d'un étranger qui fait le com-

1. Lanata, *loc. cit.* p. 220. — Lachau, *loc. cit.* p. 78.

merce à l'étranger seulement et n'a pas même en France une succursale. Les tribunaux français sont incompétents pour prononcer la faillite de cet individu ou de cette société. La faillite affectant l'état et la capacité des personnes, la juridiction du domicile du commerçant est tout indiquée pour cette compétence et nous ne pouvons y déroger dans cette espèce étrangère au domaine des articles 437 et 438 Cod. comm. que la jurisprudence regarde comme d'ordre public international. Ceux qui ont contracté avec ce commerçant n'ont pu compter sur la protection de la loi française et sa faillite ne pourrait être déclarée chez nous même à la requête de créanciers français armés de l'article 14 Cod. civ. Le tribunal saisi d'une question de faillite ayant à examiner les ressources du débiteur, en est-il un qui soit mieux placé pour cet examen que celui de son domicile? Songeons enfin que le résultat auquel on doit tendre en droit international est l'unité des faillites et la centralisation au domicile du débiteur de ses ressources et des opérations de distribution (1).

Nos tribunaux seront au contraire compétents pour prononcer la faillite d'un étranger ou d'une société étrangère faisant le commerce en France sans même y avoir autre chose qu'une résidence ou un établissement secondaire. La compétence a son fondement dans le caractère de loi de police que présente plus que les autres lois commerciales, celle de la faillite ; car, bien que le fait qu'elle envisage ne soit pas un délit, il peut en cas de gestion imprudente ou infidèle, donner lieu à des pénalités en revêtant la forme plus grave de banqueroute.

1. Paris, 23 nov. 1874. *Journ. du Droit Int. Pr.* 1875, p. 431 ; 17 juil. 1877, *cod. loc.* 1878, p. 271 ; 7 mars 1878. S. 79. 2. 164.

Un arrêt de la cour de cassation (1) consacre ces idées dans les termes suivants :

« Attendu... que la loi qui régit les faillites est une lo d'ordre public qui doit atteindre tous ceux qui habitent le territoire français ; que c'est dans un intérêt d'ordre public qu'est ordonnée la constatation judiciaire du fait de la cessation des paiements et non en vertu d'un droit civil soumis à la réciprocité par l'art. 11 Cod. civ... ». Cet arrêt s'appuie aussi sur ce que l'art. 427 Cod. comm. ne fait aucune distinction entre Français et étrangers. Nous avons déjà eu l'occasion d'apprécier la valeur de cette sorte d'argument.

On pourrait également être tenté de donner comme fondement à la règle de compétence l'art. 59-7° Proc. civ. qui désigne en matière de faillite le tribunal du domicile du failli. On aurait tort, ce texte ne visant que la compétence spéciale. Mais, la règle de compétence générale de nos juridictions en matière de faillite une fois établie, nous aurons recours à cet article 59 pour déterminer, dans chaque cas particulier, quel tribunal on devra saisir. Toutefois il arrivera que le pouvoir de nos tribunaux déborde les limites de l'art. 59-7° Proc. civ., un commerçant n'ayant en France qu'une résidence ou un établissement secondaire. Ce texte sera alors appliqué par extension et c'est au lieu de cette résidence que l'action sera poursuivie. La déclaration de faillite pourra être provoquée soit par le débiteur lui-même soit par ses créanciers fussent-ils tous étrangers, soit par le tribunal d'office. Ce droit d'initiative qu'a la justice fait encore res-

1. Cass. 4 fév. 1885. S. 86. 1. 200. — Autres décisions dans le même sens : Cass., 21 nov. 1887. S. 58. 1. 65. — Tr. de Comm. Seine, 25 avril 1890. *Loi du 23 mai*.

sortir le caractère de loi de police qu'affecte la loi des faillites.

Si un commerçant étranger est déclaré en faillite dans son pays, ce jugement n'a pas d'autorité en France à moins qu'il n'y soit rendu exécutoire. Mais une complication peut se présenter : cet étranger a fait du commerce non seulement en dehors de nos frontières mais encore sur notre territoire. Des créanciers de France, Français ou non, provoquent une déclaration de faillite. Dès lors l'exéquatur du jugement étranger ne sera plus obtenu : un syndic français sera nommé ; il y aura deux faillites, deux masses ; et, la sanction du *parcatis* n'étant pas intervenue, la faillite a pu valablement être poursuivie chez nous sans que le syndic étranger fût mis en cause (1).

Cette pluralité des faillites est un résultat regrettable, qui préjudicie parfois aux droits des créanciers de l'un des pays où la liquidation se poursuit. L'unité et la centralisation des opérations de la faillite au lieu du domicile du débiteur est le but idéal auquel tendent les penseurs des principales nations civilisées mais dont la réalisation ne se conçoit que moyennant une entente des gouvernements et par des traités internationaux.

Tant que cette idée ne sera pas entrée dans la pratique diplomatique, force nous est de donner à la compétence de nos tribunaux pour la faillite des étrangers un domaine plus large que celui de l'art. 59-7° Proc. civ. et d'atteindre les étrangers en cessation de paiements, n'eussent-ils en France qu'une résidence ou un établissement secondaire, pour cela seuls qu'ils y font le commerce.

1. Seine, Trib. de Comm. 20 juin 1881. *Journ. du Dr. int. pr.* 1883, p. 50.

§ 5. — EXCEPTIONS RÉSULTANT DE QUELQUES RÈGLES DE PROCÉDURE.

Parmi les règles de procédure édictées dans nos codes. certaines prescriptions sont considérées par la jurisprudence comme ayant une portée générale et s'appliquant même aux procès entre étrangers. Cependant ce ne sont pas des règles d'ordre public international ; mais divers motifs d'équité les inspirent, notamment le désir d'éviter la multiplicité des affaires. La complication qui provient de ce que plusieurs tribunaux français sont saisis de causes ayant entre elles un lien juridique est encore accrue si ce sont des juridictions de différents pays.

On a souvent reproché au système de la jurisprudence d'établir des distinctions entre les alinéas de l'article 59 Proc. civ. et de déduire des uns une compétence facultative, des autres une compétence positive. A cette critique peut être faite la réponse suivante : aucune des dispositions de l'art. 59 ne vise les étrangers et ne saurait par elle-même entraîner la compétence de nos tribunaux ; mais des raisons d'équité ou d'ordre public plus ou moins puissantes viennent renforcer ces textes et décident les interprètes à y prendre un point d'appui. Selon la nature de ces raisons la compétence sera obligatoire ou facultative (1).

I. — *Successions mobilières des étrangers domiciliés en France.*

L'art. 59-6° Proc. civ. attribue compétence en matière de

1. Lachau. *loc. cit.*, p. 93.

succession, au tribunal du lieu de l'ouverture de la succession et en se reportant à l'article 110 Cod. civ. on voit que toute succession s'ouvre au domicile du *de cujus*. Cette règle doit-elle s'appliquer quelle que soit la nationalité des parties ?

C'est l'opinion la plus généralement acceptée et que la jurisprudence consacre (1); les tribunaux français ont une compétence positive pour le règlement des successions mobilières soit testamentaires soit *ab intestat* d'étrangers morts domiciliés sur notre territoire. Les arrêts font reposer cette solution sur l'intérêt qu'ont les parties à voir le règlement d'une succession opéré par un juge unique. Le *de cujus* laisse sans doute aussi des biens immobiliers ; faut-il, puisque nous avons admis la compétence de nos juridictions quant aux successions immobilières, que les intéressés soient forcés de porter leur action successorale en France pour les immeubles, à l'étranger pour les meubles ? D'autres motifs d'équité sont consignés dans le rapport de M. le conseiller Alméras-Latour, conformément auquel fut rendu l'arrêt de cassation signalé. « La transmission du patrimoine par l'hérédité n'est en réalité que la transmission de la personnalité du défunt venant se confondre et s'unir avec la personnalité de l'héritier. Où cette union peut-elle se consommer sinon dans le lieu où le défunt s'est marié, où se place le berceau de ses enfants, où il a fixé le centre de ses affections et de ses intérêts ? ».

II. — *Pluralité de défendeurs.*

Aux termes de l'art. 59-2° Proc. civ., en cas de pluralité

1. Cass. 7 juill. 1874. D. 75. 1. 271. S. 75. 1. 19. *Contrà*, Seine, 16 déc. 1879, *Droit* du 18.

de défendeurs, le demandeur les assigne tous à son choix au tribunal du domicile de l'un d'eux. Cette règle est généralisée par la jurisprudence. En sorte qu'un étranger citant un Français et un étranger devant le tribunal du domicile du Français, l'étranger défendeur y sera valablement appelé. Nous pouvons de même construire une espèce où ne figurent que des étrangers : un étranger assigne deux étrangers, dont l'un est autorisé à domicile ; l'autre, qui actionné séparément aurait le bénéfice de l'exception d'incompétence, s'en trouve déchu (1). C'est sur le fondement de cette règle que les tribunaux français, généralement incompétents en matière de nullité de mariage retiennent par exception l'affaire quand le demandeur met en cause le maire français devant lequel il se propose de contracter un nouveau mariage et qui refuse d'y procéder (2).

L'étranger défendeur pourrait cependant demander son renvoi en prouvant que son intérêt est tout à fait indépendant de celui du Français assigné et que ce n'est que pour frauder la loi qu'on l'a cité.

Quant à déterminer quel doit être le degré de connexité entre les différentes demandes, des difficultés s'élèvent qui ne sont pas d'ailleurs spéciales à l'hypothèse de procès entre étrangers. Certaines décisions, émanant en particulier de la Cour de Paris exigent non seulement qu'un lien de droit et des intérêts communs justifient la présence des différentes parties dans la même instance, mais encore que la demande repose à l'égard de tous les défendeurs sur le même principe d'obligation et sur le même titre (3).

1. Aix 25, janv. 1876, *Journ. du Dr. int. pr.* 1877, p. 226.
2. Seine 10 mars, 1840, *Gaz. des Trib.* du 17 mai.
3. Paris, 20 mars 1879. D. 80, 2, 193. Seine, 26 mars 1887, *Pandectes. franc.* 88, 2, 281. — *Contrà* Cass. 14 mars 1883. D. 83, 1, 337. — Orléans. 10 mars 1888, D. 89, 2, 203.

Pour les auteurs qui considèrent l'incompétence des tribunaux français comme d'ordre public à l'égard des étrangers l'exception que la jurisprudence y apporte en cas de pluralité de défendeurs ne se justifie pas. On ne saurait, sous aucun prétexte, appeler quelqu'un devant une juridiction au mépris d'une incompétence absolue.

Pour ceux-là même qui adoptent le système de l'incompétence relative cette solution si équitable et si utile qu'elle paraisse, est contestable juridiquement. De droit commun le défendeur doit être appelé devant le tribunal de son domicile ou de sa résidence. Quand un demandeur se propose de citer plusieurs parties, l'application du principe serait qu'il intente autant d'actions qu'il y a de défendeurs et appelle chacun devant le tribunal de son domicile. Une telle solution serait impraticable ; elle multiplierait les procès et les frais. La loi, n'ayant pas lieu de préférer aux autres l'un quelconque des tribunaux des défendeurs, décida que le demandeur aurait le choix. Tels sont, de droit commun, l'explication et le mécanisme de l'article 59-2º Proc. civ. Un défendeur, au lieu d'être appelé devant le tribunal de son domicile, ce qui s'imposerait s'il était seul en cause, est cité devant un autre, d'ordinaire incompétent à son égard d'une manière relative. Si ce défendeur est forcé à un déplacement, le mal n'est pas grand, et en tout cas ses droits ne sont nullement lésés, puisque, abstraction faite du second alinéa de l'art. 59, il se trouverait toujours en France une juridiction à laquelle il ne pourrait échapper : celle de son domicile. Mais au lieu de deux français, supposons des étrangers ; les choses changent d'aspect. Ce que modifie l'art. 59-2º, ce n'est pas seulement le lieu du débat ; la question dépasse l'intérêt d'un simple déplacement. L'étranger, s'il était seul défendeur, pourrait exciper de son extranété non seulement devant le tribunal où on l'assigne, mais devant tout tribunal de France. L'existence d'un autre défendeur est ici pour l'étranger attributive de la compétence des tribunaux français.

Les conditions dans les deux cas sont donc bien différentes. A coup sûr l'art. 59-2° n'a pas prévu l'hypothèse d'un défendeur étranger. On a beau dire qu'il apporte en cas de pluralité de défendeurs une exception aux règles de l'incompétence relative ; l'incompétence relative que la jurisprudence applique aux contestations entre étrangers ne ressemble à aucune des autres de ce nom. Il suffit de rappeler le pouvoir facultatif qu'ont les juges de se dessaisir d'office.

Nous n'en accepterons pas moins cette règle qui est devenue de jurisprudence constante. Nous sommes déjà habitués à rencontrer en cette matière des jurisprudences prétoriennes qu'il peut être juridiquement intéressant de combattre, dont il n'est certes pas inutile de montrer les points faibles, mais dont nous ne saurions non plus méconnaître l'utilité et la force.

Nous allons passer maintenant en revue les modifications apportées au principe d'incompétence par les incidents de procédure ; les uns amènent au procès une tierce personne que nous supposons étrangère ; les autres sans ajouter des plaideurs nouveaux, modifient la demande elle-même en la compliquant d'additions et de changements ; nous rechercherons si ces demandes nouvelles ne vont pas participer à la compétence de la demande principale à supposer qu'indépendantes elles y eussent échappé.

III. — *Intervention*.

D'après la jurisprudence, les juges français sont compétents pour statuer sur l'intervention d'un étranger dans un litige pendant, dès que la demande principale est régulièrement portée devant la juridiction française et qu'il existe un lien juridique entre les deux demandes, alors même que cette intervention amènerait un débat entre deux étrangers. Les articles 339 et suivants Proc. civ. sont considérés comme applicables entre toutes personnes et dans tous litiges pour la satisfaction de l'intérêt des plaideurs et la bonne administration de la justice (1).

Voici une espèce qui peut se présenter : un étranger a cédé à un Français une créance qu'il a contre un autre étranger ; le Français cessionnaire assigne l'étranger débiteur lequel conteste la réalité de la créance. L'étranger cédant a intérêt à intervenir, car si le créancier échoue dans sa demande il se retournera en garantie contre lui. Il interviendra donc pour plaider contre un autre étranger la réalité de la créance qu'il avait originairement contre lui.

Dans l'espèce dont résulta l'arrêt du 7 juillet 1845 l'intervention soulevait une question n'intéressant que deux étrangers. Un Suisse porteur d'une lettre de change tirée par un autre Suisse sur un Français réclamait à ce Français le paiement ; or le tireur avait dans l'intervalle fait faillite. Les syndics de la faillite intervinrent. Le Français déclara s'en rapporter à justice. La lutte s'engageait ainsi entre deux étrangers. Les syndics prétendirent que le tribunal de com-

1. Cass. 7, juill. 1845, S. 45, 1, 738, D. 45, 1, 334. — Paris, 4 janv. 1856, S. 56, 2, 170.

merce était incompétent et soutinrent au fond que la provision appartenait à la masse. Le tribunal de commerce se déclara compétent. Les syndics interjettent appel et tout en reconnaissant la compétence pour l'action en paiement contre le tiré français, demandent que l'intervention soit jugée par les tribunaux suisses et que le tribunal de commerce sursoie sauf à reprendre plus tard le débat. La Cour de Paris ordonne le sursis. La Cour suprême cassant cet arrêt, déclare le tribunal de commerce compétent et pour la demande principale et pour l'intervention. Peu importe que le tiré ait déclaré s'en rapporter à justice, il reste en cause et sur ce procès engagé entre étranger et Français peut se greffer valablement l'intervention d'un autre étranger.

Les tribunaux statuèrent de même dans une autre espèce, malgré la contrariété apparente de leurs décisions. Un Français avait saisi un mobilier sur un étranger ; un autre étranger intervint, revendiquant ce mobilier comme sa propriété. Le tribunal de la Seine se reconnut compétent et pour la demande principale et pour l'intervention, mais déclara surseoir jusqu'à ce que la question de propriété fut tranchée par les tribunaux anglais devant lesquels un procès était pendant. Mais le tribunal se réserve de statuer comme il avisera, même après la décision du tribunal étranger, sur la question de propriété qui lui est soumise, ne manifestant le désir d'attendre cette décision que pour éclairer sa religion sans abdiquer son indépendance. La cour de Paris (4 janv. 1856) confirma ce jugement.

Un tiers en intervenant à un procès a pour but d'éviter d'être atteint par le jugement qui sera rendu entre les parties litigantes. C'est dans cette idée qu'il faut chercher le lien juridique entre l'intervention et la demande principale. Si la solution de la question posée par l'intervenant ne peut peser sur la solution de la demande originaire, l'intervention doit être écartée et la question qu'elle soulève sera réglé par le droit commun des contestations entre étrangers. Dans le cas contraire l'intervention sera reçue, l'intérêt même du Français l'exige (1).

IV. — DEMANDES EN GARANTIE.

La disposition de l'art. 181 Proc. civ. aux termes de laquelle le garant est appelé devant le tribunal où la demande originaire est pendante n'autorise pas ce tribunal à se saisir d'une contestation dont il ne lui appartient pas de connaître à raison de l'extranéité des parties. Ainsi, un étranger actionné par un Français ne peut en principe appeler en garantie un autre étranger (2). L'hypothèse d'une action en garantie n'est pas assimilable au cas de pluralité de défendeurs ; quand plusieurs parties sont assignées ensemble, le litige est le même à l'égard de tous ; au contraire le défendeur et le garant ont des intérêts opposés ; il y a un litige spécial qui relève de la compétence des juridictions étrangères. Il est vrai, comme l'objecte un auteur (2), qu'on ôte ainsi au défendeur un moyen de défense qui lui serait utile ; mais d'autre part on évite des longueurs au demandeur français.

Voici en résumé l'espèce qui donna à la Cour de cassation l'occasion d'affirmer en 1857 cette jurisprudence encore en vigueur. Deux époux étrangers sont actionnés en paiement

1. Aubry et Rau, t. VIII, p. 147.
2. Cass. req. 27 janv. 1857. S. 57. 1. 161 ; id. 17 juil. 1877. S. 77. 1. 449 ; Cass. civ. 15 janv. 1878. D. 78. 1. 170.
3. Lanata, *Comp. des trib. civ. et comm. à l'ég. des étr.* p. 224.

de fournitures faites à la femme. Le mari excipe du contrat
de mariage stipulant le régime de séparation de biens. La
Cour suprême décida par un arrêt de rejet, après des alter-
natives diverses, que les tribunaux français, compétents pour
statuer sur la cause principale, étaient incompétents sur l'action en garantie. Les deux époux restèrent donc condamnés,
sauf faculté pour le mari d'agir en garantie contre sa femme
devant un tribunal étranger.

Mais une des espèces les plus intéressantes est sans contredit celle qui aboutit à l'arrêt de rejet du 17 juillet 1877.
Un étranger partant de Paris pour Londres avait fait enre-
gistrer à la gare du Nord un colis à destination de Londres,
station de Charing-Cross. Ce colis n'ayant pu être représenté à Londres, le voyageur assigna la Compagnie du Nord
devant le tribunal de commerce de la Seine en paiement du
prix du colis égaré. La Compagnie du Nord appela en garantie la C¹ᵉ London Chatham and Dover Railway ; celle-ci
exerça à son tour un recours contre la C¹ᵉ South Eastern
Railway. Le tribunal condamna la C¹ᵉ du Nord à indemniser
le voyageur, accueillit le recours de cette Compagnie contre
celle de London Chatham and Dover Railway mais se déclara
incompétent sur le recours en sous-garantie (1).

Mais l'action en garantie entre étrangers relève de la compétence des tribunaux Français lorsque l'étranger appelé en
garantie a été ou doit être réputé avoir été partie au contrat
intervenu avec le Français et qui sert de base à l'action
principale de ce dernier. Dans un arrêt de la Cour de Douai
consacrant ce système (2) il s'agit également de recours

1. *Journ. de Dr. int. pr.* 1877, p. 109, Demangeat.
2. Douai, 10 mars 1870, D. 70. 2. 158, S. 70. 2. 288 ; dans le même
sens, arrêt Rouen, 22 mai 1857, D. 58. 2. 40.

entre chemins de fer étrangers (Chemin de fer le Rhénan contre le Louis de Hesse et autres). Mais cette décision fut motivée par des circonstances de fait qui firent considérer les lignes étrangères faisant suite à la ligne française d'amorce comme ayant dès l'origine participé au contrat qui engendrait le débat ; en effet il existe entre ces compagnies et la Cie française du Nord une convention réglant le prix de transport à percevoir par chacune d'elles pour les expéditions internationales et, portant le nom de *Tarif commun*.

De même qu'on a souvent essayé de rendre une demande en garantie entre étrangers valable en la greffant sur une action entre Français et étranger, de même on a parfois tenté d'introduire une demande principale entre étrangers concurremment à une action en garantie entre étranger et Français. Le tribunal, en semblable occurrence, retint la demande en garantie et se déclara incompétent pour l'autre demande (1).

Il arrivera parfois qu'une action en garantie rentre par son objet même dans la compétence de nos juridictions, par exemple en matière de garantie formelle lorsqu'un défendeur en revendication d'un immeuble appellera en cause son vendeur. L'action récursoire a le caractère d'action en exécution d'une vente immobilière ; c'est une des actions mixtes auxquelles nous avons fait allusion en étudiant la compétence de nos tribunaux à raison d'immeubles sis en France.

1. Seine, 29 déc. 1882, *Droit* du 6 fév. 1883.

V. — AUTRES DEMANDES INCIDENTES.

L'expression de *demandes incidentes* a un sens large et un sens étroit.

Il est des demandes incidentes qui par la force des choses deviennent possibles aux plaideurs, quelle que soit leur nationalité, dès qu'originairement les tribunaux ont été valablement saisis ; telles sont les demandes en reprise d'instance, en divorce, renvoi pour parenté ou alliance. Elles intéressent d'ailleurs le plus souvent l'ordre public. Nous dirons de même des incidents relatifs aux preuves, demandes d'enquête, expertise, interrogatoire sur faits et articles. Dès que les parties, quelles qu'elles soient, ont des preuves à fournir pour établir leur prétention ou se défendre, il importe qu'elles disposent de tous les moyens pour y parvenir. Ce sont là des incidents au sens large.

Mais il est des demandes incidentes sur lesquelles un doute se concevrait ; ce sont les demandes additionnelles et reconventionnelles. Un tribunal compétent pour juger une demande principale, doit connaître des incidents s'y rattachant, excepté en cas d'incompétence *ratione materiæ*. Tel n'est pas, selon la jurisprudence, le caractère de l'incompétence dans les contestations entre étrangers ; l'hypothèse la plus délicate est celle d'une question d'état soulevée incidemment. Même en ce cas le principe que le juge de l'action est juge de l'exception s'applique (1). Dans une action en partage des cohéritiers opposaient aux autres la nullité du mariage de leur mère et leur qualité d'enfants naturels. Cette question de nullité du mariage, c'est-à-dire une question d'état

1. Cass. 7 janv. 1870, *Journ. du Dr. int. pr.* 70, p. 68 ; Lyon, 21 juin 1871, S. 72. 2. 201. (affaire des Guidi).

posée incidemment pouvait-elle être résolue par les juges ?
La cour de Lyon trancha la difficulté dans le sens de l'affirmative.

La Cour de cassation s'est récemment prononcée dans le
même sens (1). Un tribunal français, compétent aux termes
de l'art. 15 Code civ., pour connaître d'une instance en contrefaçon introduite par un étranger contre un Français, n'est
pas tenu de renvoyer devant les tribunaux étrangers l'examen des actes et traités même passés à l'étranger et entre
étrangers, dans lesquels le défendeur puise la justification de
la publication incriminée. En l'espèce, un traité avait été
conclu en Allemagne, entre Allemands, relativement à la
vente et à l'impression d'un ouvrage.

SECTION II. — Exceptions résultant des Traités.

Le principe de l'incompétence de nos juridictions dans les
contestations entre étrangers subit une importante dérogation lorsque des conventions internationales stipulent en
faveur des nationaux de certains pays, contre réciprocité, la
compétence de nos tribunaux. Ce que notre loi exige (art.
11 Cod. civ.) c'est la réciprocité diplomatique. La réciprocité
législative ne suffirait pas. Toutes les conventions n'envisagent pas expressément la question avec la même largeur.
Beaucoup de traités ont été conclus dans un but spécial, pour
le règlement des affaires commerciales, maritimes, doua-
nières et postales. Mais les décisions de la jurisprudence in-
terprètent ces stipulations d'une manière extensive, appli-

1. C. Nancy 31 mai 1889 et Cass. req. 23 nov. 1892; La Loi du 24
janv. 1893.

quant les règles de compétence qu'elles renferment à toutes les actions personnelles entre étrangers de même nationalité. A l'heure actuelle, certains de ces traités ont été dénoncés ; mais il y a lieu de croire qu'ils ne l'ont pas été en tant que touchant aux questions de compétence internationale (1).

Avant d'aborder l'étude des principales conventions, disons un mot de la nature de la compétence qu'elles déterminent. Il s'est produit sur ce point des opinions très absolues. Certains auteurs ont soutenu que la compétence édictée par un traité était toujours d'ordre public et ne pouvait être modifiée du consentement des parties. A quoi bon, dit-on, prévoir et régler diplomatiquement des difficultés s'il appartient aux plaideurs de les faire renaître ?

Selon nous, une solution radicale ne saurait convenir ; il est plus juste de rechercher dans chaque cas particulier de compétence si l'intérêt qui inspire la règle est d'ordre public ou d'intérêt privé ; beaucoup de conventions reproduisent le principe de droit commun qui attribue aux tribunaux d'un pays la connaissance des contestations relatives aux immeubles qui y sont situés. Sur quelle idée repose cette règle ? Sur le respect de la souveraineté des Etats sur leur territoire ; c'est là une compétence absolue, qui touche à l'ordre public international. Supposons au contraire des actions ayant pour objet les intérêts pé...iaires des plaideurs ; la compétence que les traités leur appliquent n'est pas, suivant l'opinion généralement adoptée, d'ordre public ; rien n'empêche les parties de la modifier et de renoncer au bénéfice de conventions conclues dans leur intérêt. Si un tribunal autre que celui que fixe le traité est saisi, l'incompétence est relative et le défendeur qui veut s'en prévaloir doit l'invoquer *in limine litis* (2).

1. Lachau, *loc. cit.* p. 295 et suiv.
2. Despagnet, Précis de *Dr. int. pr.* 1re éd. p. 316.

8.

— 114 —

Nos tribunaux ont mission d'interpréter les traités, de même que les lois ; quand les dispositions des conventions internationales dérogent au droit commun interne, elles doivent être interprétées *stricto sensu* (2).

Il est toute une catégorie de traités, conçus en des termes différents, dont résulte également, suivant notre jurisprudence, le droit pour les nationaux des Etats signataires de plaider en France.

Une convention franco-espagnole du 7 janvier 1862 a. 2 ssurait aux nationaux des deux pays « le libre et facile accès auprès des tribunaux de justice. » Une convention du 6 février 1882 entre les mêmes pays confirme la précédente ; son article 3, après avoir reproduit l'art. 2 de la convention de 1862, s'exprime en ces termes : « Les Français en Espagne et les Espagnols en France jouiront réciproquement d'une constante et complète protection pour leurs personnes et leurs propriétés et auront les mêmes droits (excepté les droits politiques) et les mêmes privilèges qui sont ou seront accordés aux nationaux, à la condition toutefois de se soumettre aux lois du pays. Ils auront en conséquence un libre et facile accès auprès des tribunaux de justice tant pour réclamer que pour défendre leurs droits à tous les degrés de juridictions établis par les lois ; ils pourront employer dans toutes les instances les avocats, avoués et agents de toute classe qu'ils jugeront à propos et jouiront enfin sous ce rapport des mêmes droits et avantages déjà accordés ou qui seront accordés aux nationaux ».

Il a été soutenu et jugé que ces conventions ne visaient que les débats entre Français et Espagnols, sans donner aux tribunaux Français compétence sur les difficultés n'intéres-

2. Nancy, 3 août 1877, S. 78. 2. 17.

sant que des Espagnols (1). La solution contraire nous paraît seule soutenable, surtout après les termes si explicites de la convention de 1882 ; aussi est-ce la jurisprudence qui prévaut (1).

Cette clause de libre et facile accès avec traitement national se retrouve dans d'autres traités. Les principaux furent conclus avec la Serbie (19 juill. 1883), la Russie (11 janv. 1787, 16 sept. 1846, 14 juin 1847 art. 1, 1ᵉʳ avril 1874), les îles Sandwich (20 oct. 1857 art. 4), le Chili (15 sept. 1846-12 mai 1853), le Mexique (27 nov. 1886) le Guatemala (8 mars 1848) la Bolivie (9 déc. 1834) l'Equateur (6 juin 1843), le Honduras (22 fév. 1856).

La formule que nous venons d'indiquer et que ces conventions reproduisent dans des termes presque identiques permet aux nationaux de l'un quelconque de ces pays de s'assigner entre eux en France ; elle les autorise aussi à y assigner des nationaux d'Etats qu'aucun traité ne lie à la France. Mais elle n'a pas pour effet d'exposer ces étrangers privilégiés à être valablement actionnés par des étrangers quelconques ; car le bénéfice du traité se retournerait alors contre eux.

Une controverse plus sérieuse s'engage sur le point de savoir si le traitement national accordé par ces stipulations donne aux étrangers la faculté d'actionner en France tout débiteur étranger, fût-il hors de France. En un mot jouissent-ils par ce fait du bénéfice de l'art. 14 Cod. civ. ? La solution affirmative semblerait découler de la généralité des expressions employées. Nous hésitons néanmoins à nous y

1. Seine, 29 avril 1882, *Journ. du Dr. int. pr.* 1883, p. 168.
2. Cass. 3 juin 1885. S. 85. 1. 417. — C. d'Alger, 13 janv. 1802, S. 92. 2. 182.

rallier. Tel n'est pas en effet l'esprit de nos traités qu'un étranger puisse user du droit si exorbitant de l'article 14. Les clauses relatives à la compétence ont uniquement pour but d'assurer aux citoyens des États signataires le bénéfice de nos juridictions et de leur éviter des retards et des déplacements en les dispensant de recourir, pour la solution de leurs démêlés, aux tribunaux de leur pays. Il est peu probable qu'on ait entendu leur permettre de soustraire à ses juges naturels le citoyen d'une nation tierce. Les traités se réfèrent à l'hypothèse où les deux plaideurs étrangers sont en France lorsque l'instance est introduite (1).

D'autres conventions, sans conférer le traitement national, accordent en ce qui concerne la compétence le traitement de la nation la plus favorisée, ou le libre accès de nos tribunaux (Brésil, 8 janvier 1826 — Portugal 9 mars 1853 — Perse 14 février 1857). Ces clauses autorisent les étrangers qui en bénéficient à saisir de toutes leurs contestations les tribunaux du lieu de leur établissement. C'est surtout à l'égard des questions d'état que ce privilège présente de l'intérêt.

Malgré les termes généraux de ces traités, même de ceux qui concèdent le traitement national, nos tribunaux se déclarèrent longtemps incompétents dans les procès se référant à l'état des personnes. Il fut soutenu et jugé, notamment à propos de la convention franco espagnole de 1862, que les intérêts matériels des parties seuls étaient visés, non les questions d'état (2). En 1884 la cour de Caen se prononça en sens contraire et décida que nos juridictions étaient com-

---

1. Lyon-Caen et Renault, *Dr. commerc.* I, p. 400 Gerbaut. Compét. des Tr. fr. à l'égard des étrang. p. 345 — Chausse, *Revue critique*, t. 52, p. 677.

2. Seine 27 décembre, 1881. *Journ. du Dr. Int. pr.* 1882, p. 307.

pétentes pour une séparation de corps entre Espagnols. La Cour de cassation se rallia à cette doctrine en rejetant le pourvoi formé contre l'arrêt de Caen (1).

Il est des matières spéciales dont la réglementation quant à la compétence, fut l'objet de diverses clauses de traités.

Des conventions nombreuses tendent à la sauvegarde du patrimoine mobilier des personnes décédées dans l'un ou l'autre des Etats contractants. Elles édictent des mesures protectrices, généralement confiées aux consuls, et quelques règles de compétence. Aux termes d'un traité franco-autrichien du 11 décembre 1866 maintenue par le traité de commerce de 18 février 1884, et d'un traité franco-russe du 1ᵉʳ avril 1874, les réclamations relatives aux successions mobilières laissées dans l'un des pays par les sujets de l'autre sont en principe jugées par les tribunaux de l'Etat auquel appartient le défunt. Doit-on étendre cette compétence à l'action en partage de communauté? Non, dit la jurisprudence (2). Une convention franco-italienne du 26 juillet 1862 prorogée le 15 décembre 1880 (3), la convention franco-espagnole du 27 mars 1862, le traité d'Utrecht avec l'Angleterre, du 11 avril 1713 laissent intact le droit commun dans les questions de compétence, en matière de succession notamment, sauf certains pouvoirs attribués aux consuls pour l'administration et la liquidation de la succession, notamment aux termes de la convention franco-italienne. Signalons enfin une convention entre la France et le Brésil du 28 septembre 1880 (4).

1. Caen, 10 décembre 1884 et Cass. 3 juin 1885 *Journ. du Dr. int. pr.* 1885, p. 544. — Dans le même sens Seine, 12 mai 1892. *Droit* du 22 juillet. : action en divorce entre époux russes.

2. *Contrà* Dijon, 3 juillet 1888. D. 90. 2. 121.

3. D. 62. 4. 117 et 82. 4. 11.

4. *Rev. prat. de Dr. int. pr.* 90-91 *Documents offic.* p. 8.

D'autres documents diplomatiques réglementent la tutelle des mineurs et des interdits et confèrent généralement aux consuls la mission de l'organiser (1).

Il est en France un droit civil qui, bien que distinct de celui d'ester en justice, doit en être rapproché en ce sens qu'il a pour effet d'en rendre possible l'exercice dans certains cas : c'est le droit à l'assistance judiciaire. Il n'est pas dû aux étrangers, selon la jurisprudence. La stipulation de libre accès, même avec le traitement national, n'entraîne pas le droit à l'assistance judiciaire, et les pays dont les nationaux jouissent chez nous du libre accès ont cru devoir rédiger des conventions diplomatiques spéciales quand ils ont entendu leur assurer chez nous ce bénéfice (2).

Des traités nombreux ont été signés pour la protection internationale de la propriété littéraire et artistique, des marques de fabrique et de commerce, des dessins et modèles. La jurisprudence étend au nom commercial les conventions qui concernent les marques de fabrique.

Plusieurs puissances se sont mises en état d'union pour la protection de la propriété industrielle et commerciale et et ont conclu la convention du 20 mars 1883 ; ce sont les lois du pays où le procès s'engage qui dictent la compétence et la procédure à suivre. Une égalité complète de droits existe entre les ressortissants de chacun des États contractants dans tous les autres États compris dans l'union. Le décret du

1. Conv. du 7 janvier 1862 avec l'Espagne. D. 62. 4. 32. — Conv. du 26 juillet 1862 avec l'Italie ; D. 62. 4. 117. — du 11 juillet 1866 avec le Portugal. D. 67. 4. 128. — Traité franco-brésilien du 10 décembre 1860. D. 61. 4. 42. etc.

2. Conv. du 20 février 1860 avec l'Allemagne. D. 82. 4. 21. — Autriche-Hongrie 14 mai 1870 D. 81. 4. 47. — Belgique. 12 mars 1870. D. 70. 4. 47 — Espagne, 14 mai 1884. D. 86. 4. 70. — Italie, 19, février 1870. D. 70. 4. 47. — Uruguay, 26 mars 1885, D. 88. 4. 49 etc.

6 juillet 1884 qui promulgue cette convention, leur assimile
les sujets des Etats non concordataires qui ont sur notre territoire leur domicile ou un établissement commercial ou industriel.

Traité franco-suisse. — La convention franco-suisse du
15 juin 1869 sur la compétence judiciaire, l'exécution des
jugements, la transmission d'exploits et actes judiciaires et
extrajudiciaires, les commissions rogatoires, la caution *judicatum solvi* et le droit à l'assistance judiciaire mérite quelques développements que nous bornerons aux clauses relatives à la compétence des tribunaux suisses entre Français (1).

Le traité n'a été conclu que pour dix ans, mais par application de l'art. 22 le renouvellement est censé s'opérer
d'année en année jusqu'à l'expiration d'une année à compter
du jour où une des parties contractantes l'aura dénoncé.

Cette convention n'a pas porté atteinte aux règles de compétence des actions fondées sur des lois d'ordre public ou
sur la souveraineté des Etats contractants (actions réelles
immobilières, mesures urgentes, actes d'exécution, délits et
quasi-délits). Ces règles seront respectées dans chaque pays.
Pour les actions personnelles et immobilières d'intérêt privé,
le traité a généralement pour effet l'application de la maxime *actor sequitur forum rei.*

Pour les actions réelles immobilières le tribunal de la situation est compétent. En vertu de l'art. 4 de la convention
le tribunal de la Seine s'est reconnu compétent (2) entre

---

1. Vincent *Rev. prat. de Dr. Int. pr.* 90-91 2ᵉ pᵉ. — Brocher *Dr. Int. pr.*
t. II p. 72 — Lachau *loc. cit.* p. 339 et suiv.
2. Seine, 13 février 1885, *Journ. du Dr. int pr.* 1885 p. 437.

Suisses pour juger si un immeuble dotal sis en France pouvait être hypothéqué pour dettes en cours de mariage.

En matière de succession immobilière une grave question s'est posée ; le traité a-t-il entendu créer l'unité de juridiction pour le règlement des successions mobilière et immobilière? Est-ce le tribunal du lieu de l'ouverture de la succession ou celui de la situation qui sera compétent pour les immeubles ? Voici comment est conçu l'art. 5 du traité :

« Toute action relative à la liquidation d'une succession testamentaire ou *ab intestat* et aux comptes à faire entre les héritiers et les légataires sera portée devant le tribunal de l'ouverture de la succession, c'est-à-dire s'il s'agit d'un Français mort en Suisse, devant le tribunal de son dernier domicile en France et s'il s'agit d'un Suisse, décédé en France, devant le tribunal de son lieu d'origine en Suisse. Toutefois on devra, pour le partage, la licitation ou la vente des immeubles, se conformer aux lois du pays de leur situation. » Une première opinion applique les règles ordinaires de compétence concernant les immeubles ; la liquidation et le partage de la succession immobilière d'un Français ou d'un Suisse appartiendrait, selon cette doctrine, à la juridiction du pays de la situation de l'immeuble.

L'art. 5 § 2 du traité aurait rapport et à la législation applicable et à la juridiction compétente ; d'ailleurs en France on ne sépare jamais la compétence judiciaire et la compétence législative pour les actions réelles immobilières. Lors de la rédaction du traité, le désir ne semble pas s'être manifesté de modifier ces principes généralement reçus. En ce sens furent rendues beaucoup de décisions (1). D'autres au-

1. Versailles, 21 avril 1886, et Paris, 20 juin 1888. D. 89. 2. 278. — C. Poitiers, 4 juill. 1887, et Cass. 11 fév. 1890. *Rev. prat. de Dr. int. pr.* 90-91. 1, p 3.

torités font découler du traité de 1869 l'unité de juridiction
en matière de succession mobilière et immobilière. Les termes de l'art. 5-2° ne se rapporteraient qu'à la législation
applicable (1).

Les tribunaux suisses eux-mêmes sont divisés. Le tribunal fédéral s'est prononcé dans le sens de l'unité de juridiction ; d'autres décisions admettent la compétence du tribunal du lieu de la situation sauf à exiger que ce tribunal surseoie jusqu'à ce que la juridiction qui règle la liquidation de la succession mobilière ait statué (2).

Le seul système acceptable nous semble être qu'en ce qui touche les immeubles le traité de 1869 n'a pas dérogé au droit commun et que la succession immobilière ne peut être soumise qu'à l'autorité du tribunal de la situation. Les signataires du traité ont entendu consacrer cette solution, ainsi qu'en témoigne le message fédéral du 28 juin 1869 ; il résulte de ce document que l'art. 5 n'édicte que des dispositions de compétence, sans s'occuper du fond du droit et de la loi applicable : « Il est convenu, lisons-nous dans le message, que le juge compétent appliquera toujours sa propre loi. Les délégués français ont refusé de le mentionner formellement dans le traité parce que cela se comprend de soi. Ils ont déclaré catégoriquement qu'il ne pouvait exister aucun doute à cet égard. » Il résulte clairement de cette explication que l'art. 5-2° réserve la compétence du juge de la situation des immeubles.

Un intérêt pratique et national s'attache d'ailleurs à l'admission de cette solution. La loi du 14 juillet 1819 qui est

1. Seine, 12 déc. 1889, et Paris, 30 juill. 1890. *Droit*, 14 déc. 1889 et 23 oct. 1890. *Rev. prat. du Dr. int. pr.* 1890-91, p. 106.

2. Voy. Lachau. *Comp. des Tr. fr. à l'ég. des Étrangers*, p. 342, et suiv.

en matière de partage international une sauvegarde pour les héritiers français et qui, bien qu'on ait soutenu le contraire, a été maintenue entre Suisses et Français, ne saurait être appliquée si les tribunaux Français se voient refuser la connaissance des partages de biens immobiliers.

Aucune disposition du traité n'a trait aux actions réelles mobilières. La jurisprudence les assimile presque complètement aux actions personnelles de pur intérêt privé et les place sous l'empire des règles de compétence prescrites par la convention de 1869 pour ces dernières.

Les actions mixtes n'ont pas été non plus visées ; la jurisprudence les soumet aux règles de compétence du droit commun (1).

Les deux premiers articles de la convention envisagent les actions mobilières et personnelles, civiles ou commerciales, soit entre Français et Suisses soit entre Suisses en France ou entre Français en Suisse. Nous laisserons de côté, bien entendu, les contestations entre Français et Suisses. L'art. 2 est ainsi conçu :

« Dans les contestations entre Suisses qui seraient tous domiciliés ou auraient un établissement commercial en France et dans celles entre Français tous domiciliés ou ayant un établissement commercial en Suisse, le demandeur pourra aussi saisir le tribunal du domicile ou du lieu de l'établissement du défendeur, sans que les juges puissent refuser de juger et se déclarer incompétents à raison de l'extranéité des parties contestantes. Il en sera de même si un Suisse poursuit un étranger domicilié ou résidant en France devant un tribunal Français et réciproquement si un Français pour-

<hr>

1. C. Chambéry, 6 fév. 1880, D. 90. 2. 126. — Seine, 13 nov. 1874. Droit, du 28 janv. 1875.

suit en Suisse un étranger, domicilié ou résidant en Suisse,
devant un tribunal Suisse. »

Il résulte a *contrario* de ce dernier membre de phrase que
pour les litiges entre un demandeur étranger et un Suisse
ou un Français le droit commun s'applique.

Quel est le caractère de cette compétence entre plaideurs
compatriotes ? Est-elle impérative pour les parties comme
pour le juge ? Il va de soi que le tribunal du domicile ou de
l'établissement commercial du défendeur est tenu de juger.
Mais est-ce à dire que le demandeur doive nécessairement
porter le litige devant ce juge ? La négative ressort des termes mêmes de l'art. 2, (le demandeur *pourra*). Le traité accorde au demandeur une simple faculté, écartant à son profit la règle d'incompétence, plus strictement appliquée avant
1869 que maintenant. Mais dès qu'il existe un autre tribunal
que la loi du pays permet de saisir, rien n'empêche au demandeur d'y traduire son adversaire. Ainsi, en cas de pluralité de défendeurs, l'art. 59-2ᵉ ou en matière commerciale
l'art. 420, Proc. civ. conservent leur application. Le traité
ne doit pas servir à régler la compétence entre tribunaux du
même pays (1).

L'art. 2 ne touche qu'aux actions d'intérêt privé. La jurisprudence en exclut les contestations en matière d'état. Ces
questions touchant au statut personnel appartiennent au
juge national, à moins d'être soulevées incidemment (2).

Nous verrons plus loin qu'en vertu de l'interprétation que

1. Seine, 6 janv. 1891. *Droit*, du 25 janv.
2. Décisions consacrant l'incompétence dans les questions d'état entre
Suisses : Tutelle, dation de Conseil judiciaire, C. Nîmes. 28 fév. 1881. D.
82. 2. 106 ; Sép. de corps, divorce. Paris, 28 avr. 1882. *Journ. du Dr. int.*
pr. 82, p. 647. — Sép. de corps et divorce entre Français. *Trib. fédéral*,
18 oct. 1878. D. 79. 2. 145.

. donne notrejurisprudence à l'art. 11 du traité, l'incompétence du tribunal saisi d'une question d'état comme de toute au
tre affaire que cette convention ne lui donne pas mission de
juger, est absolue. La rigueur de ce résultat est mise en relief
par la tendance qu'ont nos juridictions à considérer comme
relative leur incompétence dans les questions d'état entre
étrangers. La situation d'individus régis par une convention
internationale se trouve, par l'effet de cette interprétation,
moins favorable sur certains points que celle résultant pour
les autres du droit commun. Les questions d'état n'ayant pas
été prévues par le traité, l'incompétence doit en pareil cas
être considérée comme relative, ainsi que nous l'expliquerons
plus bas.

En matière de séparation de biens il est des décisions qui
proclament la compétence en vertu de l'art. 2 du traité, et
considèrent ces demandes comme étant d'intérêt privé et ne
touchant pas au statut personnel (1).

A certaines actions la convention fixe des règles spéciales de compétence.

Les actions relatives aux successions mobilières, testamentaires ou *ab intestat* relèvent, aux termes de l'art. 5, des
tribunaux du *de cujus*. Le tribunal de l'ouverture de la succession est, s'il s'agit d'un Français mort en Suisse, celui de
son dernier domicile en France et s'il s'agit d'un Suisse décédé en France, celui de son lieu d'origine en Suisse.

On a repproché au traité de 1869 de n'avoir pas adopté
comme lieu d'ouverture de la succession celui où le *de cujus*
avait son domicile réel, c'est-à-dire son principal établissement. Les rédacteurs ont subi l'influence de la relation souhaitable entre la compétence législative et compétence judi-

2. Trib. cant. de Vaud 1 avr. 1885. *Journ. du Dr. int. pr.* 1885, p. 210.

ciaire pour le réglement des successions. Le juge rend des décisions plus autorisées quand il applique sa propre loi. L'art. 5 est une dérogation aux règles de droit commun admises par la jurisprudence en matière de successions mobilières.

A quelles successions se refère cet art. 5 ? La jurisprudence l'applique à la lettre aux contestations relatives à la succession d'un Suisse décédé en France, qu'il y ait ou non son domicile.

Il ne s'applique pas à la succession d'un Français ou d'un Suisse mort dans son pays où il est domicilié. Ces hypothèses sont réglées par le droit interne de chaque Etat. Les négociateurs n'ont pas pensé devoir faire rentrer cette hypothèse dans le traité parce qu'il était inutile d'affirmer cette compétence.

L'hypothèse d'un Français ou d'un Suisse décédé dans un pays tiers est également en dehors des termes de l'art. 5 du traité.

La succession d'un tiers étranger décédé domicilié en France ou en Suisse et laissant pour héritiers ou légataires des Français ou des Suisses est-elle réglée par l'art. 5 du traité ou par l'art. 1, ou par les principes de droit commun de chaque Etat, par exemple en France par l'art. 59 6° qui donne compétence au tribunal du lieu de l'ouverture de la succession ? L'application de la convention franco-suisse nous semble devoir être ici écartée pour faire place à celle du droit commun (1).

L'art. 6 du traité crée l'unité de juridiction pour statuer sur la déclaration de faillite et les contestations qui en sont la conséquence lorsqu'il s'agit de la faillite d'un Français

1. Contra Seine, 8 déc. 1891, *Droit* du 9 déc.

ayant un établissement commercial en Suisse ou d'un Suisse ayant un établissement de commerce en France. Le juge compétent est celui du principal établissement. Le Français déclaré en faillite par les tribunaux suisses ne peut être une seconde fois pour la même cessation de paiements déclaré en faillite en France, et réciproquement (1).

L'art. 11 de la convention donne lieu à de vives controverses. Aux termes de ce texte, le tribunal français ou suisse devant lequel sera portée une demande qui d'après les articles précédents ne serait pas de sa compétence, devra d'office se déclarer incompétent. Cette incompétence est-elle d'ordre public, ou bien les tribunaux ont-ils le droit de demeurer saisis lorsque les parties acceptent formellement ou tacitement leur juridiction. La jurisprudence française s'est prononcée par de nombreuses décisions dans le sens du caractère absolu de l'incompétence (2). Beaucoup d'entre elles sont relatives aux questions d'état. En Suisse, une partie de la jurisprudence s'est ralliée à ce système (3).

Cette jurisprudence a été critiquée comme aboutissant à des résultats inacceptables et méconnaissant l'intention des négociateurs. Selon une deuxième opinion, les juridictions française ou suisse n'ont pas une incompétence absolue pour décider sur les litiges non visés par la convention ; le juge suit alors les règles de compétence du droit commun (4). Quant aux contestations contenues dans le traité, les parties peuvent tacitement ou expressément modifier les règles de compétence qui ont pour but le seul intérêt des plaideurs

1. Cass. 17 juill. 1882. D. 83, 1, 67.
2. Paris 8 juill. 1870 D. 71. 2. 11 ; 26 mai 1884 *Journ. du dr. int. pr.* 1884 p. 614 ; Seine, 30 janv. 1889, *Droit* du 10 fév. ; Paris 30 juill. 1890 *Droit* du 23 oct.
3. Trib. Genève 17 déc. 1888 *Semaine jud.* 1889 p. 8.
4. Lachau, *loc. cit.* p. 400.

Le traité n'a prévu que des questions spéciales ; pour celles non prévues, la solution contraire crée aux Suisses en France une situation moins favorable que celle des autres étrangers. D'ailleurs la renonciation à la juridiction établie par le traité peut, aux termes de l'art. 3, résulter d'une élection de domicile, ce qui montre que les négociateurs n'ont pas entendu apporter à leurs prescriptions une sanction si sévère. Enfin menacer les parties d'une incompétence absolue serait rendre la justice impossible. Le juge naturel écarté, en trouvera-t-on facilement un autre ? Le système de l'incompétence relative fut admis par quelques décisions françaises et la majorité de la jurisprudence Suisse (1).

Une distinction capitale nous semble s'imposer, qui entraînera une incompétence tantôt absolue tantôt relative.

Supposons une matière non prévue par le traité ; elle rentre dans le droit commun ; nos tribunaux doivent donc appliquer aux parties l'incompétence ordinaire, c'est-à-dire relative.

S'agit-il d'une matière envisagée par la convention, une sous-distinction s'impose. L'incompétence est absolue et le tribunal doit se dessaisir d'office lorsque, en statuant, il ferait échec à la compétence de l'autre pays. Par exemple un français a été déclaré en faillite en Suisse et des créanciers français cherchent à provoquer en France une deuxième déclaration de faillite. Le tribunal saisi devra se déclarer d'office incompétent ; l'incompétence sera absolue. Ou bien un Suisse meurt en France ; aux termes du traité c'est un

1. Rouen, 12 mai 1875, S. 77. 2. 105. — Trib. Genève, 20 juin 1883, *Rev. prat. de Dr. int. pr.*, 90-91, 1re pie p. 95. — Cour de Genève, 18 fév. 1889, *Droit* du 20 nov. et S. 90, 4, 7. — Trib. fédér. 4 mai 1888, *Droit* du 4 juin, *Revue crit.* t. 53, p. 284, Chausse.

tribunal suisse qui doit connaître du règlement de la succession mobilière. Un tribunal français ne doit pas se laisser saisir de cette question pour laquelle son incompétence est absolue aux termes de l'art. 11. Mais dès que la convention franco-suisse attribue compétence aux juridictions d'un des deux pays elle n'entend pas édicter une règle de droit interne et empêcher le demandeur de porter son procès devant un autre tribunal de la même nation si le droit interne de cette nation le lui permet. Ainsi, un Suisse ayant son domicile en France, la compétence du tribunal de ce domicile ne fait pas obstacle, ainsi que nous l'avons vu, à celle de tel autre tribunal, en vertu de l'art. 59-2° ou de l'art 420, Proc. civ.

Cette solution ne donne-t-elle pas satisfaction aux principes d'équité tout en respectant les termes de l'art. 11 de la convention ?

SECTION III. — Compétence spéciale et procédure applicable.

Nous avons recherché jusqu'à présent dans quelle mesure les tribunaux français sont compétents entre étrangers. C'est une question de compétence générale. Une fois cette compétence générale reconnue dans un cas donné, il reste à se préoccuper de la compétence spéciale, c'est-à-dire à trouver le tribunal que la loi désigne entre toutes les juridictions de France, pour statuer sur le litige. Ces deux compétences ne doivent pas être confondues, car il arrivera parfois qu'en des matières dont la loi ou la jurisprudence attribue la connaissance à nos tribunaux sans distinction de la nationalité des plaideurs, le demandeur se heurtera à une exception d'incompétence fondée sur des raisons autres que l'extranéité des parties.

L'étude de la compétence spéciale ne nous retiendra pas longtemps. Un mot suffit ; elle est réglée par notre droit interne, dont le texte principal est l'art 59 Proc. civ. Seront donc compétents :

En matière personnelle et mobilière, le tribunal du domicile qu'a l'étranger en France, qu'il soit autorisé ou non.

En matière réelle, le tribunal de la situation de l'immeuble.

En matière mixte, au choix du demandeur, le juge de la situation, ou celui du domicile du défendeur.

En matière de société, le juge du lieu où elle est établie.

En matière de succession, le tribunal du lieu où la succession est ouverte. Supposons la succession d'un étranger ouverte à l'étranger et comprenant des immeubles sis en France. Le partage de la partie immobilière de l'hérédité sera de la compétence des tribunaux des lieux où ces biens sont situés. Si l'étranger meurt domicilié en France, le tribunal compétent pour le règlement de toute sa succession, sauf les immeubles sis à l'étranger, sera, à moins de convention internationale contraire. celui du domicile du *de cujus*.

En matière de faillite, le juge du domicile du failli, ou de son établissement si, domicilié à l'étranger, il a fait le commerce en France.

En matière de garantie, le juge où la demande originaire sera pendante.

Enfin, en cas d'élection de domicile, le tribunal du domicile élu ou celui du domicile réel du défendeur.

Des étrangers, désirant régler un différent pour lequel les

tribunaux français sont compétents, se heurteront parfois à une incompétence non seulement relative comme celle qui résulte de la violation de l'art. 59 Proc. civ. mais absolue, par exemple s'ils saisissent un tribunal de commerce au lieu d'un tribunal civil (1).

L'art. 59 Proc. c. dont quelques auteurs font la base de leur système de la compétence des juridictions françaises dans les débats entre étrangers n'intervient, selon nous, qu'en deuxième ligne pour l'indication du tribunal à saisir, après l'examen de la question de compétence générale. Mais si ce texte ne suffit pas par lui-même à attribuer compétence à nos tribunaux quelle que soit la nationalité des parties, il est souvent nécessaire, pour permettre à une action de s'engager utilement en France. Nous avons déjà eu l'occasion de prévoir l'hypothèse suivante : Un étranger, lésé en France par le délit d'un compatriote, exerce contre lui l'action civile indépendamment de l'action pénale. Certes pour cette demande nos tribunaux sont en principe compétents, mais le demandeur ne trouvera un juge qui consente à statuer que si le défendeur a en France un domicile ou une résidence. Sinon l'action civile ne pourra en fait s'exercer en France qu'accessoirement à l'action publique. Voilà un cas où le secours subsidiaire de l'art. est indispensable pour donner aux parties des juges.

Les contestations entre étrangers sont soumises aux règles de la procédure française. Il sera quelquefois délicat de distinguer une règle de fond d'une règle de procédure. Voici quelques exemples d'espèces :

Il a été jugé que la demande en conversion d'un jugement de séparation de corps est recevable alors même que la loi

1. Trib. de comm. Seine, 26 mai 1801. *Droit* du 15 juin.

personnelle des époux leur prescrit de demander la dissolution du mariage par la voie de la procédure ordinaire (1).

De même le tribunal français saisi d'une demande en séparation de corps entre étrangers peut allouer à l'un d'eux une provision *ad litem*, sans rechercher si leur loi nationale autorise des provisions de cette nature. Ne touchant qu'à la procédure, elle peut être prescrite comme toute mesure nécessaire pour assurer les droits de la défense (2)

Dans ces questions la loi de procédure touche de près au statut personnel. Il appartient au juge de ne pas laisser l'une empiéter sur l'autre.

Lorsque les étrangers ont l'accès des tribunaux français, il importe que leur droit de plaider soit entouré de toutes les garanties et les sanctions que nos lois accordent à nos nationaux. Les tribunaux d'exception leur sont ouverts comme ceux de droit commun ; c'est même en fait devant une juridiction exceptionnelle, le tribunal de commerce, que nous les voyons figurer le plus souvent. Ils ont l'usage des voies de recours ordinaires et extraordinaires.

1. Lyon 23 fév. 1887 D. 88. 2. 33
2. Paris 3 fév. 1892. Droit du 9 avril.

DEUXIÈME PARTIE

DROIT COMPARÉ

Angleterre.

En Angleterre, l'étranger a en principe le droit d'en citer un autre devant les tribunaux du pays (1).

Malgré cette jurisprudence large, il est des hypothèses où les tribunaux anglais ne seraient pas compétents entre étrangers. Qu'il s'agisse de poursuivre l'exécution d'une obligation résultant soit d'un contrat soit d'un délit, les tribunaux anglais sont en général compétents. Mais lorsque l'action n'est pas purement personnelle et que la convention, passée à l'étranger, a trait à un immeuble sis à l'étranger, ils se dessaisissent. Ainsi jugé en une espèce où il s'agissait de l'exécution d'un contrat passé à Boulogne entre un étranger résidant en France et un Irlandais relativement à un immeuble situé en Irlande, (l'Irlande et l'Ecosse sont considérés comme pays étrangers par les tribunaux anglais). Spécialement, si le demandeur ne réside pas en Angleterre, les tribunaux anglais sont incompétents en ces matières (2).

Etats-Unis.

Aux Etats-Unis les mêmes règles sont admises qu'en Angleterre. L'étranger a en principe le droit d'ester en justice contre un autre étranger.

1. *Journ. du Dr. int. pr.*, 1885, p. 505; *ibid.*, 1875, p. 23.
2. Laurent. *Dr. civ. internat.*, IV, p. 142.

Empire Germanique (2).

GRAND DUCHÉ DE BADE.

Tout étranger peut ester en justice contre un autre étranger devant les tribunaux badois. Cette compétence est admise d'une manière très large ainsi que le prouvent les textes suivants :

Code de Proc. Civ. de 1832, § 45 nº 2 : « Les étrangers non domiciliés dans le grand Duché peuvent être cités à la requête de Badois ou d'étrangers devant le tribunal qui est compétent par la nature spéciale de la cause ».

Nº 3 « En ce qui concerne les demandes formées par des étrangers ou des Badois contre des étrangers pour l'exécution d'obligations personnelles contractées dans le Grand Duché ou qui y doivent recevoir leur exécution, la demande peut être portée devant tout tribunal badois de première instance dans l'arrondissement duquel le défendeur est trouvé, à moins que dans l'espèce la compétence d'un autre tribunal du pays ne soit fondée par la loi ou par une élection conventionnelle de domicile ».

HESSE.

L'ordonnance du Grand-Duc de Hesse, du 21 juin 1827, relative à la Hesse Rhénane, contient des dispositions semblables. En matière commerciale c'est notre art. 420 Proc. civ. qui s'applique.

PRUSSE.

Les § 45, 46 et 47 de l'Introduction au Code général confèrent aux étrangers les mêmes droits qu'ont les nationaux. sauf une certaine faculté de représailles.

§ 45. Les étrangers qui s'occupent d'affaires licites dans les États prussiens jouissent des mêmes droits que les habitants aussi longtemps qu'ils ne se rendent point indignes de la protection des lois.

§ 46. La différence des droits dans les pays étrangers n'apporte aucune exception à cette règle.

§ 47. Mais si un État étranger rend des lois onéreuses aux étrangers en général et aux sujets des États prussiens en particulier, ou s'il souffre sciemment de pareils abus, le droit de représailles aura lieu.

En vertu de ces textes, les étrangers ont la facilité de plaider entre eux devant les justices de Prusse. Mais deux Français risqueraient de les voir se déclarer incompétentes faute pour eux de pouvoir établir qu'en France un Prussien en actionnerait valablement un autre.

BAVIÈRE

Le Code civil et le Code de procédure de Bavière ne contiennent, au point de vue de la compétence, aucune exclusion contre les étrangers. Mais l'édit du 26 mai 1878 sur l'Indigénat, § 16, porte : « Il est accordé dans notre royaume aux étrangers l'exercice de tous les droits privés que l'État auquel appartient l'étranger accorde aux sujets du roi ».

§ 17. « Si les lois générales ou spéciales d'un pays étranger excluent les étrangers en général ou les sujets bavarois en particulier, de l'avantage de certains droits privés qui appartiennent aux nationaux des dits pays, on appliquera le même principe aux sujets des dits pays. »

Ainsi en Bavière deux Français pourraient encore être privés du droit de plaider l'un contre l'autre.

WURTEMBERG.

Le droit privé du Wurtemberg attribue aux étrangers les droits dont jouissent les nationaux, mais en stipulant également un droit de représailles.

LOIS IMPÉRIALES

Les lois civiles et de procédure récemment publiées dans l'Empire d'Allemagne ne semblent pas avoir modifié ces principes.

Aux termes de l'art. 13 de la loi du 30 janvier 1877 sur la mise en vigueur du Code de procédure civile pour l'Empire d'Allemagne, il n'est pas dérogé par ce Code aux règles de procédure contenues dans les lois de l'Empire, sauf exceptions indiquées par les art. 13 et 14.

Les art. 14-16 abrogent les règles spéciales de procédure des divers États pour les contestations en matière civile, lesquelles doivent être jugées d'après le nouveau Code, sauf quelques règles qui sont maintenues expressément.

Quant aux contestations entre étrangers, il ressort de l'art. 53 du Code de procédure civile allemand que l'étranger est capable d'ester en justice. Cette capacité lui appartient alors même qu'il serait incapable de plaider d'après la loi de son pays, s'il l'est d'après la loi du tribunal allemand devant lequel il plaide.

L'art. 18 du Code d'organisation judiciaire du 27 janv. 1877 soustrait à la compétence des tribunaux les chefs et membres des missions diplomatiques accréditées auprès de l'Empire allemand. Aucune exclusion n'est prononcée contre les étrangers en général.

Autriche.

Le § 33 du Code civil d'Autriche est conçu en ces termes :
« Les étrangers jouissent en général des mêmes droits civils et sont tenus des mêmes obligations que les nationaux
lorsque la qualité de citoyen de l'État n'est pas expressément
exigée pour la jouissance de ces droits. Les étrangers doivent aussi, pour jouir des mêmes droits que les nationaux
prouver dans les cas douteux que l'État auquel ils appartiennent traite les citoyens de nos États, relativement au droit en
question, de la même manière que ses propres citoyens. »

Or nulle part les lois autrichiennes n'exigent la qualité de
citoyen ou sujet de l'Empereur pour pouvoir former une demande en justice. Le Code de procédure civile ne fait aucune
distinction entre les cas où les parties sont régnicoles, ou
étrangères.

La législation d'autre part se réserve un droit de représailles au cas où la réciprocité n'existerait pas dans les États des
étrangers qui ont affaire aux tribunaux autrichiens ; elle se
contente aussi d'une réciprocité législative et n'exige pas la
réciprocité diplomatique.

Suisse (1).

Les règles varient suivant les cantons ; cependant pour
certaines matières elles ont été unifiées par des lois fédérales,
celle notamment du 24 déc. 1874 sur l'état civil et le mariage.
Il existe un droit spécial concernant le heimatlosat.

1. Féraud-Giraud, *Journ. du Dr. int. pr.* 1880, p. 239.

L'art. 43 de la loi de 1874 attribue au tribunal du domicile du mari compétence pour connaître des actions en divorce ou en nullité de mariage ; mais l'art. 56 subordonne toute action de ce genre devant les tribunaux Suisses à la preuve que l'État dont les époux relèvent reconnaîtra le jugement à intervenir (1).

L'art. 59 de la constitution fédérale du 29 mai 1874 dispose que tout débiteur solvable domicilié en Suisse doit être recherché en matière personnelle devant le juge de son domicile. Cette règle est applicable aux contestations entre étrangers comme aux autres.

Pays-Bas.

Dans le royaume des Pays-Bas, les étrangers peuvent plaider entre eux, l'art. 9 du Code civil disposant que « le droit civil du royaume s'applique indistinctement aux Néerlandais et aux étrangers tant que la loi n'établit pas le contraire » et aucune exception n'existant à l'égard des étrangers pour le droit d'ester en justice. Peu importe que les obligations pour lesquelles un étranger en assigne un autre aient été contractées aux Pays-Bas ou ailleurs (2).

Russie.

La législation russe n'établit aucune différence entre les nationaux et les étrangers en ce qui concerne le droit d'ester en justice et la compétence des tribunaux de l'Empire tant

1. Gerbaut, *loc cit*, p. 606.
2. *Journ. du Dr. Int. Pr.*, 1875, p. 318. — Haute-Cour de Hollande, 12 avril 1861, *eod. loc.*

en matière commerciale que civile (1). Même avant la réforme judiciaire de 1864, les lois de procédure civile proclamaient l'égalité de tous, sans distinctions de conditions sociales devant la justice. L'art. 17 du Code de proc. civ. du 20 nov. 1864 déclare « chacun apte à ester en justice tant en demandant qu'en défendant ». Et l'article 224 du même code reconnaît aux étrangers d'une façon formelle le droit d'ester en justice, dans leurs contestations tant avec les nationaux qu'avec d'autres étrangers.

Suivant les règles de compétence ordinaire : 1° En matière immobilière, toute contestation appartient aux tribunaux de la situation de l'objet du litige; 2° En matière mobilière, le défendeur ne peut être assigné que devant le juge de son domicile (art. 203 Code de proc. civ.).

En présence des droits dont jouissent en Russie les étrangers, il semble que le traité franco-russe du 1er avril 1874 n'a nullement modifié la situation des Français devant les tribunaux russes et que l'art. 2 de ce traité, en accordant aux Français un libre accès auprès des tribunaux ne stipule aucun avantage spécial, à moins qu'on ne l'interprète en ce sens qu'elle dispense nos nationaux de fournir en Russie la caution *judicatum solvi*.

Espagne.

Le Code civil du 24 juill. 1889, art. 27, confère aux étrangers les droits que les lois civiles accordent aux Espagnols, sauf ce qui est dit à l'art. 2 de la constitution de l'État et dans les traités internationaux.

1. Barkowski, *Journ. du Dr. Int. Dr.*, 1887, p. 160.

Les étrangers domiciliés sont justiciables des tribunaux du pays comme les Espagnols eux-mêmes.

Quant aux étrangers non domiciliés, ils peuvent poursuivre leurs compatriotes non domiciliés devant des juges spéciaux les « juges conservateurs des étrangers ».

Portugal.

Les étrangers ont, comme en Espagne, des juges conservateurs pour statuer sur leurs différends. Mais en outre certaines nations ont des juges spéciaux pour vider les procès de leurs nationaux. Si un débat s'élève entre un sujet de l'un de ces pays et un sujet d'un autre également privilégié, c'est au juge conservateur de la nation dont le privilège est le plus ancien qu'est portée l'affaire.

Le Code de procédure portugais du 3 nov. 1876 ne renferme rien de spécial à notre matière.

Italie.

Le code civil italien du 25 juin 1865, art. 3, attribue aux étrangers la jouissance des droits civils appartenant aux citoyens. Les étrangers ont donc en principe le droit d'agir en justice devant les tribunaux italiens.

Les art. 105 et suivants du Code de procédure de 1866, déterminent dans quels cas ils peuvent être cités, en distinguant entre l'hypothèse où ils ont dans le royaume une résidence et celle où ils n'y possèdent ni résidence ni domicile.

L'étranger peut être cité :

1° Alors même qu'il n'aurait pas de résidence dans le royaume et ne s'y trouverait pas actuellement :

1) Lorsqu'il s'agit d'actions portant sur des immeubles ou sur des meubles situés dans le royaume.

2) Quand il s'agit d'obligations dérivant de contrats ou de faits accomplis dans le royaume ou qui doivent y recevoir leur exécution.

3) Dans tous les autres cas, s'il y a réciprocité.

2° S'il a sa résidence dans le royaume, encore qu'il ne s'y trouve pas actuellement, ou bien s'il se trouve dans le royaume sans y avoir de résidence, pourvu que dans ce cas la citation lui ait été signifiée à personne :

Lorsqu'il s'agit d'obligations contractées en pays étranger :

Quant l'étranger n'a ni résidence, ni demeure, ni domicile élu en Italie et qu'il n'y a pas de lieu fixé pour l'exécution de la convention, l'action personnelle ou réelle mobilière doit être portée devant l'autorité judiciaire du lieu où le demandeur a son domicile ou sa résidence. Cette disposition qui permet, contrairement au droit commun quasi universel de la compétence du domicile du défendeur (*actor sequitur forum rei*), d'atteindre un étranger hors du pays où on l'assigne, doit être entendue comme subordonnée aux conditions indiquées plus haut (biens situés dans le royaume, obligations contractées ou destinées à être exécutées dans le royaume, réciprocité). Ce qui rend cette règle plus sévère encore pour l'étranger résidant hors d'Italie, c'est que dans ces hypothèses il est exposé à l'atteinte non seulement des Italiens, mais des autres étrangers ; ce n'est pas seulement notre article 14 Cod. civ., c'est un art. 14 mis à la disposition, pour certaines demandes, de tous les demandeurs sans acception de nationalité ; c'est une disposi-

tion que le législateur fait sortir du domaine des privilèges réservés à la protection des nationaux pour en faire
un article de droit commun. La jurisprudence italienne est
en ce sens et de nombreuses décisions appliquent aux étrangers eux-mêmes le bénéfice de l'art. 105 Proc. civ. en se
fondant sur l'art. 3, Code civ., qui au point de vue de la
jouissance des droits civils, assimile l'étranger au citoyen (1).

Dans la jurisprudence italienne, malgré l'apparence formelle et simpliste de l'art. 3 Code civ., il s'est produit des
fluctuations relativement aux questions d'état. Un arrêt de la
Cour de cassation de Turin (2), cassant un arrêt de la Cour
d'appel de Milan, décide que les tribunaux italiens sont incompétents pour juger les questions d'état relatives aux
étrangers résidant en Italie, notamment les demandes en interdiction. Cet arrêt de la Cour de cassation de Turin fut
très vivement critiqué et plusieurs Cours d'appel italiennes
se rangèrent à la doctrine de la Cour de Milan, contraire à
celle de la Cour suprême. Citons entre autres un arrêt de la
Cour d'appel de Lucques (3) déclarant que « de l'art. 6 des
dispositions préliminaires du Code civil italien il résulte
que les tribunaux italiens ont juridiction pour connaître de
l'état, de la capacité et des rapports de famille des étrangers qui ont domicile, résidence ou demeure en Italie, mais
qu'ils doivent juger suivant la loi de la nation à laquelle l'é-
tranger appartient ».

Postérieurement, la Cour de Milan, relativement aux ques-

1. Cass. Florence, 21 nov. 1870. — Rev. de Dr. int. 1874, p. 262. César Norsa, Rev. de Dr. int. 1874, p. 247, et suiv. 1876, p. 401 et suiv.
2. 18 juin 1874, Journ. du Dr. Int. pr. 1875, p. 46.
3. Lucques, 1 sept. 1875, Journ. du Dr. Int. pr. 1876, p. 215.

tions d'état, modifia sa jurisprudence et se rapprocha de celle de la Cour de cassation de Turin. Elle se déclara incompétente en matière de séparation de corps et expliqua de la manière suivante l'art. 6, d'après lequel la législation applicable pour les questions d'état et de capacité est la législation nationale de l'étranger : ce que prévoit ce texte, ce ne sont pas les questions d'état présentées directement et par voie principale, mais bien celles s'offrant incidemment à une demande dont l'objet est autre que l'état, la capacité, ou les rapports de famille.

En sens contraire, le tribunal d'Ancône (1) s'est reconnu compétent pour connaître d'une demande en séparation de corps entre étrangers.

Belgique.

La Belgique se donna, le 25 mars 1876, un nouveau Code de Procédure. Au moment de sa confection, la jurisprudence belge interprétant notre Code civil, était, et M. Laurent en fait gloire à son pays, plus libérale que celle des juridictions françaises. Deux arrêts de la Cour de Bruxelles, l'un du 28 avril 1858, l'autre du 28 mai 1867, proclament le droit d'ester en justice comme rentrant dans le droit des gens.

« Le droit d'ester en justice, dit l'arrêt de 1867, n'est pas un de ces droits civils uniquement attachés à la qualité de Belge, mais plutôt un de ces droits qui, comme le droit d'acheter et de se marier, doit être rangé dans la catégorie des droits appartenant bien plus au droit des gens qu'au droit civil... etc. ». L'autre arrêt affirme le principe que « le pou-

---

1. Ancône, 23 mars 1882. *Journ. du Dr. int. pr.* 1884, p. 551.

voir judiciaire d'une nation s'étend sur la personne et les biens de l'étranger comme sur la personne et les biens des régnicoles ».

Le nouveau code de procédure envisage spécialement la question de compétence des tribunaux à l'égard des étrangers, sans indiquer peut être assez clairement quel est le principe général et si les règles qu'il pose sont des applications ou des exceptions.

Art. 52. Les étrangers pourront être assignés devant les tribunaux du royaume soit par un Belge, soit par un étranger, dans les cas suivants :

1° En matière immobilière ;

2° S'ils ont en Belgique un domicile ou une résidence, ou s'ils y ont fait élection de domicile ;

3° Si l'obligation qui sert de base à la demande est née, a été ou doit être exécutée en Belgique ;

4° Si l'action est relative à une succession ouverte en Belgique ;

5° S'il s'agit de demandes en validité ou en main-levée de saisies-arrêts formées dans le royaume ou de toutes autres mesures provisoires ou conservatoires ;

6° Si la demande est connexe à un procès déjà pendant devant le tribunal belge ;

7° S'il s'agit de faire déclarer exécutoires en Belgique les décisions judiciaires ou les actes authentiques passés en pays étranger. En effet en Belgique les actes authentiques passés et les jugements rendus à l'étranger ainsi que les ordonnances de référé ne sont exécutoires qu'en vertu d'un nouveau jugement du tribunal de première instance ;

8° S'il s'agit d'une contestation en matière de faillite quand cette faillite est ouverte en Belgique ;

9° S'il s'agit d'une demande en garantie ou d'une demande reconventionnelle quand la demande originaire est pendante devant un tribunal belge ;

10° Dans le cas où il y a plusieurs défendeurs dont l'un a en Belgique son domicile ou sa résidence.

L'art. 54, pour le cas où il y a incompétence, donne à cette incompétence un caractère relatif. Si le défendeur ne l'oppose pas *in limine litis*, les juges doivent retenir l'affaire. Encore ce droit d'exciper de l'extranéité est-il subordonné à la réciprocité : la réciprocité législative suffit.

M. Laurent reproche à la nouvelle loi belge d'innover d'une manière trop implicite et de ne pas suffisamment affirmer le principe qu'elle adopte. Il semble à première vue que l'art. 52 apporte des exceptions au droit commun, qui serait l'incompétence des juridictions belges dans les contestations entre étrangers. Il n'en est rien. Il résulte des travaux préparatoires que l'art. 52 n'est qu'une application du droit commun. « La loi belge, dit le rapporteur M. Allard range sur une même ligne, quant au droit de former une action en justice, les étrangers et les Belges. »

Le principe fondamental peut donc s'énoncer ainsi : l'étranger a les mêmes droits que le Belge, soit comme demandeur, soit comme défendeur. Cependant l'assimilation n'est pas absolue, car l'art. 52 permet d'attirer devant les tribunaux belges des étrangers même non domiciliés et non résidents dans des hypothèses exceptionnelles que ce texte énonce. En dehors de ces cas, l'étranger sans domicile ni résidence en Belgique a le droit de décliner une juridiction qui n'est pas la sienne, lorsque dans son pays d'origine il y a réciprocité (1).

1. Laurent, *Journ. de Dr. int. pr.* 1877, p. 496.

Vénézuéla.

Le Code civil du 1er janvier 1871 de la République de Vénézuéla tranche d'importantes questions soulevées en droit international privé par le conflit des lois et renferme des solutions très équitables répondant aux vœux des jurisconsultes modernes. Les points fondamentaux de droit international ont même donné lieu à des dispositions constitutionnelles. L'art. 10 de la Constitution du 27 avril 1881 accorde aux étrangers résidant sur le territoire de la république des droits civils égaux à ceux dont jouissent les Vénézuéliens. Ils ont donc le droit d'ester en justice. Il s'est élevé des difficultés pour concilier ces articles constitutionnels avec certaines dispositions du Code civil moins généreuses pour les étrangers, notamment un art. 127 qui les astreint, pour contracter mariage, à certaines formalités destinées à établir qu'ils sont en règle avec les lois de leur pays. La Haute Cour Fédérale a décidé (1) que ces textes étant contradictoires les prescriptions de la Constitution devaient l'emporter.

Mexique (2)

En vertu de la loi du 28 mai 1886 sur les Étrangers ils jouissent sur le territoire de la république des mêmes droits civils que les Mexicains sauf certaines exceptions limitativement déterminées parmi lesquelles ne figure pas le droit de plaider. Encore ces restrictions sont-elles soumises à la réciprocité et ne tendent-elles qu'à soumettre les étrangers aux

1. *Droit* du 13 juin 1882.
2. *Annuaire de Législ. Étrang.* XVII, p. 919.

mêmes incapacités que celles imposées aux Mexicains par les autres nations.

PAYS RECONNAISSANT SUR LEUR TERRITOIRE DES JURIDICTIONS ETRANGÈRES OU MIXTES (1).

Le droit de rendre la justice est un de ceux dont les gouvernements se montrent le plus jaloux. En principe, des étrangers ne sauraient dans un pays obtenir la justice de magistrats autres que ceux de cette nation ; la réclamer à des fonctionnaires ne ressortissant pas du gouvernement local serait attenter à sa souveraineté. Des exceptions furent pourtant admises à ce principe. Nous avons déjà parlé de la juridiction des juges conservateurs en Espagne et au Portugal. Il est des peuples chez lesquels les juridictions étrangères ont pris une extension plus grande encore. Des gouvernements tolèrent dans leurs Etats le pouvoir judiciaire des consuls sur les nationaux des pays qui les accréditent, seulement les décisions de ces agents n'ont force exécutoire que dans l'Etat qui les délègue et non dans celui où ils sont accrédités.

La compétence consulaire est surtout utile en matière de commerce maritime. Certains traités ont donné aux décisions des consuls force exécutoire dans le pays même où ils résident. La compétence consulaire n'a lieu généralement qu'en matière civile et commerciale mais non criminelle. Sur ce point encore, des traités spéciaux ont apporté des exceptions.

---

1. Vincent et Penaud. Dict. de Dr. int, pr. v° Pays hors chrétienté

Echelles du Levant et de Barbarie(1).

C'est dans les pays hors chrétienté que les Etats européens ont pu faire reconnaître le fonctionnement de leurs justices consulaires pour les procès civils, commerciaux ou criminels. Les Français et les Italiens ont les premiers établi des consulats dans le Levant et obtenu de la Porte des concessions assez larges dans des conventions désignées sous le nom de Capitulations.

Nous n'avons pas à nous occuper des contestations entre nationaux de ces pays musulmans et étrangers. Examinons ce qui concerne les débats entre étrangers et spécialement entre Français.

Egypte.

La juridiction des consuls a été restreinte depuis la réforme judiciaire de 1875. De nouveaux tribunaux entrèrent alors en fonction. Ce système judiciaire comprend des tribunaux de première instance et une Cour d'Appel siégeant à Alexandrie. Ces juridictions se composent de magistrats partie étrangers, partie indigènes ; les étrangers sont en majorité. Sauf les dérogations apportées par la réforme de 1875, les capitulations sont demeurées en vigueur et les tribunaux consulaires sont justice de droit commun. Les tribunaux de la Réforme sont des juridictions exceptionnelles dont la

1. On appelle Echelles du Levant les ports de la partie orientale de la Méditerrannée soumis à la domination de la Porte et dans lesquels les Européens ont des comptoirs. Les Echelles de Barbarie sont les ports Méditerranéens du Nord de l'Afrique.

compétence est strictement déterminée notamment par un règlement d'organisation judiciaire de 1875. Ces tribunaux connaissent de toutes les contestations en matière civile et commerciale entre indigènes et étrangers, et entre étrangers, de nationalité différente en dehors du statut personnel. Ils connaissent aussi de toutes les actions réelles immobilières entre toutes personnes même appartenant à la même nationalité (art. 9).

I. Matières civiles. — Dans toutes les contestations civiles entre Français, le tribunal du consul est seul compétent (capitulation de 1740 art. 46) : il l'est en toute matière civile même dans les questions d'état, de succession, de donation. Il suffit que le Français défendeur ait une résidence dans l'Echelle.

Entre Français et autres Européens les tribunaux indigènes ne sont pas incompétents. Mais en fait les Européens s'abstiennent de porter leurs contestations devant eux. Deux pratiques sont suivies et consistent, l'une à porter les différends devant les tribunaux et commissions mixtes, l'autre à saisir le tribunal consulaire du défendeur en vertu de la maxime *actor sequitur forum rei.*

1° Les commissions mixtes existent depuis 1820. Elles fonctionnèrent quarante ans sans qu'on contestât leur légalité et la cour d'Aix a plusieurs fois statué sur des appels de leurs sentences. Mais on a soutenu et fait juger que les commissions mixtes n'avaient aucune existence légale et la cour d'Aix a décidé qu'un Français pouvait décliner leur compétence et réclamer la juridiction de son consul, même sur la demande d'un étranger (1).

1. Aix, 28 nov. 1864, *D*. 65. 2. 112.

2° Les tribunaux consulaires statuent même sur des contestations entre Européens de nationalités différentes. La compétence se détermine par la nationalité du défendeur. Les décisions des tribunaux consulaires français sont en cas d'appel portées devant la cour d'Aix.

II. *Matières criminelles*. — Les traités apportent des exceptions au principe presque universel, d'après lequel les infractions relèvent de la souveraineté des pays où elles sont commises.

Les infractions même criminelles dont l'auteur et la victime sont Français sont jugées par les autorités françaises. Ce sont les consuls et ambassadeurs qui connaissent des contraventions et délits et la cour d'Aix des crimes. Les usages sont même allés plus loin que les capitulations. Les crimes et délits commis par des Français (ou protégés français) à l'encontre d'étrangers sont déférés à la juridiction nationale du délinquant. De même pour les crimes et délits commis par des Français à l'encontre de sujets musulmans.

Les consuls, en matière de crimes commis par des étrangers, ont en outre de leurs fonctions de juges, celles d'officiers de police judiciaire de pair avec les magistrats locaux.

Malgré l'importance des privilèges dont jouit la France dans ces pays, nos tribunaux consulaires n'ont pas qualité pour connaître de certains crimes, délits ou contraventions dirigés contre les lois de sûreté et de police de l'Empire Ottoman.

En matière pénale la compétence des tribunaux de la réforme n'est complète que pour les contraventions de simple police. Pour les crimes et délits, les cas de compétence de ces tribunaux sont limitativement déterminés.

Beaucoup de pays d'Asie et d'Afrique, Maroc, Zanzibar,

Perse, Birmanie, Siam, Chine, Corée, Japon confèrent aux consuls des nations européennes des fonctions parfois assez étendues dans les procès civils et même criminels. Des traités ont été notamment conclus entre ces pays et la France.

PAYS PROTÉGÉS.

Tunisie

En vertu du traité de Kasar-Saïd du 12 mai 1881 la France exerce son protectorat sur la Tunisie. Des tribunaux français ont été organisés par la loi du 27 mars 1883. Un tribunal siège à Tunis et des justices de paix fonctionnent dans les villes principales. Les tribunaux consulaires ont été supprimés successivement par les différentes puissances, dont les nationaux deviennent justiciables des tribunaux français (accord entre la France et l'Italie du 25 janv. 1884 (1) ; ordre de la reine d'Angleterre du 31 déc. 1883 ; décret de l'empereur d'Autriche du 30 mai 1884).

Un décret de Bey du 5 mai 1883 décide que les nationaux des puissances amies dont les tribunaux consulaires seraient supprimés deviendront justiciables des tribunaux français dans les mêmes conditions que les Français eux-mêmes. La compétence des tribunaux français a été encore

1. L'accord entre la France et l'Italie a fait l'objet d'un protocole spécial en date du 25 janvier 1884 déterminant dans quelles conditions les Italiens et protégés italiens seraient jugés par les tribunaux français. Le droit de plaider devant ces juridictions est reconnu à tous Italiens capables de faire partie d'un barreau en Italie (*Journ. du Dr. int. pr.* 1885, p. 686.

étendue par un décret beylical du 31 juill. 1884, qui leur attribue la connaissance de toutes les affaires civiles et commerciales même entre indigènes et Européens, sans distinguer selon que l'Européen est demandeur ou défendeur. Est réservé aux juridictions religieuses le règlement des contestations relatives au statut personnel ou aux successions de sujets Tunisiens musulmans ou israélites.

La compétence de nos tribunaux s'exerce également en matière réelle et immobilière pour toutes les contestations entre sujets et protégés des diverses puissances européennes. Cette compétence appartenait aux juridictions consulaires et a passé aux tribunaux français qui les ont remplacées.

Indo-Chine.

En Annam et au Tonkin les étrangers de toute nationalité ressortissent de la juridiction française (traité du 6 juin 1884 art. 10). Il en est de même au Cambodge en vertu du traité du 11 août 1863, art. 7.

CONCLUSION

Nous n'avons pas eu à examiner l'incompétence spéciale
dont bénéficient certains étrangers, souverains ou agents diplomatiques, car elle est inhérente à leur personne et à
leur qualité, quelle que soit la nationalité de l'adversaire qui
les actionne ; c'est donc une question qui ne rentre pas dans
l'étude de la compétence des tribunaux français entre étrangers.

Nous avons exposé et tenté de justifier le système de la jurisprudence. Nous n'hésitons pas à dire qu'il donne satisfaction à tous les intérêts, et qu'il concilie le respect de la souveraineté française avec celui des légitimes prétentions des
étrangers passant ou habitant sur notre territoire. Toutes les
fois qu'une action paraît nécessaire pour assurer la protection
de leur personne ou de leurs biens, elle leur est accordée. En
les admettant en France, en les conviant à y apporter le tri-
but de leur travail et de leur industrie, nous ne leur promet-
tons pas une protection purement illusoire. Nos autorités ont
souci de leur préservation, et jamais ils ne risquent de souffrir, par l'inertie de nos juridictions, aucune atteinte à leur
personne ou à leur patrimoine. C'est dans cette mesure seulement, ne l'oublions pas, que le droit d'agir en justice ressort
du droit des gens. Alors que l'action devant nos tribunaux
s'affirme pour eux comme un droit parce qu'il répond à une
nécessité, on ne nous reprochera pas, non plus qu'au système
de la jurisprudence, d'avoir supprimé ou amoindri ce droit.
Il est assez délicat de déterminer dans quels cas il existe pour
les étrangers un véritable droit de plaider, et dans quels cas

il n'y a lieu qu'à une compétence simplement facultative. En passant en revue les matières les plus importantes et les plus pratiques, nous nous sommes attachés à établir cette démarcation qu'on ne saurait tracer à priori et dont l'analyse seule peut donner une idée. Disons seulement, à l'éloge de nos tribunaux, qu'ils entendent d'une manière plutôt large les droits des étrangers, et que le système de l'incompétence qu'ils consacrent aboutit, par suite des tempéraments d'équité qu'ils y apportent, à des solutions de fait peu différentes de celles que dicterait la doctrine de la compétence. Ce n'est guère que dans les questions personnelles et mobilières que nos tribunaux se dessaisissent : encore ne le font-ils que si aucune des circonstances assez nombreuses dont ils font découler l'obligation de statuer, n'est relevée. De là à affirmer la compétence générale il n'y a qu'un pas. Ce pas, notre jurisprudence n'a jamais osé le franchir, car elle a conservé la conviction que dans l'esprit des rédacteurs du code civil, ainsi que le dit Merlin, le droit de plaider était un droit civil. Cette jurisprudence, malgré les considérations d'équité dont elle se prévaut de plus en plus pour adoucir ses solutions, n'en a pas moins, dans la justification du principe fondamental, acquis la force d'une loi, et rien ne fait présager que nos juridictions doivent de longtemps s'en départir.

L'obligation où se trouvent nos juges de sacrifier parfois à l'équité le texte de la loi et le principe qu'ils en tirent, nous montre combien il serait utile de faire disparaître par un remaniement législatif ces oppositions toujours choquantes entre le point de départ avoué et la solution émise.

Ce vœu n'est peut-être pas loin de se réaliser. Un projet de réforme du code de Procédure a été déposé au Parlement (1) et contient en l'art. 10 du titre des Ajournements une disposition qui vise formellement les procès entre étrangers. Ce

1. *Droit* du 21 sept. 1890.

texte est ainsi conçu : « L'étranger peut, dans les mêmes conditions que les Français, sauf l'application de l'art. 16 Cod civ., assigner devant les tribunaux français un Français ou un étranger ».

La question qui nous a occupés et celle plus générale des droits des étrangers, sont plus que toutes autres, soumises aux vicissitudes des événements politiques. Selon l'époque où elles se posent, selon l'état d'esprit que traverse un peuple en train de les élaborer, elles reçoivent une solution différente, et jamais définitive. Quoi qu'il en soit et sans vouloir anticiper, il était curieux d'énoncer en terminant le texte du projet qui, s'il est voté, anéantira bien des controverses, sans que nous osions affirmer qu'il n'en fera pas naître d'autres.

POSITIONS

Positions prises dans la thèse

Droit Romain

I. — Les citoyens des colonies romaines avaient le *jus honorum*.

II. — L'édit d'Antonin Caracalla conférant le droit de cité à tous les habitants de l'Empire ne s'applique qu'aux sujets actuels de l'Empire romain et à leurs descendants.

III. — Le *connubium* accordé par les empereurs aux vétérans leur confère le droit de contracter de justes noces même avec des pérégrines.

IV. — Les magistrats des cités latines n'acquièrent la cité romaine qu'à l'expiration de leur charge.

Droit Français

I. — Les tribunaux français sont en principe incompétents pour statuer dans les contestations entre étrangers.

II. — L'incompétence des tribunaux français dans les contestations entre étrangers doit être opposée *in limine litis*.

III. — L'étranger actionné par un Français peut appeler en garantie un autre étranger si ce dernier a été ou peut être considéré comme ayant été partie au contrat qui motive l'action principale.

IV. — L'incompétence des tribunaux français pour statuer sur les questions d'état entre Suisses est relative.

POSITIONS PRISES EN DEHORS DE LA THÈSE
Droit romain.

I. — L'adpromissio contractée *in duriorem causam* est nulle.

II. — La dation en paiement acceptée par le créancier opère novation.

III. — Le pacte *de non petendo in rem* consenti au débiteur par l'un des cocréanciers solidaires associés permet au débiteur de repousser la demande de l'autre cocréancier par l'exception de dol jusqu'à concurrence de la part que ce cocréancier une fois payé aurait eu à rembourser à l'autre.

IV. — Le pupille ayant dépassé l'*infantia* contracte, en s'engageant seul, une obligation naturelle.

Droit civil.

I. — En cas d'accident l'ouvrier doit, pour obtenir contre son patron des dommages-intérêts, prouver la faute de ce dernier.

II. — Le tuteur peut intenter au nom de l'interdit l'action en désaveu de paternité.

III. — La reconnaissance d'un enfant naturel faite dans un testament authentique n'est pas annulée par un testament postérieur qui révoque le premier.

IV. — Le propriétaire d'un immeuble, après avoir loué à un commerçant ou à un industriel, conserve le droit de louer un local du même immeuble à une personne exerçant le même commerce.

Droit international privé.

I. — La donation mobilière de biens à venir faite en France entre époux italiens doit être déclarée nulle par un tribunal français en présence de la disposition du code italien qui n'autorise les libéralités entre époux que par acte de dernière volonté.

Droit constitutionnel.

II. — Les droits conférés par la loi constitutionnelle du 16 juillet 1875, art. 12 à la Chambre des députés et au Sénat quant à l'accusation et quant au jugement des ministres ayant commis des crimes dans l'exercice de leurs fonctions n'excluent par l'emploi de la procédure de droit commun.

Procédure civile.

III. — Lorsque, après un jugement par défaut profit joint, le défendeur qui avait comparu fait défaut à son tour, le jugement qui intervient est contradictoire même à son égard.

IV. — Le pourvoi en cassation n'est pas recevable pour fausse application d'une loi étrangère.

DÉSACIDIFIÉ A SABLÉ
EN :   1994

TABLE DES MATIÈRES

Droit romain.

Droit français.

Laval. — Imprimerie E. JAMIN, 8, rue Ricordaine.

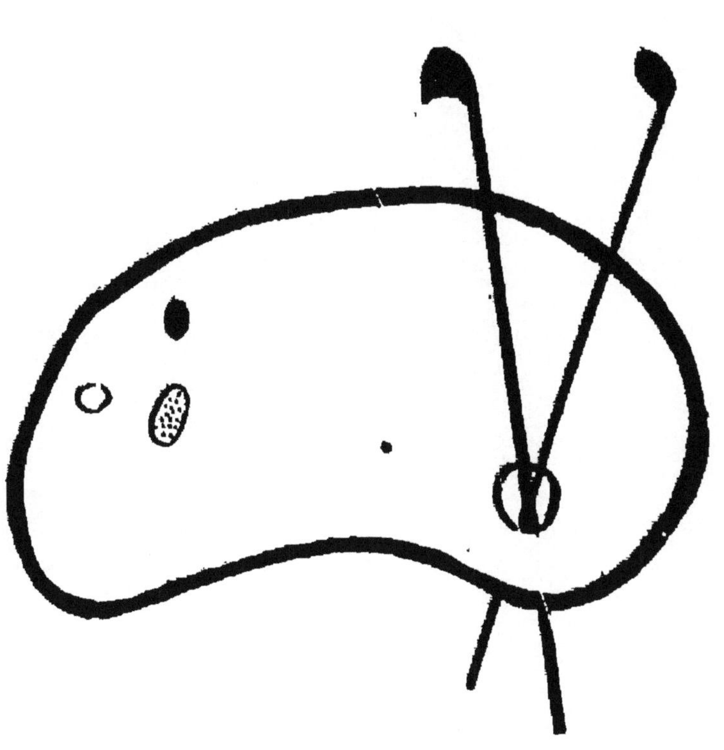

www.ingramcontent.com/pod-product-compliance
Ingram Content Group UK Ltd.
Pitfield, Milton Keynes, MK11 3LW, UK
UKHW022159120726
13694UKWH00002B/357